Ubicación Los tucanes viven en los bosques tropicales de América del Sur.

Picos El pico del tucán toco macho puede alcanzar 8 pulgadas de largo.

COLOR DE PIEL La piel del tucán toco es azul, tal como puede verse alrededor de sus ojos y en sus patas.

IDENTIDAD Los coloridos diseños de la cara y el pico ayudan a los tucanes a reconocerse unos a otros.

Edición de la Ciudad de Nueva York
Ciencias

Tucán

Harcourt
SCHOOL PUBLISHERS

¡Visita the Learning Site!
www.harcourtschool.com

Copyright © by Harcourt, Inc.

2008 Edition

All rights reserved. No part of this publication may be reproduced or transmitted in any form or by any means, electronic or mechanical, including photocopy, recording, or any information storage and retrieval system, without permission in writing from the publisher.

Requests for permission to make copies of any part of the work should be addressed to School Permissions and Copyrights, Harcourt, Inc., 6277 Sea Harbor Drive, Orlando, Florida 32887-6777. Fax: 407-345-2418.

HARCOURT and the Harcourt Logo are trademarks of Harcourt, Inc., registered in the United States of America and/or other jurisdictions.

Printed in the United States of America

ISBN 13: 978-0-15-374548-5
ISBN 10: 0-15-374548-7

2 3 4 5 6 7 8 9 10 032 16 15 14 13 12 11 10 09 08

If you have received these materials as examination copies free of charge, Harcourt School Publishers retains title to the materials and they may not be resold. Resale of examination copies is strictly prohibited and is illegal.

Possession of this publication in print format does not entitle users to convert this publication, or any portion of it, into electronic format.

Consulting Authors

Michael J. Bell
Assistant Professor of Early Childhood Education
College of Education
West Chester University of Pennsylvania

Michael A. DiSpezio
Curriculum Architect
JASON Academy
Cape Cod, Massachusetts

Marjorie Frank
Former Adjunct, Science Education
Hunter College
New York, New York

Gerald H. Krockover
Professor of Earth and Atmospheric Science Education
Purdue University
West Lafayette, Indiana

Joyce C. McLeod
Adjunct Professor
Rollins College
Winter Park, Florida

Barbara ten Brink
Science Specialist
Austin Independent School District
Austin, Texas

Carol J. Valenta
Senior Vice President
St. Louis Science Center
St. Louis, Missouri

Barry A. Van Deman
President and CEO
Museum of Life and Science
Durham, North Carolina

Apreciados estudiantes:

¿Qué tiene de especial este libro de Ciencias? Que se hizo exclusivamente para los estudiantes de la Ciudad de Nueva York. ¡Aquí encontrarán emocionantes investigaciones científicas para realizar prácticamente e interesantes conceptos científicos para cautivar su imaginación! También descubrirán secciones especiales como la de Science Spin del Weekly Reader y muchos enlaces a actividades de exploración en línea.

Este libro les dará la seguridad de que están adquiriendo la más alta comprensión del currículo esencial de Ciencias y del campo y ciclo de estudios de la Ciudad de Nueva York. El material está organizado de acuerdo con los capítulos que van a estudiar. También encontrarán una tabla de contenido especial, solo para ustedes los estudiantes de la Ciudad de Nueva York.

Este libro fue adaptado para que correspondiera con el campo y ciclo de estudios de la Ciudad de Nueva York. Los capítulos de sobra se quitaron. Así, tanto ustedes como sus compañeros podrán concentrarse en los temas científicos requeridos en su grado.

Les deseamos un año emocionante y exitoso en su estudio de las Ciencias.

Atentamente,

Harcourt School Publishers

UNIDAD 1 La materia
¿Cuáles son algunas propiedades de la materia?

▼ CAPÍTULOS Y LECCIONES DE HARCOURT CIENCIAS

Preparación para las Ciencias   x

Lección 1 ¿Cuáles son algunos instrumentos de examinación para Ciencias?   2
Lección 2 ¿Cuáles son algunas destrezas de examinación para Ciencias?   10
Lección 3 ¿Qué es el método científico?   18
Repaso del capítulo y preparación para la prueba   24

Capítulo 11 Propiedades de la materia   370

Lección 1 ¿Qué es la materia?   372
Lección 2 ¿Qué son los estados de la materia?   382
Lección 3 ¿Cómo cambia la materia?   390
Repaso del capítulo y preparación para la prueba   402

Science Spin Weekly Reader

Tecnología
¿Mejor que lo natural?, **398**

Personas
El padre del barómetro, **400**

UNIDAD 2 La energía

¿Cómo puede cambiar de forma la energía?

▼ CAPÍTULOS Y LECCIONES DE HARCOURT CIENCIAS

Capítulo 12 — La energía 404

Lección 1 ¿Qué es la energía? 406
Lección 2 ¿Cómo puede usarse la energía? 414
Lección 3 ¿Por qué es importante la energía? 420
Repaso del capítulo y preparación para la prueba 430

Science Spin Weekly Reader
Tecnología
Con pilas incluidas, 426
Personas
Una idea muy a mano, 428

Capítulo 13 — La electricidad y los imanes 432

Lección 1 ¿Qué es la electricidad? 434
Lección 2 ¿Qué son los imanes? 440
Lección 3 ¿Cómo se relacionan la electricidad y los imanes? 446
Repaso del capítulo y preparación para la prueba 456

Science Spin Weekly Reader
Tecnología
¿Una nueva fuente de energía?, 452
Personas
Mente matemática, 454

Capítulo 14 — El calor, la luz y el sonido 458

Lección 1 ¿Qué es el calor? 460
Lección 2 ¿Qué es la luz? 466
Lección 3 ¿Cómo se relacionan la luz y el color? 472
Lección 4 ¿Qué es el sonido? 480
Repaso del capítulo y preparación para la prueba 490

Science Spin Weekly Reader
Tecnología
¿Semáforos en la escuela?, 486
Personas
Rebotando en las paredes, 488

v

UNIDAD 3 Máquinas simples

¿Cómo nos ayudan a mover objetos las máquinas simples?

▼ CAPÍTULOS Y LECCIONES DE HARCOURT CIENCIAS

Capítulo 15 — Las fuerzas y el movimiento — 494

Lección 1 ¿Qué es el movimiento? — 496
Lección 2 ¿Qué son las fuerzas? — 504
Lección 3 ¿Cómo se mueven las ondas? — 512
Repaso del capítulo y preparación para la prueba — 522

Science Spin Weekly Reader

Tecnología
Levantar vuelo, **518**

Personas
Los niños toman vuelo, **520**

Capítulo 16 — El trabajo y las máquinas — 524

Lección 1 ¿Qué es el trabajo? — 526
Lección 2 ¿Cuáles son algunas máquinas simples? — 534
Lección 3 ¿Cuáles son algunas otras máquinas simples? — 544
Repaso del capítulo y preparación para la prueba — 556

Science Spin Weekly Reader

Tecnología
Saluda a ASIMO, **552**

Personas
Bicicletas y bates de béisbol, **554**

UNIDAD 4 Adaptaciones de las plantas y los animales

¿Cómo se han adaptado las plantas y los animales a vivir en sus medios ambientes?

▼ CAPÍTULOS Y LECCIONES DE HARCOURT CIENCIAS

Capítulo 1 — Tipos de seres vivos — 28

Lección 1 ¿Cuáles son algunos tipos de seres vivos? — 30
Lección 2 ¿Cómo crecen y cambian los seres vivos? — 38
Repaso del capítulo y preparación para la prueba — 50

Science Spin Weekly Reader

Tecnología
A plantar árboles en África, **46**

Personas
La asombrosa piel de tiburón, **48**

Capítulo 2 — Tipos de plantas — 52

Lección 1 ¿Qué necesitan las plantas para vivir? — 54
Lección 2 ¿Cuáles son algunos tipos de plantas? — 62
Lección 3 ¿Cómo producen las plantas su alimento? — 72
Repaso del capítulo y preparación para la prueba — 82

Science Spin Weekly Reader

Tecnología
Todo bien envuelto, **78**

Personas
En busca de la semilla de luna, **80**

Capítulo 3: Tipos de animales — 84

Lección 1 ¿Qué necesitan los animales para vivir? **86**
Lección 2 ¿Qué son los vertebrados? **94**
Lección 3 ¿Qué son los invertebrados? **104**
Repaso del capítulo y preparación para la prueba **118**

Science Spin Weekly Reader
Tecnología
El secreto de la seda, **114**
Personas
Una niña protege a perros policía, **116**

Capítulo de enriquecimiento

Capítulo 4: Dónde se encuentran los seres vivos — 122

Lección 1 ¿Qué son los ecosistemas? **124**
Lección 2 ¿Cuáles son algunos tipos de ecosistemas? **132**
Lección 3 ¿Cómo subsisten los seres vivos en los ecosistemas? **140**
Lección 4 ¿Cómo cambian los ecosistemas? **148**
Repaso del capítulo y preparación para la prueba **158**

Science Spin Weekly Reader
Tecnología
Ocultas pero muy visibles, **154**
Personas
Poeta de la naturaleza, **156**

Referencias

Manual de la salud — **R1**
Manual de lectura para las Ciencias — **R16**
Manual de Matemáticas para las Ciencias — **R28**
La seguridad en las Ciencias — **R36**
Glosario — **R37**
Índice — **R44**

Preparación para las Ciencias

Lección 1 ¿Cuáles son algunos instrumentos de examinación para Ciencias?

Lección 2 ¿Cuáles son algunas destrezas de examinación para Ciencias?

Lección 3 ¿Qué es el método científico?

Vocabulario

examinación
pinza
inferir
variable
formular
método científico
investigación
experimento
hipótesis

¿Qué te preguntas?

¿Alguna vez te has preguntado por qué las plantas son verdes o por qué existen las estaciones del año? Si es así, ¡ya estás pensando como un científico! Los científicos hacen preguntas. ¿Cómo se preparan para Ciencias estos estudiantes?

1

Lección 1

¿Cuáles son algunos instrumentos de examinación para Ciencias?

Datos breves

Medir Los primeros instrumentos que se usaron para medir no fueron reglas ni tazas de medir, ¡sino partes del cuerpo! De hecho, la unidad de medida que llamamos pie se basó en el largo del pie de una persona. En la sección "Investigación" aprenderás más acerca de las mediciones.

Investigación

Hacer burbujas

Materiales
- gafas protectoras
- recipiente grande
- pajita
- taza de medir (en centímetros)
- detergente para vajilla
- recipientes pequeños
- agua
- varita para revolver
- lupa pequeña

Procedimiento

1. **CUIDADO:** Usa gafas protectoras. Usa la taza de medir para **medir** 1 L (1000 mL) de agua. Vierte el agua en un recipiente grande.

2. Luego, **mide** 50 mL de detergente para vajilla. Agrega el detergente en el recipiente con agua y revuelve.

3. Vierte un poco de la solución de detergente para vajilla en recipientes pequeños. Usa la pajita para soplar aire en la solución. Procura no soplar demasiado fuerte ni derramar el líquido. Deberán formarse burbujas. **Observa** las burbujas con la lupa. **Registra** tus **observaciones**.

Sacar conclusiones

1. ¿Qué **observaste** acerca de las burbujas?

2. **Destreza de examinación** Los científicos usan varios instrumentos diferentes para **medir** cosas. En esta actividad, usaste una taza de medir para **medir** agua y detergente. ¿Qué instrumento de medición podrías usar para **medir** el tamaño de las burbujas que hiciste? Explica tu respuesta.

Paso 1

Paso 3

Investiga más

Agrega 60 mL de glicerina y 8 mL de azúcar a la solución. Sopla para hacer nuevas burbujas. **Compara** esas burbujas con las que hiciste antes.

3

La lectura en las Ciencias

VOCABULARIO
examinación pág. 4
pinza pág. 5

CONCEPTOS CIENTÍFICOS
- cuáles son algunos instrumentos de medición
- cómo se usan los instrumentos de medición

DESTREZA DE LECTURA
IDEA PRINCIPAL Y DETALLES
Busca detalles acerca de los instrumentos que se usan para medir cosas.

```
        Idea principal
       /      |      \
   detalle  detalle  detalle
```

Instrumentos de examinación

¿Alguna vez has hecho preguntas sobre algo? Si es así, hiciste una examinación. Una **examinación** ocurre cuando alguien hace una pregunta o estudia algo en detalle. En casi todas las examinaciones científicas deben usarse instrumentos para observar, medir y comparar los objetos que se están estudiando.

Lupa

Qué es: La lupa es un instrumento que se usa para amplificar, es decir, hacer que las características de un objeto se vean más grandes.

Cómo se usa: Sujeta una lupa sobre un objeto que quieras observar en detalle. Mira a través de la parte transparente de la lupa. Puedes acercar o alejar la lupa para ver el objeto con mayor claridad.

Seguridad: Algunas lupas tienen una lente de vidrio. Procura no dejar caer la lupa. Si la lupa se quiebra, no trates de recoger los pedazos. Pide ayuda a un adulto.

Pinza

Qué es: La pinza se usa para levantar y sujetar objetos. Se parece a las tenacillas.

Cómo se usa: Coloca los extremos de la pinza alrededor del objeto que quieres sujetar. Aplica presión en los brazos de la pinza y levanta el objeto.

Seguridad: Los extremos de la pinza pueden ser puntiagudos. No acerques la pinza a tu cara y siempre límpiala después de usarla.

Caja de aumento

Qué es: Al igual que la lupa, la caja de aumento es un instrumento que sirve para amplificar, o hacer que las características físicas de un objeto se vean más grandes.

Cómo se usa: Coloca la caja de aumento sobre una superficie plana. Mira a través de la parte transparente de la caja.

Seguridad: Algunas cajas de aumento tienen una lente de vidrio. Procura no dejar caer la caja. No uses una caja de aumento que tenga la lente rajada o dañada.

Gotero

Qué es: El gotero es un instrumento que puede usarse para recoger y soltar pequeñas cantidades de líquido. Algunos goteros tienen marcas que sirven para medir el líquido.

Cómo se usa: Aprieta el bulbo del gotero. Coloca el extremo del gotero en un líquido y suelta el bulbo. Parte del líquido ascenderá al tubo del gotero. Para soltar el líquido, aprieta nuevamente el bulbo.

Seguridad: Los goteros deben limpiarse después de cada uso.

Minilab

Usar una caja de aumento

Coloca una caja de aumento sobre tu libro de texto. Úsala para ver las letras de esta página. ¿Qué observas? Ahora úsala para mirar otro objeto, por ejemplo, una hoja.

Termómetro

Qué es: El termómetro es un instrumento que mide la temperatura, es decir, lo caliente o frío que está algo.

Cómo se usa: Coloca el termómetro en el lugar donde quieres medir la temperatura. Espera unos cinco minutos. Luego, fíjate hasta dónde llega el líquido contenido en el tubo del termómetro. Usa las marcas que aparecen a lo largo del tubo para leer la temperatura.

Seguridad: Si el termómetro se rompe, no lo toques. Pide ayuda a un adulto.

Regla

Qué es: La regla es un instrumento que se usa para medir el largo, el ancho, la altura o la profundidad.

Cómo se usa: Coloca la regla sobre el objeto que quieres medir. Usa las marcas de la regla para conocer el largo, el ancho, la altura o la profundidad del objeto.

Seguridad: Muchas reglas están hechas de plástico o de madera. No uses reglas para medir objetos calientes. Eso puede provocar que el plástico se derrita o que la madera se prenda fuego.

Cinta métrica

Qué es: Al igual que la regla, la cinta métrica se usa para medir el largo, el ancho, la altura o la profundidad. La cinta métrica es útil para medir objetos curvos.

Cómo se usa: Coloca la cinta métrica a lo largo del objeto que quieres medir. Usa las marcas de la cinta para conocer el largo, el ancho, la altura o la profundidad del objeto.

Seguridad: A menudo las cintas métricas están hechas de plástico. No uses cintas métricas para medir objetos calientes.

Taza de medir

Qué es: La taza de medir se usa para medir el volumen de los objetos, es decir, la cantidad de espacio que ocupan. Las tazas de medir se usan habitualmente para líquidos y sólidos disgregados, tales como polvos.

Cómo se usa: Vierte la sustancia que necesitas medir en la taza de medir. Usa las marcas del exterior de la taza para ver qué cantidad de sustancia contiene.

Seguridad: Algunas tazas de medir están hechas de vidrio. Procura no dejar caer la taza, ya que podría quebrarse.

Báscula de resorte

Qué es: La báscula de resorte es un instrumento que mide el peso de un objeto.

Cómo se usa: Sujeta el objeto que quieres pesar en el gancho de la parte inferior de la báscula. Sujeta la báscula en alto de modo que el objeto quede colgando. Las marcas de la báscula indicarán el peso del objeto.

Seguridad: Pesa objetos en una báscula de resorte solo cuando tu maestro te lo indique.

En la examinación científica pueden usarse pinzas, reglas, básculas de resorte y otros instrumentos. Cada uno de ellos se emplea para cosas diferentes. Parte del aprendizaje de ciencias consiste en aprender a elegir los instrumentos adecuados para responder tus preguntas.

⭐ **IDEA PRINCIPAL Y DETALLES** ¿Qué dos instrumentos se emplean para observar un objeto en detalle?

Otros instrumentos que se usan en Ciencias

Muchos instrumentos científicos tienen usos semejantes. Por ejemplo, para medir cuánto espacio ocupa algo pueden usarse tazas de medir, cucharas de medir o probetas. De acuerdo con la cantidad que necesitas medir, elegirás cuál de esos tres instrumentos usar.

El microscopio se usa para amplificar la apariencia de un objeto. Sirve para observar cosas que son invisibles a simple vista.

Las balanzas se usan para medir la masa de los objetos. Para conocer la masa de un objeto, colócalo en uno de los platillos y equilibra la balanza agregando pesas en el otro platillo hasta compensar el peso.

★ **IDEA PRINCIPAL Y DETALLES** ¿Cuándo necesitarías usar un microscopio?

Microscopio

Probeta

Cuchara de medir

Balanza

Repaso de la lectura

1. **IDEA PRINCIPAL Y DETALLES** Copia y completa el siguiente organizador gráfico.

   Idea principal: Hay muchos instrumentos que pueden usarse en la examinación científica.

   - **Instrumentos que amplifican la apariencia de los objetos**
     - A _____
     - B _____
     - C _____
   - **Instrumentos que miden el largo**
     - D _____
     - E _____
   - **Instrumentos que miden el espacio que ocupa un objeto**
     - F _____
     - G _____
     - H _____

2. **RESUMIR** Haz una tabla que describa la función de los instrumentos que se mencionan en esta lección.

3. **SACAR CONCLUSIONES** Necesitas observar en detalle una muestra de suelo. ¿Qué instrumento usarías? Explica tu elección.

4. **VOCABULARIO** Escribe una oración que describa cómo puedes usar una pinza en una examinación científica.

Preparación para la prueba

5. ¿Qué instrumento usarías si necesitas agregar dos gotas de colorante para alimentos en un tazón de agua?
   - A. gotero
   - B. pinza
   - C. taza de medir
   - D. cuchara de medir

Enlaces

Redacción

Redacción informativa
Tanto la regla como la cinta métrica se emplean para medir el largo. Escribe una **explicación** acerca del uso adecuado de cada uno de esos instrumentos.

Matemáticas

Medir el tiempo transcurrido
Los relojes automáticos y los cronómetros sirven para medir cuánto tiempo pasa. Usa uno de esos dos instrumentos para medir cuánto tardan cinco de tus compañeros en correr 50 metros cada uno. Registra los resultados en una tabla.

Para hallar otros enlaces y actividades, visita www.hspscience.com

Lección 2

¿Cuáles son algunas destrezas de examinación para Ciencias?

Datos breves

Crear burbujas ¡La burbuja más grande jamás medida tenía unos 32 m (105 pies) de longitud! ¿Qué forma crees que tenía esa enorme burbuja? Haz la actividad de la sección "Investigación" para descubrir las diferentes formas que pueden tomar las burbujas.

Investigación

Formas de las burbujas

Materiales
- gafas protectoras
- disco volador de plástico
- gancho de ropa metálico
- líquido para burbujas

Procedimiento

1. **CUIDADO:** Usa gafas protectoras. Usa el gancho metálico para hacer varitas para burbujas de diferentes formas. Por ejemplo, puedes hacer varitas con el extremo redondo, cuadrado o triangular.

2. **Predice** la forma de las burbujas que producirá cada varita.

3. Echa un poco del líquido para burbujas en el interior del disco. Hunde una de las varitas en el líquido. Usa la varita para hacer burbujas. **Observa** la forma de las burbujas. Repite esta actividad con todas las varitas que hiciste.

Sacar conclusiones

1. ¿Qué **predijiste** sobre la forma de las burbujas? ¿Fueron acertadas tus **predicciones**?

2. **Destreza de examinación** Los científicos usan las **observaciones** del mundo natural para hacer **predicciones**. Usa tus **observaciones** para **predecir** qué forma tendrá una burbuja hecha con una varita con forma de corazón.

Paso 1

Paso 3

Investiga más

¿Cuál será la varita que hará la burbuja más grande? Haz burbujas con diferentes varitas. **Mide** y **compara** el tamaño de las burbujas.

11

La lectura en las Ciencias

VOCABULARIO
inferir pág. 13
variable pág. 15
formular pág. 16

CONCEPTOS CIENTÍFICOS
▶ cuáles son algunas destrezas de examinación
▶ cómo se usan las destrezas de examinación

DESTREZA DE LECTURA

IDEA PRINCIPAL Y DETALLES
Busca detalles sobre las destrezas de examinación científica.

```
        Idea principal
       /      |      \
  detalle  detalle  detalle
```

Destrezas de examinación

Cuando los científicos tratan de responder una pregunta, usan habilidades mentales llamadas destrezas de examinación. Ya has usado algunas de esas destrezas en las actividades de la sección "Investigación". Has medido, observado, comparado y hecho predicciones. Todas estas son destrezas de examinación.

Reflexiona sobre cómo usaste las destrezas de examinación para responder las preguntas acerca de las burbujas. Usaste algunas destrezas al mismo tiempo. Eso es porque muchas destrezas de examinación funcionan bien en conjunto.

Estos estudiantes preparan una investigación. Para completarla, necesitarán usar destrezas de examinación.

Usar números
Los científicos usan números para recopilar y presentar sus datos. Comprender los números y usarlos para comunicar los resultados de las investigaciones son destrezas importantes.

Medir
Cuando mides algo, usas números. Para hacer mediciones, puedes usar instrumentos como termómetros, cronómetros, reglas, cintas métricas, básculas de resorte y tazas de medir.

Recopilar, registrar, presentar o interpretar datos
Cuando haces mediciones, estás reuniendo datos. Los datos representan información que puede presentarse a través de tablas, gráficas, diagramas y otros medios. Registrar los datos puede ayudarte a interpretar, o comprender, la información que brindan.

Inferir
Cuando infieres, usas los datos reunidos o tus conocimientos previos para sacar conclusiones. A menudo debes hacer inferencias para interpretar datos.

Este estudiante usa una regla para medir hilo.

⭐ **Destreza clave** **IDEA PRINCIPAL Y DETALLES** Menciona dos destrezas de examinación y explica cómo se relacionan.

Este estudiante hace una gráfica de barras para presentar sus datos.

13

Más destrezas de examinación

Cuando haces cualquier examinación científica, usas más de una destreza de examinación. Has aprendido cómo algunas destrezas funcionan en conjunto. En las próximas páginas, leerás acerca de otras destrezas de examinación.

Este estudiante clasifica diferentes elementos. ¿Qué características toma en cuenta para hacer la clasificación? ▼

Comparar
Cuando comparas, identificas características de cosas o eventos para hallar sus semejanzas y sus diferencias.

Predecir
Cuando predices algo, usas lo que sabes para decir qué crees que ocurrirá en el futuro.

Clasificar/Ordenar
Para clasificar algo, lo organizas, o agrupas, en categorías de acuerdo con sus características específicas. Para ordenar algo, lo ubicas en la secuencia correcta.

Esta estudiante usa un cronómetro para tomar el tiempo a su compañero. Tomar el tiempo, como en este caso, implica usar una relación de espacio/tiempo. ▼

Usar relaciones de espacio/tiempo

¿Dónde estabas ayer al mediodía? Al responder esa pregunta, estás usando una relación de espacio/tiempo. De hecho, cuando señalas dónde está algo en un momento determinado, clasificas ese objeto de acuerdo con el tiempo y el espacio en que está.

Identificar y controlar variables

Imagina que quieres saber de qué color son las flores que prefieren las abejas. Para hallar la respuesta, podrías plantar rosas de diferentes colores en un jardín y contar cuántas abejas se acercan a cada rosa. En esta examinación, solo una cosa es diferente: el color de las rosas. El color de las flores es una variable. Una **variable** es lo único que se modifica durante una examinación científica. Además, necesitas asegurarte de que el resto de los elementos de la examinación se mantenga sin cambios.

15

Existen otras destrezas de examinación, como observar, comunicar y planear. A lo largo de este libro tendrás la oportunidad de practicar cada una de esas destrezas.

IDEA PRINCIPAL Y DETALLES ¿Qué destrezas de examinación usarías para ordenar eventos correctamente en una línea cronológica?

Minilab

Hacer un modelo
Usa plastilina para hacer un modelo de una planta o un animal que te interese. ¿Cómo se compara tu modelo con la planta o el animal real?

Formular o usar modelos
Formular significa elaborar un plan. Formular planes puede ayudarte a mantenerte organizado y en el camino correcto. En las ciencias, a menudo se usan modelos para estudiar cosas que son demasiado grandes o demasiado pequeñas como para ser observadas fácilmente en la vida real.

Estos estudiantes construyen un modelo de volcán.

Repaso de la lectura

1. **IDEA PRINCIPAL Y DETALLES** Copia y completa el siguiente organizador gráfico.

```
Idea principal: Hay muchas destrezas que pueden
usarse en la examinación científica.
```

- **A** _____ señalar en qué se asemejan y en qué se diferencian dos cosas
- **B** _____ indicar qué podría ocurrir en el futuro
- **C** _____ usar datos para sacar conclusiones

2. **RESUMIR** Haz una lista cinco destrezas de examinación y explica para qué podrían emplearse.

3. **SACAR CONCLUSIONES** ¿Es posible que dos objetos estén en el mismo espacio al mismo tiempo? Ten en cuenta las relaciones de espacio/tiempo para explicar tu respuesta.

4. **VOCABULARIO** Elige una palabra de vocabulario de esta lección y explica su significado.

Preparación para la prueba

5. **Razonamiento crítico** Necesitas conocer las diferencias de estatura entre los estudiantes de tercer grado y los de segundo grado. ¿Qué destrezas de examinación deberías usar?

Enlaces

Redacción

Redacción persuasiva
¿Cuáles crees que son las tres destrezas de examinación más útiles? Escribe un párrafo que indique las tres destrezas que, en tu **opinión,** son las más útiles.

Artes del Lenguaje

Resolver un misterio
Las destrezas de examinación no solo son útiles para los científicos, también para los detectives. Escribe un cuento acerca de un detective que usa destrezas de examinación para resolver un misterio.

Para hallar otros enlaces y actividades, visita
www.hspscience.com

Lección 3

¿Qué es el método científico?

Datos breves

Arte con burbujas Para hacer arte, estos estudiantes agregaron témpera al líquido para burbujas. Pero no hace falta agregar pintura para que las burbujas sean de color. Haz la actividad de la sección "Investigación" para descubrir por qué.

Investigación

Burbujas de colores

Materiales
- cinta adhesiva transparente
- tapa de plástico transparente
- líquido para burbujas
- gafas protectoras
- copo de algodón
- pajita
- cuchara
- linterna

Procedimiento

1. **CUIDADO: Usa gafas protectoras.** Usa la cinta para pegar la tapa de plástico sobre la parte de la linterna que emite luz.

2. Sujeta la linterna de modo que la luz apunte hacia arriba. Moja un copo de algodón en el líquido para burbujas. Pasa el copo de algodón por toda la superficie de la tapa. Luego, vierte una cucharada del líquido en la tapa.

3. Usa una pajita para hacer una burbuja grande. Apaga la luz y alza la linterna hasta que la tapa quede aproximadamente a la altura de tus cejas.

4. **Observa** la burbuja. Sumerge el extremo de la pajita en el líquido para burbujas e introduce la pajita en la burbuja grande. Sopla con mucha suavidad. **Observa** qué sucede.

Sacar conclusiones

1. Haz un dibujo de lo que ocurrió para **comunicar** tus **observaciones**.

2. **Destreza de examinación** Usa tus **observaciones** para **comparar** los colores de la burbuja cuando la observaste al principio con los colores que viste justo antes de que la burbuja explotara.

Paso 1

Paso 4

Investiga más

Predice cómo cambiará la actividad de "Investigación" si agregas un poco de témpera a las burbujas. **Planea y haz un experimento simple** para comprobar tus **predicciones**.

19

La lectura en las Ciencias

VOCABULARIO
método científico pág. 20
investigación pág. 20
hipótesis pág. 21
experimento pág. 21

CONCEPTOS CIENTÍFICOS
▶ qué es el método científico
▶ cómo usar el método científico

DESTREZA DE LECTURA

IDEA PRINCIPAL Y DETALLES
Busca detalles sobre cómo usar el método científico.

```
         Idea principal
        /      |      \
   detalle  detalle  detalle
```

El método científico

¿Cómo responden una pregunta o resuelven un problema los científicos? Para hacer un estudio, los científicos usan un plan organizado llamado **método científico**. El estudio que hace un científico se llama **investigación**. En esta lección aprenderás cómo puede usarse el método científico para planear una investigación sobre burbujas.

IDEA PRINCIPAL Y DETALLES ¿Qué usan los científicos como ayuda para encontrar las respuestas que buscan?

Observar y hacer preguntas

Definición: Cuando observas, usas tus sentidos para recopilar información. Eso puede llevarte a hacer preguntas relacionadas con lo que estás observando. También puede llevarte a pensar en las cosas que no conoces y que te gustaría descubrir.

Ejemplo: Después de observar burbujas, un estudiante se pregunta cómo hacer una burbuja grande.

Este estudiante observa las burbujas que hizo.

Este estudiante escribe su hipótesis en una oración completa.

② Formular una hipótesis

Definición: Escribe una respuesta posible a tu pregunta. Una **hipótesis** es una respuesta posible a una pregunta, y puede ser puesta a prueba para saber si es acertada.

Ejemplo: El estudiante piensa que la mejor manera de crear una burbuja grande es usar una varita flexible en lugar de una varita rígida.

③ Planear un experimento

Definición: Un **experimento** es una prueba que se hace para descubrir si una hipótesis es acertada o no. Cuando planeas un experimento, necesitas describir los pasos, identificar las variables, hacer una lista de los materiales que necesitarás y decidir cómo recopilarás y registrarás los datos.

Ejemplo: Para comprobar sus ideas acerca de las burbujas, el estudiante hará una varita *rígida* con un limpiapipas y una varita *flexible* con un hilo.

Seguridad: Piensa en tu seguridad cada vez que planees un experimento. Revisa los pasos del experimento e incluye todo el equipamiento de seguridad necesario.

Este estudiante planea un experimento para estudiar el tamaño de las burbujas.

④ Hacer un experimento

Definición: Sigue los pasos del experimento que planeaste. Observa y mide con cuidado. Registra todo lo que ocurre. Organiza los datos para poder estudiarlos más fácilmente.

Ejemplo: El estudiante hace dos varitas del mismo tamaño, pero de materiales diferentes, y las usa para hacer burbujas. Tiene una regla para medir cada burbuja.

Seguridad: Sigue todas las instrucciones de seguridad que incluiste en el plan del experimento.

Este estudiante usa una varita flexible para intentar hacer burbujas grandes.

5 Sacar conclusiones y comunicar los resultados

Definición: Analiza los datos que recopilaste. Haz diagramas, tablas o gráficas para presentar tus datos. Escribe una conclusión. Describe la evidencia que usaste para determinar si tus pruebas confirmaron tu hipótesis. Indica si tu hipótesis se confirmó. Comunica los resultados.

Ejemplo: El estudiante examina los datos que recopiló y nota que la varita flexible formó las burbujas más grandes.

Este estudiante analiza los datos que recopiló.

Investiga más

Definición: Si tu hipótesis se confirmó, tal vez quieras formular otra pregunta que puedas comprobar acerca de tu tema. Si tu hipótesis no se confirmó, tal vez quieras formular otra hipótesis y ponerla a prueba con una variable distinta.

Ejemplo: El estudiante decide probar si los diferentes movimientos de su varita flexible afectan el tamaño de las burbujas.

Seguridad: Asegúrate de que tu nueva investigación sea segura para ti y para los demás.

A menudo, las observaciones que haces durante un experimento te llevan a plantear nuevas preguntas y formular nuevas hipótesis. Recuerda que aunque tu hipótesis no se confirme, puedes aprender algo.

★ **IDEA PRINCIPAL Y DETALLES** ¿Qué parte del método científico se realiza habitualmente después de que el científico formula una pregunta?

Minilab

¡Una súper burbuja!
Pasa un hilo de 90 cm a través de dos pajitas. Ata los extremos del hilo para formar una varita para burbujas. Separa las pajitas para tensar el hilo. Sumerge la varita en líquido para burbujas y sopla. ¿Qué apariencia tienen tus burbujas?

22

Repaso de la lectura

1. **IDEA PRINCIPAL Y DETALLES** Copia y completa el siguiente organizador gráfico.

   Idea principal: El método científico incluye cinco partes principales.

   - A _____
   - B _____
   - C _____
   - D _____
   - E _____

2. **RESUMIR** Diseña un organizador gráfico para presentar las partes del método científico y cómo se relacionan entre sí.

3. **SACAR CONCLUSIONES** Un científico formula la hipótesis de que a los gatos les gusta más el pescado que el pollo. Hace un experimento y advierte que su hipótesis no se confirma. ¿Aprendió algo el científico? Explica tu respuesta.

4. **VOCABULARIO** Explica cómo se relacionan las palabras *hipótesis* y *experimento*.

Preparación para la prueba

5. Tina hizo un experimento y sacó conclusiones. ¿Qué debe hacer a continuación?
   - **A.** formular una pregunta
   - **B.** comunicar los resultados
   - **C.** planear un experimento
   - **D.** formular una hipótesis

Enlaces

Redacción

Redacción informativa
Escribe un folleto **explicativo** acerca del método científico. Si lo deseas, puedes incluir ilustraciones y ejemplos en tu folleto.

Matemáticas

Hacer una gráfica de barras
Para comunicar datos suelen usarse gráficas. Repasa esta lección y cuenta el número de veces que aparecen las palabras *hipótesis* y *experimento*. Haz una gráfica de barras para presentar tus resultados.

Para hallar otros enlaces y actividades, visita
www.hspscience.com

Repaso y preparación para la prueba

Repaso del vocabulario

Usa los términos de abajo para completar las oraciones. Los números de página te indican qué parte del capítulo debes mirar si necesitas ayuda.

examinación pág. 4
pinza pág. 5
inferir pág 13
variable pág. 15
formular pág. 16
método científico pág. 20
investigación pág. 20
experimento pág. 21
hipótesis pág. 21

1. Para planear y hacer un estudio científico se usa un conjunto de pasos llamado _____.

2. _____ significa sacar conclusiones acerca de algo usando los datos recopilados o los conocimientos previos.

3. Cuando alguien formula una pregunta o estudia algo en detalle, hace un(a) _____.

4. Un(a) _____ es lo único que se modifica durante una examinación científica.

5. El instrumento usado para tomar y sujetar objetos se llama _____.

6. El estudio que hace un científico se llama _____.

7. Una respuesta posible a una pregunta es un(a) _____.

8. La prueba que se hace para saber si una hipótesis es acertada o no se llama _____.

Comprueba lo que aprendiste

Escribe la letra de la respuesta correcta.

9. **IDEA PRINCIPAL Y DETALLES** ¿Cuál de los siguientes instrumentos usarías para medir la altura de un libro?
   A. taza de medir
   B. balanza
   C. regla
   D. báscula de resorte

10. Identifica el instrumento de la ilustración.
    F. pinza
    G. lupa
    H. caja de aumento
    J. microscopio

11. ¿Cuál de los siguientes instrumentos **no** se usa para medir?
  A. probeta
  B. lupa
  C. regla
  D. termómetro

12. ¿Para qué destreza de examinación es más probable que necesites usar este instrumento?

  F. formular modelos
  G. inferir
  H. interpretar datos
  J. usar relaciones de espacio/tiempo

13. IDEA PRINCIPAL Y DETALLES ¿Qué destreza de examinación usas cuando identificas semejanzas y diferencias entre cosas?
  A. comparar
  B. formular modelos
  C. controlar las variables
  D. predecir

14. Cuando mides, ¿qué otra destreza de examinación es más probable que uses?
  F. clasificar   H. predecir
  G. inferir   J. usar números

15. ¿Cuál de las siguientes es un ejemplo de una buena hipótesis?
  A. Las plantas crecen mejor a la luz del sol.
  B. Algunas manzanas son rojas.
  C. ¿Qué hay dentro del sol?
  D. ¿Por qué son redondas las burbujas?

16. ¿En qué paso del método científico observas y haces mediciones?
  F. Hacer un experimento.
  G. Sacar conclusiones.
  H. Formular una hipótesis.
  J. Planear un experimento.

Destrezas de examinación

17. Infiere por qué es importante para los científicos comunicarse unos a otros los resultados de sus experimentos.

18. Formula una hipótesis y planea un experimento simple para ponerla a prueba.

Razonamiento crítico

19. ¿Qué destrezas de examinación se necesitan para formular una hipótesis?

20. ¿Qué instrumentos serían más adecuados para medir la leche y el libro? Explica tus respuestas.

25

UNIDAD A

Seres vivos de nuestro mundo

CIENCIAS BIOLÓGICAS

Capítulo 1	Tipos de seres vivos
Capítulo 2	Tipos de plantas
Capítulo 3	Tipos de animales

Alligator Adventure

PARA: harrison@hspscience.com
DE: alex@hspscience.com
TEMA: Myrtle Beach, South Carolina

Querido Harrison:
¿Alguna vez has estado cara a cara con un reptil feroz? ¡Yo sí! Fuimos a *Alligator Adventure*. Nuestro guía nos llevó por pantanos y ciénagas para ver los aligátores de cerca. También vimos lagartos, tortugas y ranas gigantes. ¿Suena divertido, no?
Alex

Aldea Holandesa y Festival de los Tulipanes

PARA: matt@hspscience.com
DE: trisha@hspscience.com
TEMA: Holland, Michigan

Querido Matt:
Miles de tulipanes florecen en el festival anual de mi pueblo. Es algo que no te puedes perder. Después de observar las hermosas flores, da un paseo por la Aldea Holandesa. Te recordará a tu país natal.
Tu amiga por correspondencia,
Trisha

¡Experimenta!

Mantener el calor Los seres vivos responden al frío de diferentes maneras. En tu caso, puedes ponerte una chaqueta, un sombrero y guantes para mantener el calor. Pero, ¿cómo hacen los animales salvajes para mantener el calor cuando hace frío? ¿Ayuda el pelaje a que los mamíferos conserven el calor? Planea y haz un experimento para descubrirlo.

Capítulo 1
Tipos de seres vivos

Lección 1 ¿Cuáles son algunos tipos de seres vivos?

Lección 2 ¿Cómo crecen y cambian los seres vivos?

Vocabulario

organismo
célula
ciclo de vida
metamorfosis
larva
ninfa
heredar

¿Qué te preguntas?

Este perezoso es un tipo de ser vivo. Los perezosos pasan la mayor parte de su vida colgados cabeza abajo. Solo bajan al suelo una vez por semana. ¿Por qué crees que los perezosos viven en los árboles?

Lección 1

¿Cuáles son algunos tipos de seres vivos?

Datos breves

Hogar dulce hogar La mayor parte de los seres vivos tienen un lugar que consideran su hogar. Los cachorros de foca comienzan su vida en las rocas cercanas al océano. Cuando crecen, viven en el océano, donde pueden conseguir alimento. En la sección "Investigación" aprenderás por qué los animales viven en determinados lugares.

Investigación

Hogares para los seres vivos

Materiales • tarjetas con ilustraciones • crayolas o lápices de colores • papel

Procedimiento

1. Observa las tarjetas con ilustraciones que te dio tu maestro. Divide las tarjetas en dos grupos: uno de seres vivos y otro de cosas que no tienen vida.

2. Selecciona un animal de la pila de tarjetas de seres vivos.

3. Describe por qué el animal es un ser vivo. Luego, describe el lugar en que vive. **Registra** tus **observaciones**.

4. Imagina que trabajas en un zoológico. Usa crayolas o lápices de colores para dibujar un hábitat para tu animal. Dibuja todo lo que el animal podría necesitar.

5. **Compara** el hogar de tu animal con los hogares que dibujaron tus compañeros.

Paso 1

Paso 4

Sacar conclusiones

1. ¿Qué **observaste** acerca del hogar donde vive tu animal?

2. **Destreza de examinación** **Infiere** qué obtiene de su hogar un animal. ¿Por qué ese animal vive allí?

Investiga más

Observa las tarjetas. **Compara** los pelajes de diversos animales. **Clasifica** los animales de acuerdo con el tipo de pelaje que tienen.

31

La lectura en las Ciencias

VOCABULARIO
organismo pág. 32
célula pág. 34

CONCEPTOS CIENTÍFICOS
▶ qué es un organismo
▶ cómo las células componen un organismo

DESTREZA DE LECTURA
COMPARAR Y CONTRASTAR
Compara seres vivos y cosas sin vida

semejanzas —— diferencias

Seres vivos y cosas sin vida

Todo ser vivo es un **organismo**. A veces es difícil saber si algo tiene vida. Sabes que un gato tiene vida porque se mueve y respira. Una planta también tiene vida, pero no se mueve ni respira de la misma manera que un gato.

Hay muchas diferencias entre los seres vivos y las cosas sin vida. Una diferencia es que los seres vivos se reproducen. Cuando un ser vivo se reproduce, genera más de su tipo. Un gato se reproduce cuando tiene gatitos. Muchas plantas se reproducen haciendo semillas. De esas semillas crecen nuevas plantas.

El gallo de esta ilustración no tiene vida. No puede reproducirse.

Los seres vivos reaccionan a los cambios que se producen en su entorno. Cuando un ratón ve un gato, su reacción es huir. Muchas plantas reaccionan al frío del otoño dejando caer sus hojas. ¿Cuál es tu reacción al frío?

Todos los seres vivos usan energía para crecer. Los animales se alimentan y así obtienen la energía que necesitan para conservar su salud. Las plantas usan energía del sol para producir su propio alimento.

COMPARAR Y CONTRASTAR ¿Cuáles son tres diferencias entre los seres vivos y las cosas sin vida?

Este gallo es un ser vivo. Necesita energía para crecer. Reacciona a los cambios que se producen en su entorno. Este gallo puede reproducirse.

Partes de los seres vivos

Tu cuerpo tiene muchas partes. Por dentro, tienes un corazón y un cerebro. Por fuera, tienes nariz y orejas. Todos los seres vivos se componen de partes. Un tigre tiene garras y cola. Las aves y las mariposas tienen alas. Todas las partes conforman un organismo entero.

Todos los seres vivos están compuestos de partes llamadas células. La **célula** es una unidad diminuta, y muchas unidades diminutas forman cada parte de un organismo. Cada célula de un organismo, por ejemplo de una planta, tiene su propia función. Las células de las hojas producen el alimento de la planta, y las células de la raíz mantienen la planta en la tierra. Todas las células de un organismo trabajan en conjunto para ayudar al organismo a sobrevivir.

Célula vegetal

Las células vegetales pueden tener diferentes formas y tamaños, pero casi todas tienen las mismas partes en su interior. Este diagrama muestra las partes del interior de una célula vegetal. ▼

El microscopio te ayuda a ver las células de calabaza. ▼

- Citoplasma
- Vacuola
- Cloroplasto
- Pared celular
- Núcleo
- Membrana celular

Célula animal

Esta ilustración muestra células de la piel de una salamandra. Puedes ver la gran variedad de células con un microscopio.

- Núcleo
- Citoplasma
- Membrana celular
- Vacuola

Los animales también están compuestos de células. Cada célula realiza una tarea específica. Las células de la piel de un animal lo protegen del exterior. Las células musculares se unen para formar músculos, que permiten que el animal se mueva.

Las células animales son diferentes de las células vegetales. Las células animales no tienen una pared celular. Tampoco tienen cloroplastos.

La mayoría de las células de los organismos son muy pequeñas. Son tan pequeñas que no puedes observarlas a simple vista. Para ver células, necesitas usar un microscopio.

COMPARAR Y CONTRASTAR ¿En qué se diferencian las células vegetales de las células animales?

Observar seres vivos

Hay vida a tu alrededor. Puedes ver algunos seres vivos con facilidad. Otros organismos son tan pequeños que, para verlos, necesitas usar un microscopio. Tal vez hayas visto algas en un lago. Si observaras las algas a través de un microscopio, probablemente verías más organismos vivos.

A simple vista puedes ver las alas de una mariposa, las patas de un grillo o las flores. Pero si usas una lupa, puedes ver muchos pequeños detalles de esos seres vivos.

⭐ **COMPARAR Y CONTRASTAR** ¿Cuál es la diferencia entre mirar un ser vivo con una lupa y mirarlo a simple vista?

Con una lupa puedes ver más detalles.

Puedes usar binoculares para observar el caimán desde una distancia prudente.

Minilab

¿Qué es una pluma? Usa una lupa para examinar una pluma. Describe lo que ves y haz un dibujo de la pluma. Observa otro tipo de pluma. ¿Cómo puedes comparar las dos plumas?

Repaso de la lectura

1. **COMPARAR Y CONTRASTAR** Copia y completa el siguiente organizador gráfico.

```
        Seres vivos  ———  Cosas sin vida

     pueden reproducirse  ———  A _____

     B _____  ———  no reaccionan a los cambios

     compuestos de células  ———  C _____

     D _____  ———  no necesitan energía para crecer
```

2. **RESUMIR** Escribe un párrafo que explique la información más importante de esta lección.

3. **SACAR CONCLUSIONES** ¿Por qué los científicos usan a menudo un microscopio o una lupa para estudiar a los seres vivos?

4. **VOCABULARIO** Escribe una o dos oraciones que indiquen cómo se relacionan un organismo y una célula.

Preparación para la prueba

5. ¿Qué parte tiene una célula vegetal que **no** tiene una célula animal?
   A. membrana celular
   B. pared celular
   C. núcleo
   D. citoplasma

Enlaces

Redacción

Redacción informativa
Las células vegetales y las células animales son parecidas, pero también tienen diferencias. Escribe dos párrafos que **comparen** y **contrasten** las células vegetales con las células animales.

Matemáticas

Ordenar números
Elige cuatro tipos diferentes de seres vivos. Halla el promedio de vida de cada organismo. Ordena los promedios de vida de menor a mayor.

Para hallar otros enlaces y actividades, visita
www.hspscience.com

37

Lección 2

¿Cómo crecen y cambian los seres vivos?

Datos breves

Competidoras veloces En un claro del bosque, las plantas jóvenes deben crecer rápidamente. Si no lo hacen, otras plantas bloquearán la luz del sol. En la sección "Investigación" verás cuán rápido crecen algunas semillas.

Investigación

¿A qué velocidad crecen las semillas?

Materiales • toallas de papel • 3 bolsas de plástico pequeñas (con cierre) • agua • cinta adhesiva • 3 tipos de semilla • regla

Procedimiento

1. Dobla tres toallas de papel y coloca cada una en una bolsa de plástico con una pequeña cantidad de agua. Procura no mojar demasiado las toallas.

2. Numera las bolsas como 1, 2 y 3. Escribe tu nombre en cada bolsa.

3. Coloca semillas de un tipo en la bolsa 1, de otro tipo en la bolsa 2 y del tercer tipo de semilla en la bolsa 3. Cierra las bolsas. Colócalas cerca de una ventana soleada.

4. Durante cinco días, usa una regla para **medir** cuánto crecieron las semillas cada día. **Registra** tus **observaciones** en una tabla como la que se muestra.

5. Agrega agua a las bolsas si adviertes que las toallas de papel están secándose.

Paso 1

Datos del crecimiento

Semillas	Día 1	Día 2	Día 3	Día 4	Día 5
Bolsa #1					
Bolsa #2					
Bolsa #3					

Sacar conclusiones

1. ¿Qué cambios **observaste** en cada bolsa?

2. **Destreza de examinación** Infiere qué sucederá si dejas las semillas en la ventana durante más de cinco días.

Investiga más

¿Las semillas germinarán sin la luz? **Predice** qué ocurriría si pusieras otras bolsas de semillas en un armario oscuro en lugar de hacerlo cerca de una ventana soleada. Haz la prueba.

La lectura en las Ciencias

VOCABULARIO
ciclo de vida pág. 40
metamorfosis pág. 42
larva pág. 43
ninfa pág. 43
heredar pág. 44

CONCEPTOS CIENTÍFICOS
▶ cómo crecen y cambian los seres vivos a través del tiempo

DESTREZA DE LECTURA
ORDENAR EN SECUENCIA Busca la secuencia en que cambian los seres vivos.

Las plantas crecen y cambian

Los organismos crecen y cambian durante su vida. En la sección "Investigación" viste cómo las semillas crecieron hasta convertirse en plantas jóvenes. Los cambios que atraviesa un organismo durante su vida conforman su **ciclo de vida**. Por ejemplo, el ciclo de vida de un frijol comienza con una semilla. Luego, el organismo crece, puede reproducirse y muere.

El dibujo de abajo muestra cómo comienza a crecer una semilla de frijol. Las plantas de frijol comienzan siendo semillas y crecen hasta convertirse en altas enredaderas que tienen flores. Producen semillas que pueden convertirse en nuevas plantas de frijol. Un nuevo ciclo de vida de la planta de frijol comienza cuando la planta produce nuevas semillas.

Esta huerta está llena de plantas.

Ciclo de vida de una planta

Paso 1
Primero aparece la raíz. El brote surge de la tierra.

Paso 2
El brote comienza a retoñar, convirtiéndose en una planta con hojas pequeñas.

Paso 3
Comienzan a crecer las hojas definitivas.

Paso 4
La planta adulta tiene flores y frijoles.

La semilla de la planta de frijol crece en cuatro pasos.

40

Las plantas tienen muchas formas y tamaños diferentes. No todas las plantas comienzan su ciclo de vida como semillas. Los tulipanes y los narcisos son flores que crecen en primavera. Nacen de un tallo subterráneo llamado bulbo. El bulbo almacena agua y alimento para la planta joven. Los tubérculos son otro tipo de tallo subterráneo. La papa es un ejemplo de tubérculo.

En ocasiones, una nueva planta puede crecer a partir de una parte que se desprende de la planta. Si pones un trozo del tallo de una hoja en suelo húmedo, es posible que crezca. Sin importar el momento en que una planta comienza su ciclo de vida, las plantas jóvenes siempre son de la misma especie que la planta madre.

ORDENAR EN SECUENCIA
¿Cómo crece una planta a partir de una semilla?

Las Matemáticas en las Ciencias
Interpretar datos

Longitudes de semillas

Las semillas tienen muchos tamaños y formas diferentes. Algunas son muy grandes. Otras son muy pequeñas.

Semilla	milímetros
Manzana	7 mm
Maíz	10 mm
Alubia	18 mm
Aguacate	38 mm
Coco	300 mm

Los anillos de un tronco de árbol indican la edad del árbol. Por cada año de vida se forma un anillo. ¿Cuántos anillos puedes contar en este tronco?

Las plantas crecen durante toda su vida. La secuoya gigante puede crecer hasta alcanzar los 91 metros (30 pies) de altura.

Los animales crecen y cambian

Al igual que las plantas, los animales crecen y cambian durante sus ciclos de vida. Tú también has crecido y cambiado desde que naciste. Y seguirás creciendo y cambiando.

Tu apariencia se modifica a medida que creces. En algunos animales, ese conjunto de cambios de apariencia se llama **metamorfosis**.

El ciclo de vida de la mayoría de los animales comienza con un huevo. Después de ser incubado o parido, el animal crece y se desarrolla. Cuando se convierte en adulto, se reproduce. Finalmente, muere.

ORDENAR EN SECUENCIA ¿Qué eventos ocurren durante el ciclo de vida de un animal?

Ciclo de vida de un animal

El cachorro cambia rápidamente hasta convertirse en un perro maduro.

Este cachorro de golden retriever tiene aproximadamente una semana de vida. Todavía no ha abierto los ojos.

Ahora el cachorro tiene aproximadamente cinco semanas de edad. Sus ojos están abiertos y está lleno de energía.

A los nueve meses, el cachorro ya casi ha terminado de crecer.

Ahora el cachorro se ha convertido en adulto. ¡Mira cuánto cambió!

42

Míralo en detalle

Al igual que otros animales, los insectos cambian durante su ciclo de vida. La metamorfosis que experimentan los insectos puede ser de dos tipos. Algunos cambian su apariencia por completo y otros, no.

Metamorfosis incompleta

El saltamontes experimenta una metamorfosis incompleta. El insecto tiene prácticamente la misma apariencia durante todo su ciclo de vida.

1 Cuando el saltamontes sale del huevo, parece un pequeño saltamontes adulto.

2 En cada etapa, el saltamontes se vuelve un poco más grande.

3 El saltamontes adulto tiene alas y puede reproducirse. El ciclo de vida puede comenzar de nuevo.

Metamorfosis completa

Las mariposas y las polillas experimentan una metamorfosis completa. En este tipo de metamorfosis, el insecto cambia de apariencia durante su ciclo de vida.

1 El ciclo de vida comienza cuando se producen los huevos.

2 Del huevo nace una oruga. En esta etapa de su ciclo de vida, el organismo es una ==larva==. Come hojas.

3 A continuación comienza la etapa de la ==ninfa==. La ninfa está envuelta en una crisálida. La ninfa no come ni se mueve.

4 De la crisálida surge un insecto adulto. La mariposa no se parece nada a la larva. La mariposa adulta halla una pareja y pone huevos. El ciclo de vida comienza de nuevo.

Para hallar otros enlaces y actividades, visita
www.hspscience.com

Herencia

¿Conoces a alguien que se parezca a su mamá o a su papá? Esas personas comparten algunas características con sus padres. Tú **heredaste** algunas características de tus padres. Eso significa que tus padres te pasaron sus características a ti. Todos los organismos transfieren características. Al reproducirse, las rosas rojas generan más rosas rojas.

Algunas características no son heredadas. El organismo las aprende durante su ciclo de vida. Tú aprendiste a hablar. Las aves deben aprender a volar.

ORDENAR EN SECUENCIA Explica cómo las rosas llegan a tener su color.

Minilab

Hoyuelos
Los hoyuelos son una característica heredada. Cuenta cuántos estudiantes de tu clase tienen hoyuelos. Haz una gráfica circular para presentar tus resultados.

◀ Observa las marcas y colores de la madre.

▼ El padre del caballo es diferente de la madre.

¿Qué características heredó este caballo de sus padres?

44

Repaso de la lectura

1. **ORDENAR EN SECUENCIA** Copia y completa el siguiente organizador gráfico. Haz una lista de los detalles en los cambios de los organismos.

Metamorfosis completa

huevo → **A**____ → **B**____ → adulto

2. **RESUMIR** Resume las etapas del ciclo de vida de una planta.

3. **SACAR CONCLUSIONES** Hallas un insecto que ha hecho un capullo. ¿Qué tipo de metamorfosis es esa?

4. **VOCABULARIO** Escribe un párrafo sobre la vida de un organismo. Usa los términos *ciclo de vida*, *heredar* y *metamorfosis*.

Preparación para la prueba

5. **Razonamiento crítico** Tú y un amigo caminan por el bosque. Encuentran decenas de árboles cubiertos de capullos. ¿Qué cambio se producirá en ese bosque en un par se semanas?

Enlaces

Redacción

Redacción narrativa
Escribe un **cuento** que narre cómo podría ser atravesar el ciclo de vida de una mariposa.

Arte

Hacer un modelo
Haz un modelo de un insecto que atraviese una metamorfosis completa. Incluye todas las etapas de su ciclo de vida.

Para hallar otros enlaces y actividades, visita www.hspscience.com

45

SCIENCE Spin from WEEKLY READER
Tecnología

A plantar árboles en África

¿Qué puedes hacer para ayudar al medio ambiente? Intenta plantar un árbol. Wangari Maathai lo hizo. Maathai nació en Kenya, un país de África. Por plantar árboles en su país, esta mujer recibió recientemente el Premio Nobel de la Paz.

La mujer árbol

En 1977, Maathai formó una organización llamada Movimiento del Cinturón Verde. El grupo, integrado principalmente por mujeres, realiza una gran labor plantando árboles para colaborar con el medio ambiente.

El Movimiento del Cinturón Verde planta muchas clases de árboles, entre ellos árboles frutales y árboles que se usan para fabricar muebles. Desde 1977, el grupo ha plantado más de 25 millones de árboles. Por su esfuerzo, a Maathai se la conoce como "la mujer árbol".

Crecer desde las semillas

Plantar millones de árboles exige mucho trabajo y una gran cantidad de árboles. Para hacer ese trabajo, el grupo comienza por recoger semillas de árboles en los bosques.

El grupo planta las semillas en áreas protegidas, llamadas viveros. Cuando las semillas germinan, reciben el nombre de plántulas. Después, las plántulas se desentierran y se vuelven a plantar. Las plántulas se ponen solo donde la gente quiere nuevos árboles.

Los estudiantes usan sus equipos de control.

Una vez que los árboles están plantados, los miembros del grupo los visitan para controlar su crecimiento. Muchos de los árboles plantados por el Movimiento del Cinturón Verde han sido plantados en granjas.

El grupo también está tratando de educar a los estudiantes. Han repartido equipos que permiten a los estudiantes controlar el estado de los arroyos y registrar sus conclusiones.

Piensa

1. ¿Qué otras plantas crecen de semillas?
2. ¿Cómo crees que plantar árboles puede ayudar a las personas? ¿Y al medio ambiente?

¡Investiga más! Visita www.hspscience.com

SCIENCE Spin from WEEKLY READER

Personas

La asombrosa piel de tiburón

Shaymus Savage es un estudiante de tercer grado que aprendió acerca de los tiburones cuando pasó una noche en un acuario. "Me desperté y había un tiburón mirándome fijamente", contó Shaymus. "Su piel se sentía fría", dijo. Shaymus se dio cuenta de que si tocas un tiburón pasando la mano de adelante hacia atrás, la piel se siente suave. Si pasas la mano de atrás hacia adelante, se siente áspera. Los tiburones se mueven a gran velocidad en el agua gracias a que su piel dirige el flujo de agua a lo largo de su cuerpo. Actualmente se diseñan trajes de baño y embarcaciones con superficies similares a la piel de tiburón.

Spin-In ¡Investiga más! Visita www.hspscience.com

Proyectos de Ciencias

para la casa o la escuela

¡Sí puedes!

Proyecto fácil y rápido

Ciclo de vida de la rana

Procedimiento

1. Investiga las etapas del ciclo de vida de la rana.
2. Cuando el renacuajo se convierte en rana, ¿qué características se modifican?
3. Dibuja cada etapa del ciclo de vida de la rana.
4. Recorta y pega tus dibujos en una caja de zapatos decorada para que parezca el lugar donde vive la rana.

Materiales
- cartulina
- crayolas o marcadores
- tijeras
- caja de zapatos u otra caja de cartón

Sacar conclusiones

¿Qué palabra describe los cambios que experimenta una rana durante su desarrollo?

Planea tu propia investigación

¿Cómo crecen las papas?

Busca cuatro clases diferentes de papa. Clava cinco mondadientes alrededor de la mitad de cada papa. Apoya los mondadientes sobre el borde de un frasco de modo tal que la papa quede suspendida dentro del frasco. Vierte agua en el frasco hasta cubrir la parte de abajo de la papa. Observa tus papas durante algunos días. Si es necesario, agrega agua en el frasco. Registra tus observaciones.

Capítulo 1

Repaso y preparación para la prueba

Repaso del vocabulario

Usa los términos de abajo para completar las oraciones. Los números de página te indican qué parte del capítulo debes mirar si necesitas ayuda.

organismo pág. 32
célula pág. 34
ciclo de vida pág. 40
metamorfosis pág. 42
larva pág. 43
heredar pág. 44

1. Los cambios que se producen durante la vida de un organismo conforman su _____.

2. _____ una característica significa obtenerla de tus padres.

3. Un ser vivo es un _____.

4. La oruga también recibe el nombre de _____.

5. Una _____ es una de las numerosas partes pequeñas que componen un organismo.

6. La _____ es un cambio en la apariencia de un organismo a medida que crece y se desarrolla.

Comprueba lo que aprendiste

7. ¿Qué puede hacer una cosa sin vida?
   A. respirar
   B. ser movida
   C. reproducirse
   D. responder

8. ¿Qué tipo de célula muestra la ilustración?
   F. de insecto   H. de cachorro
   G. de planta   J. de gallo

9. ¿Qué tiene la célula vegetal que no tiene la célula animal?
   A. pared celular
   B. citoplasma
   C. núcleo
   D. vacuola

10. ¿Cuál es el orden correcto de la metamorfosis completa?
    F. adulto→ninfa→huevo→larva
    G. huevo→larva→ninfa→adulto
    H. larva→huevo→adulto→ninfa
    J. ninfa→huevo→adulto→larva

11. ¿Qué es la Parte C de la ilustración?

  A. membrana celular

  B. citoplasma

  C. núcleo

  D. vacuola

12. ¿Qué oración acerca de la célula es verdadera?

  F. Puedes ver una célula a simple vista.

  G. Cada célula tiene una tarea específica.

  H. La célula vegetal no tiene pared celular.

  J. La célula animal tiene cloroplastos.

13. IDEA PRINCIPAL Y DETALLES Hallas una oruga. ¿Cuál es la etapa siguiente?

  A. adulto   **C.** larva

  B. huevo   **D.** ninfa

14. ORDENAR EN SECUENCIA ¿Qué secuencia es correcta para la mayoría de los animales?

  F. huevo→reproducción→crecimiento→muerte

  G. huevo→crecimiento→reproducción→muerte

  H. reproducción→huevo→muerte→crecimiento

  J. huevo→muerte→crecimiento→reproducción

15. ¿Cuál es la primera etapa en el ciclo de vida de la mayoría de los animales?

  A. adulto

  B. capullo

  C. huevo

  D. semilla

16. ¿De dónde provienen las características?

  F. Solamente se heredan.

  G. Solamente se aprenden.

  H. Se heredan y se aprenden.

  J. Se descubren.

Destrezas de examinación

17. Predice qué sucederá si dejas de regar las semillas cuando están comenzando a crecer y desarrollarse.

18. Predice qué le sucederá a una célula si se daña su núcleo.

Razonamiento crítico

19. ¿Qué parte de la célula animal es similar a tu piel?

20. ¿Por qué, cuando crezca, un brote de palmera tendrá la apariencia de una palmera y no de un roble?

Capítulo

2 Tipos de plantas

Lección 1 ¿Qué necesitan las plantas para vivir?

Lección 2 ¿Cuáles son algunos tipos de plantas?

Lección 3 ¿Cómo producen las plantas su alimento?

Vocabulario

raíz
nutrientes
tallo
hoja
semilla
caducifolio
perennifolio
fotosíntesis
clorofila

¿Qué te preguntas?

Muchas personas compran flores o plantas pequeñas que atraen pájaros o mariposas a su jardín. ¿De qué manera las plantas mejoran tu vida?

Lección 1

¿Qué necesitan las plantas para vivir?

Datos breves

Tulipanes de Turquía *Tulipán* es una palabra que proviene del turco y significa turbante, que es un tipo de sombrero. El turbante y la flor tienen formas parecidas. En la sección "Investigación" descubrirás una de las necesidades de la mayoría de las plantas.

Investigación

Necesidades de las plantas

Materiales
- 3 plantas pequeñas
- 3 vasos de cartón
- arena
- tierra para macetas
- grava
- agua

Procedimiento

1. Toma 3 plantas. Quita suavemente la tierra de cada una. Planta una en un vaso con arena, otra en un vaso con grava y la tercera en un vaso con tierra. Riega cada planta. Coloca las tres plantas cerca de una ventana donde dé el sol.

2. **Observa** las plantas cada dos días, durante dos semanas. Riégalas cada pocos días con la misma cantidad de agua.

3. **Registra** todos los cambios que **observes.** Presta atención a los cambios en el tamaño de las plantas.

Paso 1

Paso 2

Sacar conclusiones

1. ¿Qué planta luce más saludable luego de dos semanas? Explica por qué.

2. ¿Qué planta luce menos saludable luego de dos semanas? ¿Qué hiciste diferente con esta planta?

3. **Destreza de examinación** Los científicos a menudo **comparan** los resultados que obtienen en sus experimentos. ¿Cómo puedes **comparar** tus descubrimientos?

Investiga más

Predice cómo diferentes cantidades de agua pueden afectar el crecimiento de las plantas. ¡Inténtalo!

La lectura en las Ciencias

VOCABULARIO
raíces pág. 58
nutrientes pág. 58
tallo pág. 58
hoja pág. 58

CONCEPTOS CIENTÍFICOS
▶ qué necesitan las plantas para vivir
▶ cómo las plantas obtienen lo que necesitan para vivir

DESTREZA DE LECTURA
IDEA PRINCIPAL Y DETALLES
Busca detalles acerca de los elementos que las plantas necesitan para vivir.

Idea principal
- detalle
- detalle
- detalle

Lo que las plantas necesitan

Las plantas crecen y viven en muchos lugares. Pueden crecer en las ciudades y en el campo. También crecen en bosques, prados y parques. ¡Algunas incluso crecen bajo el agua o en los desiertos! No importa en qué lugar crezcan, la mayoría de las plantas necesita las mismas cosas para vivir.

Cada ser vivo tiene necesidades básicas. Los seres vivos no pueden sobrevivir si no satisfacen sus necesidades básicas. Las plantas necesitan nutrientes de la tierra, agua, aire y luz. ¿En qué se parecen y en qué se diferencian tus necesidades básicas de las necesidades de las plantas?

◀ Esta niña cuida que a sus plantas no les falte aire, luz, agua y tierra.

Piensa en lugares donde no crecen las plantas. Las plantas no crecen en las profundidades de las cavernas, porque no hay luz. Tampoco crecen sobre las rocas porque no tienen tierra ni agua. ¿Por qué crees que hay más plantas en los bosques que en los desiertos?

A muchas personas les gusta la jardinería. Se ocupan de las plantas dándoles agua y buena tierra. Sin embargo, la mayoría de las plantas crece sin el cuidado de los seres humanos. Obtienen lo que necesitan del sol, el aire, la lluvia y la tierra.

⭐ **IDEA PRINCIPAL Y DETALLES** ¿Cuáles son los cuatro elementos que necesitan las plantas para vivir?

Minilab

Hacer un modelo
Observa cómo los tallos llevan el agua a las hojas. Coloca colorante rojo para alimentos en un vaso con agua. Pon en el vaso un tallo de apio con hojas. Déjalo en el vaso durante toda la noche. Por la mañana, mide hasta dónde subió el color rojo por el tallo. ¿Alcanzó las hojas?

Algunas partes de las plantas y sus funciones

Compara la hiedra de esta página con la flor de la página de la derecha. Las dos plantas tienen aspectos muy diferentes, pero ambas tienen las mismas partes.

Las **raíces** de la mayoría de las plantas crecen en la tierra. Toman el agua y los nutrientes que se encuentran allí. Los **nutrientes** ayudan a que la planta crezca y se mantenga saludable.

El **tallo** crece sobre la tierra y sostiene la planta. El tallo transporta el agua y los nutrientes hacia las hojas. También toma el alimento que producen las hojas y lo lleva a las raíces.

Las **hojas** nacen del tallo y es donde las plantas producen su alimento. La luz del sol, el aire y el agua se combinan en las hojas para producir el alimento que la planta necesita para vivir y crecer.

IDEA PRINCIPAL Y DETALLES
¿Cómo llega el agua de la tierra a las hojas de una planta?

◀ Al igual que otras plantas, la hiedra tiene raíces, tallos y hojas. ¿Cuál es la función de cada una de estas partes?

Partes de las plantas

El tallo ayuda a sostener las hojas. También lleva el agua y los nutrientes de la raíz a las hojas.

La mayoría de las hojas son verdes. El color verde ayuda a las hojas a absorber la luz del sol y a producir el alimento que permite a la planta vivir y crecer. Algunas plantas sirven también de alimento para los animales.

Las raíces toman el agua y los nutrientes de la tierra. También ayudan a sostener la planta en la tierra.

59

Cómo hacen las plantas para vivir en medio ambientes diferentes

Pueden encontrarse plantas en casi todos los lugares de la Tierra. Incluso en lagunas y desiertos. En estos lugares, puede ser muy difícil para las plantas conseguir lo que necesitan para vivir.

El desierto donde crecen los cactos, por ejemplo, es un lugar muy seco. Podrías preguntarte cómo hace el cacto para obtener el agua que necesita. Para eso, los cactos tienen un tipo de tallo y una raíz especial.

El nenúfar crece debajo del agua. Sus raíces obtienen los nutrientes del suelo y del agua, y tiene un tallo largo que llega hasta una hoja flotante. A través de esa hoja, el nenúfar absorbe la luz del sol.

IDEA PRINCIPAL Y DETALLES ¿De qué manera las plantas obtienen lo que necesitan de su medio ambiente?

Cacto

Las raíces de los cactos están cerca de la superficie del suelo. Esto permite absorber rápidamente el agua de lluvia. El grueso tallo del cacto le sirve para almacenar agua.

Narciso

Esta planta crece de un bulbo. Hasta que sus raíces crezcan en la tierra, el bulbo dará a la planta el alimento que necesita.

Las Matemáticas en las Ciencias
Interpretar datos

¿Qué cantidad de luz solar necesitan las plantas?

Cantidad de luz solar que necesitan las plantas

(Eje Y: Cantidad de luz solar — de Sombra a Pleno sol)
(Eje X: Tipo de planta — Naranjo, Palma de sago, Helecho de Boston, Gomero, Hiedra inglesa)

Repaso de la lectura

1. IDEA PRINCIPAL Y DETALLES Copia y completa el siguiente organizador gráfico.

> **Idea principal:** Hay muchos tipos de plantas, pero la mayoría de ellas tiene las mismas necesidades.
>
> **A** _____ **B** _____ **C** _____ Aire

2. RESUMIR Usa el organizador gráfico para escribir un resumen de la lección.

3. SACAR CONCLUSIONES Ryan nota que las plantas de lechuga de su huerta se están marchitando. La tierra está seca y el sol, muy fuerte. ¿Qué debería hacer Ryan? ¿Cómo lo sabes?

4. VOCABULARIO Escribe un párrafo explicando con tus palabras cómo se relacionan las raíces y los nutrientes.

Preparación para la prueba

5. ¿Cuál de los siguientes elementos no es algo que necesite la mayoría de las plantas para vivir y crecer?
- **A.** nutrientes
- **B.** refugio
- **C.** tierra
- **D.** agua

Enlaces

Redacción

Redacción informativa
Tus vecinos quieren plantar una huerta. Escríbeles una **carta personal** ayudándoles a elegir el mejor lugar para la huerta. No olvides contarles acerca de las necesidades básicas de las plantas.

Arte

Símbolos del estado
Cada estado tiene un árbol y una flor estatal. ¿Cuáles son la flor y el árbol de tu estado? Haz un dibujo o una pintura de cada uno.

Para hallar otros enlaces y actividades, visita
www.hspscience.com

Lección 2

¿Cuáles son algunos tipos de plantas?

Datos breves

Laberintos asombrosos Los jardines en forma de laberinto han sido muy populares durante cientos de años. El más grande está formado por unos 16,000 árboles. En la sección "Investigación" harás germinar algunas plantas y las observarás.

Investigación

Frijoles que germinan

Materiales
- 3 semillas de frijol
- lupa pequeña
- 2 toallas de papel
- 2 bolsas de plástico con cierre
- agua

Procedimiento

1. Corta por la mitad una semilla de frijol y usa la lupa para observar su interior. Identifica la nueva planta en el interior de la semilla. Después de que hayas terminado, coloca la semilla a un costado.

2. Dobla por la mitad cada toalla de papel. Humedece una de las toallas, pero no uses demasiada agua. No humedezcas la otra toalla. Luego, coloca cada toalla de papel dentro de bolsas de plástico.

3. Coloca una semilla en cada bolsa. En la bolsa que tiene la toalla húmeda coloca la etiqueta HÚMEDO y en la otra bolsa, la etiqueta SECO. Sella las bolsas y colócalas en un lugar protegido.

4. **Observa** las semillas durante 10 días de clase. **Registra** tus **observaciones**.

Sacar conclusiones

1. ¿Cómo germina una nueva planta de frijol?

2. **Destreza de examinación** Usa tus **observaciones** para **sacar conclusiones** acerca de lo que necesitan las semillas de frijol para crecer. ¿Por qué crees que las semillas no necesitan tierra para germinar?

Investiga más

Predice cómo crecerán las semillas a diferentes temperaturas. **Planea y haz un experimento** para observar si las semillas crecen más rápido en tiempo cálido o en tiempo frío.

La lectura en las Ciencias

VOCABULARIO
semilla pág. 65
caducifolio pág. 67
perennifolio pág. 67

CONCEPTOS CIENTÍFICOS
▶ cómo pueden agruparse las plantas

DESTREZA DE LECTURA
IDEA PRINCIPAL Y DETALLES
Busca detalles acerca de diferentes tipos de plantas.

Idea principal
- detalle
- detalle
- detalle

Árboles, arbustos y hierbas

Imagina que la maestra te ha pedido que organices los libros de la biblioteca del aula. ¿Cómo organizarías los libros de forma tal que todos pudieran encontrar lo que buscan? Puedes comenzar por colocar juntos los libros similares. Todos los libros de ciencias podrían ir juntos en un estante y todos los libros de matemáticas podrían ir en otro.

◀ Tendrías que mirar muy de cerca para ver las flores del roble. Las pequeñas flores crecen dentro de la semilla del árbol, llamada bellota.

Es imposible no ver las flores de la vistosa azalea. Sin embargo, las semillas de este arbusto son diminutas.

Es difícil ver las flores de estas plantas, pero es fácil ver las semillas de una de ellas. Las palmeras producen grandes semillas: los cocos.

Tal como tú encontraste una forma de ordenar los libros, los científicos tienen una manera de ordenar las plantas. Agrupan las plantas similares. Por ejemplo, las plantas que tienen semillas se organizan en dos grupos. En uno están las que dan flor y en otro las que no lo hacen. La **semilla** es una etapa temprana en el crecimiento de muchas plantas.

Los árboles, los arbustos y las hierbas que aparecen en estas páginas tienen diferente apariencia. Incluso pueden crecer en distintos lugares. Sin embargo, los árboles, los arbustos y las hierbas se parecen en dos cosas: todos tienen semillas y todos tienen flores.

IDEA PRINCIPAL Y DETALLES ¿Por qué es útil para los científicos agrupar las plantas?

Tipos de hojas

Ahora sabes que las hojas ayudan a las plantas a obtener la luz y el aire que necesitan para producir alimento. Los científicos agrupan algunas plantas de acuerdo con el tipo de hojas que tienen.

Las hojas tienen diferentes formas y tamaños. Muchas hojas, como las del roble y las del arce, son grandes y planas. Otras, como las de los pinos, son largas y estrechas. Las hojas pueden tener bordes uniformes o irregulares. La forma de una hoja puede ayudarte a identificar de qué planta proviene.

Pino
Las largas y estrechas hojas del pino se asemejan a agujas. El pino pertenece al grupo de los árboles perennifolios.

Roble
La mayoría de los robles son árboles de hojas caducas y delgadas. En invierno, la mayoría de los robles no tienen hojas.

Arce
La hoja del arce es ancha y plana, con cinco lóbulos que tienen muescas pequeñas. El arce pierde sus hojas todos los otoños.

Helecho
El helecho es una planta con muchas frondas, es decir, ramas en forma de hoja compuestas a su vez de hojas más pequeñas, llamadas folíolos. ▶

A todas las plantas se les caen sus hojas y les crecen otras nuevas. Los científicos pueden agrupar las plantas basándose en la manera en la que pierden sus hojas.

Las plantas **caducifolias** pierden sus hojas todos los años. Esto sucede generalmente en el otoño, que es cuando los días se vuelven más cortos y fríos. Durante los fríos meses del invierno, las plantas de hojas caducas no producen alimento.

Las plantas **perennifolias** se mantienen verdes y producen alimento durante todo el año. A veces pierden sus hojas o agujas, pero nunca todas al mismo tiempo.

IDEA PRINCIPAL Y DETALLES ¿Cómo pueden agruparse las plantas según sus hojas?

Magnolia
Aunque las hojas planas del árbol de magnolia tienen una forma diferente de las agujas de los pinos, ambos árboles son perennifolios.

Palmito
El palmito es un arbusto perennifolio. Sus hojas de bordes irregulares y en forma de abanico pueden llegar a medir hasta 1 metro de largo (unos 3 pies).

Minilab

Comparar hojas
Observa las hojas de estas páginas. Haz una lista con las características de cada hoja. ¿Qué características son semejantes? ¿Cuáles son diferentes? Agrupa las hojas de acuerdo con sus características.

Plantas con flores

Piensa en un jardín repleto de flores hermosas. Mariposas y abejas vuelan de flor en flor. A menudo, los científicos agrupan las plantas de acuerdo a si tienen o no tienen flores.

Algunas flores son grandes y muy coloridas. Otras son pequeñas y difíciles de ver. Y no todas las plantas tienen flores. En las plantas que sí tienen, las flores cumplen un papel muy importante. Una parte especial de la flor produce las semillas.

IDEA PRINCIPAL Y DETALLES ¿Qué papel cumplen las flores en el ciclo de vida de una planta?

Cerezo
El cerezo puede incluirse en el grupo de las plantas caducifolias, en el de las que producen semillas y en el grupo de las plantas que dan flores.

Lirios
Al igual que otras plantas con flores, los lirios de la mañana producen semillas.

Polemonio
Las flores de esta planta producen semillas.

Plantas sin flores

Algunas plantas no tienen flores. Usan otras partes para producir sus semillas. Por ejemplo, muchas plantas perennifolias producen las semillas dentro de conos. Este tipo de plantas perennifolias se llaman coníferas.

Otras plantas, como los helechos, producen esporas, que cumplen la misma función que las semillas. Las esporas suelen ser de color café y es posible observarlas en la parte de abajo de las hojas. Esas esporas crecen y se convierten en nuevas plantas.

IDEA PRINCIPAL Y DETALLES ¿Cómo forman nuevas plantas las plantas que no tienen flores?

Abeto falso
Este árbol perennifolio forma las semillas dentro de sus conos.

Enebro enano
El enebro enano es una planta perennifolia que produce semillas dentro de sus conos.

Helecho de Boston
Este helecho de Boston tiene esporas en la parte de abajo de sus abundantes frondas.

Semillas

¿Alguna vez has encontrado semillas adentro de la manzana que estabas comiendo? Las semillas de las manzanas tienen una apariencia muy diferente del árbol del manzano. ¡Es difícil creer que una semilla tan pequeña pueda crecer hasta convertirse en un árbol tan grande! Pero las semillas son muy importantes. Contienen el alimento que la nueva planta necesita para comenzar a crecer.

Las semillas pueden ser grandes o pequeñas. Pueden ser redondas, ovaladas, planas o puntiagudas. Además, pueden tener diferentes colores. Al igual que la semilla del manzano, todas las semillas son muy diferentes de la planta en la que se convertirán. Sin embargo, todas las semillas crecen hasta convertirse en plantas similares a las plantas de las que provienen.

IDEA PRINCIPAL Y DETALLES ¿Qué hace una semilla?

Chícharos
Cada uno de estos sabrosos chícharos es una semilla que puede crecer y convertirse en una nueva planta.

Arce de azúcar
El arce de azúcar tiene vainas con semillas que caen al suelo en forma de espiral.

Naranjas
Las semillas de esta naranja pueden crecer y convertirse en un naranjo.

Cardo
Las semillas del cardo están cubiertas de una pelusa sedosa. Esta pelusa ayuda a que la semilla sea transportada por el viento.

Repaso de la lectura

1. IDEA PRINCIPAL Y DETALLES Copia y completa el siguiente organizador gráfico.

```
          Formas de agrupar las plantas
     ┌────────┬────────┬────────┬────────┐
    A         B     perennifolias  C    semillas
   ___       ___              ___
```

2. RESUMIR Escribe una oración que explique la información más importante de esta lección.

3. SACAR CONCLUSIONES Sales a dar un paseo y encuentras una planta que nunca habías visto. Observas que arriba y abajo de cada rama salen muchas pequeñas hojas verdes. También observas manchas de color café debajo de las hojas. ¿Qué tipo de planta podría ser?

4. VOCABULARIO Usa el vocabulario de la lección para escribir una oración acerca de los árboles.

Preparación para la prueba

5. Razonamiento crítico ¿Qué información pueden darte la forma, el color y el tamaño de una hoja?

Enlaces

Redacción

Redacción informativa
Elige dos tipos de plantas que hayas visto alguna vez. Escribe un párrafo **comparando y contrastando** las dos plantas.

Artes del Lenguaje

Plantas generosas
Lee *El árbol generoso*, de Shel Silverstein. Luego, escribe tu propio cuento acerca de las cosas que obtenemos de las plantas.

Para hallar otros enlaces y actividades, visita www.hspscience.com

Lección 3

¿Cómo producen las plantas su alimento?

Datos breves

Rascacielos que dan sombra Los altos árboles de los bosques impiden que gran parte de la luz solar llegue hasta las plantas que crecen en el suelo. En la sección "Investigación" verás lo importante que es la luz para las plantas.

Investigación

¡Luz, plantas, acción!

Materiales
- 2 vasos de cartón
- 2 plantas pequeñas
- tierra para macetas
- agua

Procedimiento

1. Llena cada vaso hasta la mitad con tierra para macetas. Coloca con cuidado una planta en cada vaso. Llena los vasos con tierra para macetas. Riega cada vaso con un poco de agua. Usa solo el agua necesaria para humedecer la tierra.

2. Coloca un vaso cerca de una ventana donde dé el sol. Coloca el otro vaso en un lugar oscuro, como un armario o un closet.

3. **Observa** los vasos durante dos semanas. Riega las plantas cuando sea necesario. **Registra** los cambios que observes. Presta atención a los cambios de tamaño y color de las plantas.

Paso 1

Paso 3

Sacar conclusiones

1. ¿Qué planta se ve más saludable? ¿En qué se diferencia de la otra planta? ¿Qué crees que hizo que esta planta se vea mejor?

2. ¿Qué has hecho diferente con la planta que se ve menos saludable?

3. **Destreza de examinación** Los científicos a menudo **comparan** los resultados de sus experimentos. ¿Cómo **compararías** tus descubrimientos?

Investiga más

Predice de qué manera puede afectar a las plantas recibir diferentes cantidades de agua. Ahora, ¡inténtalo!

73

La lectura en las Ciencias

VOCABULARIO
fotosíntesis pág. 74
clorofila pág. 75

CONCEPTOS CIENTÍFICOS
▶ cómo producen alimento las plantas

DESTREZA DE LECTURA
CAUSA Y EFECTO
Busca los efectos que el agua y la luz producen en las plantas.

causa ⟶ efecto

¿Cómo obtienen energía las plantas?

Imagina que has tenido un día agotador en la escuela y todavía tienes un juego de pelota por delante. Como necesitas energía, comes una merienda saludable. Para obtener energía, todos los animales necesitan alimentarse.

Las plantas son diferentes de los animales, ya que pueden producir su propio alimento. El alimento que las plantas producen es azúcar. Las plantas producen el azúcar gracias a un proceso llamado **fotosíntesis**, y usan ese azúcar como energía.

CAUSA Y EFECTO ¿Cuál es el resultado de la fotosíntesis?

Estas plantas forman parte de un jardín de azotea. Allí producen su propio alimento. ▼

Míralo en detalle

Fotosíntesis

Durante la fotosíntesis, el agua y el dióxido de carbono se combinan para hacer azúcar. La luz solar proporciona la energía necesaria para que esto suceda. La **clorofila** es una sustancia verde que se encuentra dentro de las hojas. Ayuda a la planta a usar la energía de la luz.

Las plantas necesitan la luz del sol para realizar la fotosíntesis. La clorofila ayuda a las plantas a usar la luz del sol.

El aire está compuesto de diferentes gases. Uno de esos gases es el dióxido de carbono. Las plantas necesitan el dióxido de carbono para producir azúcar.

El oxígeno es otro tipo de gas. Se produce durante la fotosíntesis. Los seres humanos necesitamos respirar oxígeno para mantenernos vivos.

El agua penetra en la tierra, donde es absorbida por las raíces. El tallo lleva el agua a las hojas. Las plantas también necesitan agua para producir azúcar.

Para hallar otros enlaces y actividades, visita
www.hspscience.com

Las plantas ayudan pero pueden dañar

Hay muchas maneras en las que las plantas son útiles para las personas. Las usamos como alimento, ya que ciertas partes de las plantas nos dan energía y nutrientes. De los árboles también obtenemos madera y papel, y con otras plantas podemos producir telas y medicinas.

Sin embargo, algunas plantas pueden hacer daño. Pueden tener veneno en alguna de sus partes o producir alergias.

Destreza clave

CAUSA Y EFECTO ¿Por qué no debes tocar una planta que no conoces?

Las personas obtienen energía y nutrientes de alimentos como las fresas.

En algunas personas el polen de las plantas puede causar resfríos, estornudos, tos o irritación en los ojos.

La hiedra venenosa puede producir irritación y comezón en la piel.

Los cereales sirven de alimento a millones de personas en todo el mundo.

Minilab

Hacer una gráfica

Haz una lista de 20 alimentos que provengan de las plantas. Indica si cada alimento proviene de la raíz, el tallo, la hoja, el fruto o la semilla. Haz una gráfica de barras de tu lista.

Repaso de la lectura

1. **CAUSA Y EFECTO** Copia y completa el siguiente organizador gráfico.

   Fotosíntesis

   Causa
   - **A** El _____ y el dióxido de carbono se combinan con la ayuda de la **B** _____

   Efecto
   - **C** _____

2. **RESUMIR** Usa el organizador gráfico que completaste para escribir un resumen acerca de la fotosíntesis.

3. **SACAR CONCLUSIONES** ¿Cómo ayuda la fotosíntesis a producir nuestros alimentos?

4. **VOCABULARIO** Usa el vocabulario de la lección para describir cómo el color verde de las hojas ayuda a las plantas a producir su alimento.

Preparación para la prueba

5. ¿Qué liberan las plantas durante la fotosíntesis?
   - A. dióxido de carbono
   - B. oxígeno
   - C. luz solar
   - D. agua

Enlaces

Redacción

Redacción informativa
Haz una lista con los "ingredientes" que se necesitan para la fotosíntesis. Luego, escribe **instrucciones** para hacer una "receta", describiendo la manera en que las plantas usan esos ingredientes para producir su propio alimento.

Salud

Medicina natural
Usa una enciclopedia para aprender acerca de un medicamento que provenga de las plantas. Comenta con la clase cómo ese medicamento ayuda a las personas.

Para hallar otros enlaces y actividades, visita www.hspscience.com

SCIENCE Spin from WEEKLY READER
Tecnología

Todo bien envuelto

78

Imagina que te sientas a almorzar con un amigo y él saca un emparedado de su mochila. En lugar de tirar el envoltorio al cesto de basura, lo enrolla, se lo lleva a su boca y exclama: "¡Ummm! Fresa."

Gracias a Tara McHugh, hoy los envoltorios comestibles son una realidad. McHugh, una científica que estudia los alimentos, inventó un envoltorio que ayuda a conservar frutas y vegetales.

Laboratorio de envoltorios

En su laboratorio, McHugh usa docenas de frutas y vegetales diferentes para hacer los envoltorios. Puede usar tanto albaricoques, guayabas, mangos y papayas, como brócoli y zanahorias.

Para hacer los envoltorios, McHugh muele las frutas y los vegetales, y los mezcla con agua. Luego, vierte la mezcla en una placa y la deja afuera para que se seque. Los envoltorios están hechos de diferentes espesores y tienen distintas resistencias.

El oxígeno y los alimentos no se mezclan

El envoltorio sirve para evitar que el oxígeno entre en contacto con los alimentos. El oxígeno en contacto con los alimentos puede reaccionar haciendo que los alimentos cambien de color o que incluso se pudran. El envoltorio no solo protege el alimento, sino que también le agrega sabor. Por ejemplo, una manzana puede envolverse en una película hecha de manzana, o un trozo de pollo puede envolverse en una con sabor a albaricoque.

Bien envuelto

Según McHugh, otra ventaja de los envoltorios de alimentos es que reducirán la cantidad de envoltorios plásticos que terminan en los botaderos de basura de la nación. De acuerdo con el Organismo de Protección del Medioambiente de Estados Unidos, *U.S. Environmental Protection Agency*, todos los años, cerca de dos millones de toneladas de materiales de envoltorios de alimentos terminan como desperdicios.

Piensa

1. ¿Por qué es importante proteger los alimentos?
2. ¿Comó ayudan los envoltorios comestibles a proteger el medio ambiente?

¡Investiga más! Visita
www.hspscience.com

SCIENCE Spin from WEEKLY READER

Personas

En busca de la semilla de luna

Rosa Ortiz está buscando una planta. Ortiz es botánica. Un botánico es un científico que estudia las plantas. Ortiz viaja para estudiar una especie, o tipo, de planta. Esta planta pertenece a la familia de la semilla de luna.

La semilla de luna es una vid que se encuentra en muchos lugares. Algunos tipos de semillas de luna pueden usarse en medicina. Ortiz está estudiando cómo ha cambiado esta planta a lo largo del tiempo.

Profesión | Empleado de un vivero

Los empleados de los viveros se ocupan de cuidar las plantas. Saben cuánta agua y cuánto sol necesitan. También saben cómo proteger las plantas de las enfermedades, de los insectos y del clima.

¡Investiga más! Visita www.hspscience.com

Proyectos de Ciencias
para la casa o la escuela

¡Sí puedes!

Proyecto fácil y rápido

Un nuevo comienzo

Materiales
- 1 planta con varios tallos y hojas
- tijeras
- regla
- botella de plástico de 1 L limpia
- agua

Procedimiento

1. **CUIDADO:** Ten cuidado cuando uses tijeras. Corta un pedazo de 15 cm. de la planta. Asegúrate de que ese pedazo tenga tallo y al menos una hoja.

2. Llena con agua la botella. Coloca el tallo de la planta en el agua. La hoja debe permanecer fuera del agua.

3. Coloca la planta en un lugar donde dé el sol. Contrólala todos los días.

Sacar conclusiones
Observa la planta durante 10 días. Registra todos los cambios que observes.

Planea tu propia investigación

Cultivando comestibles

Piensa en las plantas que comes. ¿Cómo crecen las papas, las piñas y los chícharos? ¿Qué partes de esas plantas pueden convertirse en nuevas plantas? Elige de la tienda de comestibles una planta que suelas comer. Haz una predicción acerca de cómo podría crecer de ella una nueva planta. Luego, planea y realiza una investigación para descubrir si tenías razón.

81

Capítulo 2

Repaso y preparación para la prueba

Repaso del vocabulario

Usa los términos de abajo para completar las oraciones. Los números de página te indican qué parte del capítulo debes mirar si necesitas ayuda.

raíz pág. 58
nutrientes pág. 58
tallo pág. 58
hoja pág. 58
caducifolia pág. 67
perennifolia pág. 67
fotosíntesis pág. 74
clorofila pág. 75

1. La sustancia verde que ayuda a las plantas a producir su alimento se llama _____.

2. La parte donde la planta produce su alimento se llama _____.

3. La planta que pierde sus hojas en el otoño se llama _____.

4. Las sustancias que ayudan a que la planta crezca y se mantenga saludable se llaman _____.

5. La parte de la planta que está bajo tierra y que absorbe el agua se llama _____.

6. El proceso que las plantas usan para producir su alimento se llama _____.

7. La planta que no pierde sus hojas en el invierno se llama _____.

8. La parte de la planta que conecta la raíz con las hojas se llama _____.

Comprueba lo que aprendiste

Escribe la letra de la respuesta correcta.

9. ¿En qué se parecen las raíces y los tallos?
   A. Ambos son verdes.
   B. Ambos conducen agua.
   C. Ambos producen alimento.
   D. Ambos crecen bajo tierra.

10. **CAUSA Y EFECTO** ¿De qué manera pueden hacer daño las plantas?
    F. Nos brindan alimentos.
    G. Sirven para hacer tela.
    H. Nos pueden dar alergias.
    J. Pueden usarse para hacer medicinas.

11. ¿Cuáles son los cuatro elementos que las plantas necesitan para vivir y crecer?
    A. agua, tierra, aire y luz
    B. agua, tierra, aire y calor
    C. agua, tierra, oxígeno y calor
    D. agua, tierra, oxígeno y luz

12. ¿Qué necesitan las plantas para producir su alimento?
   - **F.** tierra, aire y agua
   - **G.** agua, luz solar, oxígeno
   - **H.** agua, luz solar, dióxido de carbono
   - **J.** tierra, agua, dióxido de carbono

13. ¿Cómo sobrevive el cacto en un medio ambiente muy seco?
   - **A.** Sus raíces son profundas.
   - **B.** No tiene tallo ni hojas.
   - **C.** Sus raíces absorben rápidamente el agua de lluvia.
   - **D.** No necesita agua para producir su alimento.

14. ¿Cuál es una de las maneras en que los científicos clasifican las plantas?
   - **F.** por el largo de sus raíces
   - **G.** por la altura de la planta
   - **H.** por su color
   - **J.** por el tipo de hoja

15. IDEA PRINCIPAL Y DETALLES ¿Cuál de las siguientes oraciones describe a una planta caducifolia?
   - **A.** Producen su alimento en invierno.
   - **B.** Permanecen verdes todo el año.
   - **C.** Pierden sus hojas todos los años.
   - **D.** Sus hojas tienen forma de aguja.

16. ¿Qué tienen en común los árboles, los arbustos y muchas hierbas?
   - **F.** la forma y el tamaño
   - **G.** la necesidad de oxígeno
   - **H.** la pérdida de las hojas
   - **J.** las flores y las semillas

Destrezas de examinación

17. Planea un experimento para descubrir si una semilla que ha sido congelada puede germinar.

18. Los nenúfares pueden crecer debajo del agua. Predice que ocurriría si llevaras una planta de frijol al fondo de un lago.

Razonamiento crítico

19. Mientras ayuda a su madre a plantar bulbos de flores, Samantha le pregunta por qué no siembra semillas. ¿Producen semillas las plantas que crecen de bulbos? Explica tu respuesta.

20. Jake, el hermano menor de Zach, no come vegetales. Zach bromea asegurando que de todas maneras Jake come vegetales. ¿Por qué puede ser verdadera esta afirmación?

Capítulo 3
Tipos de animales

Lección 1 ¿Qué necesitan los animales para vivir?

Lección 2 ¿Qué son los vertebrados?

Lección 3 ¿Qué son los invertebrados?

Vocabulario

oxígeno
vertebrado
mamífero
ave
reptil
anfibio
pez
invertebrado

¿Qué te preguntas?

Los flamencos tienen una forma muy extraña de comer. Para recoger su alimento, hunden la cabeza en el agua y la desplazan hacia atrás en posición invertida. ¿Qué características hacen que el flamenco sea un ave?

85

Lección 1

¿Qué necesitan los animales para vivir?

Datos breves

Grandes osos El oso pardo de Alaska es uno de los animales carnívoros más grandes del mundo. Como comen mucho, pueden pasar la mayor parte del invierno en sus hogares, llamados guaridas. En la sección "Investigación" compararás los hogares de algunos animales.

Investigación

Los hogares de los animales

Materiales
- tarjetas con ilustraciones
- libros de referencia
- tarjetas
- marcadores

Procedimiento

1. Observa las tarjetas con ilustraciones que te ha dado tu maestro.

2. Mientras **observas** cada ilustración, presta atención al lugar en el que vive cada animal.

3. Con un compañero, haz un juego de coincidencias. Escribe el nombre o haz un dibujo de cada animal en una tarjeta. En otra tarjeta, escribe el nombre o dibuja el lugar donde vive. Si necesitas ayuda, usa las tarjetas con ilustraciones o libros de referencia.

4. Comienza a jugar. A medida que relacionas los animales con el lugar en el que viven, conversa acerca de los distintos tipos de hogares. Comenta las semejanzas y diferencias entre ellos. Luego, **clasifica** los animales por el tipo de lugar en el que viven.

Paso 3

Paso 4

Sacar conclusiones

1. Describe los hogares de los zorros y de los búhos. ¿En qué se asemejan? ¿En qué se diferencian?

2. **Destreza de examinación Compara** los hogares de dos animales que **observaste**. Explica cómo cada hogar protege al animal que vive allí.

Investiga más

Observa nuevamente las ilustraciones. **Saca conclusiones** acerca de por qué cada animal usa cada tipo de hogar.

La lectura en las Ciencias

VOCABULARIO
oxígeno pág. 89

CONCEPTOS CIENTÍFICOS
▶ qué necesitan los animales para vivir y crecer

DESTREZA DE LECTURA
IDEA PRINCIPAL Y DETALLES
Busca detalles sobre lo que necesitan los animales para vivir.

Idea principal
— detalle — detalle — detalle

Los animales y sus necesidades

¿Has cuidado alguna vez a un perro o un gato, o tuviste un hámster o un periquito? Estos animales son buenas mascotas. Es divertido jugar con ellos y observarlos. Al igual que las plantas, los animales domésticos también tienen necesidades. Necesitan alimento, agua y un lugar donde vivir. Las personas les proporcionan estas cosas.

Los animales salvajes tienen las mismas necesidades que los animales domésticos. Sin embargo, deben encontrar su propio alimento, agua y refugio.

IDEA PRINCIPAL Y DETALLES ¿Qué necesitan todos los animales?

Este mochuelo duende tiene su refugio en un cacto saguaro. ¿En qué se diferencia el mochuelo de un periquito doméstico? ▼

◀ Los pandas se ven adorables, pero no son animales domésticos. Deben hallar su propio alimento, agua y refugio. Comen hojas de bambú.

Los animales necesitan oxígeno

Los animales y las plantas tienen necesidades en común. Ambos tienen estructuras que les permiten obtener el aire que necesitan para vivir y crecer. Sin embargo, a diferencia de las plantas, los animales toman oxígeno. El **oxígeno** es un gas que las plantas liberan en el aire.

Muchos animales terrestres obtienen el oxígeno respirando. Otros lo obtienen de otras maneras. Los insectos, por ejemplo, obtienen el oxígeno a través de agujeros minúsculos en sus cuerpos. Muchos animales acuáticos, como los peces, obtienen el oxígeno del agua y otros, como las ballenas, suben a la superficie para respirar.

▲ Estos hipopótamos suben a la superficie para respirar.

IDEA PRINCIPAL Y DETALLES Nombra dos maneras en que los animales obtienen oxígeno.

Minilab

Hacer un modelo
Usa arcilla, ramitas y otros materiales de la naturaleza para construir un modelo del hogar de uno de los animales que aparecen en esta lección. ¿Qué necesidad del animal debe cubrir su hogar?

Los animales necesitan agua

¿Sabías que más de la mitad de tu cuerpo es agua? Todos los días, tu cuerpo pierde agua a través de la respiración, el sudor y la orina. Para estar saludable y reemplazar el agua que pierdes, debes beber.

Al igual que las plantas, los animales también necesitan agua. Observa la gráfica de esta página. Es difícil imaginar que se pueda beber tanta agua. Al igual que las personas, los elefantes deben reemplazar el agua que pierden sus cuerpos. La mayoría de los animales obtienen el agua que necesitan bebiéndola. Otros la obtienen de los alimentos que comen.

IDEA PRINCIPAL Y DETALLES ¿De qué dos maneras obtienen los animales el agua que necesitan?

Las Matemáticas en las Ciencias
Interpretar datos

¿Cuántas veces más agua necesita un elefante que un caballo?

Necesidades diarias de agua de los animales

(Gráfica de barras: Elefante ≈ 50 galones, Humano adulto ≈ 1 galón, Caballo ≈ 10 galones)

En las llanuras de África, los animales deben hallar por sí mismos el agua para beber. ▼

▲ Este perro obtiene el agua que necesita de las personas que lo cuidan.

Los animales necesitan alimento

Al igual que las plantas, los animales necesitan alimento para vivir y crecer. Sin embargo, los animales no pueden producir su propio alimento. Deben obtenerlo comiendo plantas o a otros animales.

Para obtener alimentos, los animales usan partes de su cuerpo. Por ejemplo, un elefante usa su trompa para tomar las hojas de los árboles. ¿Cómo crees que las partes del cuerpo de los animales que se muestran en estas páginas les ayudan a obtener alimento?

IDEA PRINCIPAL Y DETALLES ¿Por qué los animales necesitan alimento?

El largo cuello de la jirafa le permite comer hojas que otros animales no pueden alcanzar.

▲ Este pelícano tiene un gran pico que le ayuda a atrapar peces.

Los animales necesitan refugio

Piensa en ti en un día de tormenta. ¿Cómo te mantienes seco y en calor? Al igual que otros animales, buscas protección en tu hogar o en otro lugar seguro. Los refugios no son solamente hogares. Ayudan a los animales a protegerse del clima y de otros animales. Algunos animales usan como refugio diferentes partes de las plantas.

Hay muchas clases de refugios de animales. Algunas aves construyen nidos con ramitas, pasto y barro. Los castores construyen refugios de barro y madera llamados madrigueras. Otros animales, como los conejos y los topos, cavan sus madrigueras en la tierra.

IDEA PRINCIPAL Y DETALLES ¿Por qué los animales necesitan refugio?

Estos murciélagos blancos hallan refugio en un lugar extraño... ¡debajo de una hoja!▼

◀ El nido de este petirrojo se encuentra muy lejos del suelo, para que otros animales no puedan molestar a las crías.

Repaso de la lectura

1. **IDEA PRINCIPAL Y DETALLES** Copia y completa el siguiente organizador gráfico. Haz una lista de las necesidades de los animales.

   Idea principal: Aunque hay muchas clases de animales, la mayoría tiene las mismas necesidades.

   A ____ B ____ C ____ D ____

2. **RESUMIR** Usa el organizador gráfico para escribir un resumen de la lección.

3. **SACAR CONCLUSIONES** Después de un paseo, Jacob nota que su perro está jadeando. ¿Qué debería hacer? ¿Cómo lo sabes?

4. **VOCABULARIO** Usa tus propias palabras para describir cómo se relacionan el oxígeno y el aire.

Preparación para la prueba

5. ¿Qué clase de refugios construyen los castores?
   A. pozos
   B. guaridas
   C. madrigueras
   D. nidos

Enlaces

Redacción

Redacción informativa
Escribe un **ensayo** que compare las partes principales de tu cuerpo con las del cuerpo de un animal.

Estudios Sociales

Refugios humanos
Los primeros seres humanos usaban cuevas como refugio. Busca información en enciclopedias y otras referencias sobre otros refugios de los primeros seres humanos. Informa a la clase sobre tus descubrimientos.

Para hallar otros enlaces y actividades, visita www.hspscience.com

Lección 2

¿Qué son los vertebrados?

Datos breves

Cosas de murciélagos Estos murciélagos de la fruta conservan el calor cubriéndose el cuerpo con las alas. También se apiñan en grupos, llamados colonias, para conservar el calor. En la sección "Investigación" realizarás un modelo de otra de las maneras en que los animales mantienen el calor.

Investigación

Mantener el calor

Materiales
- tazón grande de plástico
- bolsa de plástico grande con cierre
- guantes de plástico desechables
- agua
- hielo
- manteca vegetal sólida
- cuchara grande

Procedimiento

1. Llena el tazón con agua y hielo. Usa la cuchara para llenar hasta la mitad la bolsa de plástico con manteca vegetal.

2. Ponte los guantes.

3. Coloca una mano enguantada dentro de la bolsa con cierre. Moldea la manteca vegetal de modo que cubra completamente tu mano.

4. Saca tu mano de la bolsa, y sumerge ambas manos en el agua. **Compara** cómo sientes tus dos manos. **Registra** tus **observaciones**.

Paso 3

Paso 4

Sacar conclusiones

1. ¿Qué mano sentiste más caliente en el agua helada? ¿Por qué?

2. **Destreza de examinación** Los científicos **usan modelos** para estudiar algo que no pueden **observar** fácilmente. En esta sección "Investigación" **hiciste un modelo** de un mamífero recubierto con una capa de grasa. ¿Por qué fue más fácil hacer un modelo que **observar** el animal?

Investiga más

¿De qué manera la piel de los animales los protege del frío? Escribe una hipótesis. Haz una **investigación simple** para descubrirlo.

La lectura en las Ciencias

VOCABULARIO
vertebrado pág. 97
mamífero pág. 98
ave pág. 99
reptil pág. 100
anfibio pág. 101
pez pág. 102

CONCEPTOS CIENTÍFICOS
▶ los animales con columna vertebral son agrupados de acuerdo con sus características

DESTREZA DE LECTURA
IDEA PRINCIPAL Y DETALLES
Busca detalles sobre diferentes clases de vertebrados.

Idea principal → detalle, detalle, detalle

Los vertebrados

Probablemente hayas visto animales como estos en un zoológico, en una tienda de mascotas o en libros. No se parecen mucho, ¿no crees? Sin embargo, los monos, el ave, la serpiente, la rana y el pez comparten una característica importante. Todos tienen columna vertebral. Tú también tienes columna vertebral. Puedes sentirla en el centro de tu espalda.

Estos monos son mamíferos. Tienen pelo y producen leche para sus crías.

Los tucanes son aves, es decir, vertebrados que tienen plumas y ponen huevos.

Los animales que tienen columna vertebral se llaman **vertebrados**. La mayoría de los vertebrados tiene un cerebro grande y sentidos agudos. Estas características ayudan a los vertebrados a sobrevivir. Los vertebrados, como la mayoría de las plantas y otros animales, tienen también estructuras que les permiten reproducirse. Los científicos clasifican los vertebrados de acuerdo con sus características en cinco grupos principales: mamíferos, aves, reptiles, anfibios y peces.

Compara y contrasta los animales que aparecen en estas páginas. ¿Qué características tienen los peces que no tienen los monos?

★ **IDEA PRINCIPAL Y DETALLES** ¿Qué característica tienen todos los vertebrados?

La rana arborícola comienza su vida como un huevo, en el agua. Pero cuando crece, este anfibio vive en la tierra.

Aunque su cuerpo largo y resbaladizo hace pensar que las serpientes no tienen columna vertebral, sí la tienen. Es una columna vertebral muy flexible.

Este pez escamoso es un vertebrado que pasa toda su vida en el agua.

Los mamíferos

Los ratones, los caballos y los murciélagos tienen algo en común contigo: al igual que tú, esos animales son mamíferos. Los **mamíferos** son vertebrados que tienen pelo o piel.

Los mamíferos tienen también pulmones para respirar. Incluso los mamíferos que viven en el agua, como las ballenas, tienen pulmones. Las ballenas necesitan subir a la superficie para obtener oxígeno del aire.

La mayoría de los mamíferos hembra dan a luz a sus crías. Las crías se alimentan de la leche que produce la madre.

▲ Aunque no son muy peludos, los cerdos sí tienen pelo. Esta es una de las características de los mamíferos.

Al igual que otros mamíferos, este tigre tiene pelo y produce leche para sus crías. ▼

IDEA PRINCIPAL Y DETALLES ¿Qué tres características comparten todos los mamíferos?

▲ El canguro es uno de los pocos mamíferos que lleva a su cría dentro de una bolsa.

98

Estas aves tienen aspectos muy diferentes. Pero todas son vertebrados con dos patas, plumas, alas y picos.

Las aves

Las aves comparten algunas características con los mamíferos, como la columna vertebral y los pulmones. Sin embargo, su cuerpo está cubierto por algo diferente. Las **aves** son vertebrados que tienen plumas. Algunas plumas sirven para conservar el calor del cuerpo de las aves y otras les ayudan a volar. Algunas aves, como los pingüinos, no pueden volar, pero de todos modos tienen plumas y alas con forma de aletas.

A diferencia de la mayoría de los mamíferos, las aves no dan a luz a sus crías. En cambio, ponen huevos. Las crías salen del cascarón. Las madres de las aves no alimentan a sus crías con leche.

IDEA PRINCIPAL Y DETALLES ¿Cuáles son algunas características de las aves?

99

Los reptiles

Cuando piensas en una serpiente, ¿piensas en algo viscoso? Muchas personas sí. Sin embargo, las serpientes no son viscosas. Son reptiles. Los **reptiles** son vertebrados que tienen una piel seca recubierta de escamas.

Al igual que los mamíferos y las aves, los reptiles tienen pulmones para respirar. Algunos reptiles, como los cocodrilos, pasan mucho tiempo bajo el agua. Estos animales deben subir a la superficie para obtener el oxígeno que necesitan. La mayoría de los reptiles, como los que aparecen en esta página, nacen de los huevos que su madre deposita en la tierra.

IDEA PRINCIPAL Y DETALLES ¿Cuáles son las tres características de los reptiles?

Esta iguana salió de un huevo depositado en la tierra. Como otros reptiles, su piel es seca y tiene escamas.

El aligátor respira a través de sus pulmones. Debe subir a la superficie para obtener el oxígeno que necesita.

Esta tortuga de mar vive en el agua, pero pondrá sus huevos en la tierra.

Esta rana salió de un huevo depositado en el agua. Nació como un renacuajo y luego creció hasta convertirse en una rana. Los renacuajos viven en el agua. Aunque están siempre cerca del agua, las ranas viven en tierra y usan sus pulmones para respirar.

Los anfibios

¿Alguna vez has visto crecer a una rana? Las ranas son anfibios. Las ranas jóvenes, llamadas renacuajos, nacen de huevos depositados en el agua. Los renacuajos no obtienen el oxígeno del aire. Tienen branquias que les permiten obtenerlo del agua. A medida que los renacuajos crecen, desarrollan pulmones. Luego, pueden vivir en tierra.

Los **anfibios** son vertebrados que de adultos tienen piel húmeda y patas. La mayoría de los anfibios adultos se quedan cerca del agua para poder mantener su piel húmeda. Casi todos ponen sus huevos en el agua.

▲ La velocidad y los colores de la salamandra le ayudan a sobrevivir.

Minilab

Clasificar animales
Tu maestro te dará tarjetas con ilustraciones de diferentes vertebrados. Observa lo que recubre el cuerpo de los animales en las tarjetas con ilustraciones. Clasifica cada animal dentro del grupo de vertebrados al que pertenece.

⭐ **IDEA PRINCIPAL Y DETALLES** Nombra tres características de los anfibios.

Los peces

¿Alguna vez has visto nadar a una carpa dorada? Si es así, habrás notado una aleta agitándose a cada lado de la cabeza del pez. Estas aletas cubren las branquias. Las branquias toman el oxígeno del agua. Los **peces** son vertebrados que obtienen el oxígeno por medio de sus branquias y pasan toda su vida en el agua.

La mayoría de los peces deposita huevos y tiene escamas que los protegen. Las escamas están hechas de un material delgado y fuerte, bastante parecido al material de tus uñas. Los peces no tienen brazos ni piernas para nadar. En cambio, tienen aletas.

IDEA PRINCIPAL Y DETALLES ¿Cuáles son algunas características de los peces?

Todos los peces que se observan aquí parecen muy diferentes, pero todos tienen escamas y branquias, y todos viven en el agua. ▶

Repaso de la lectura

1. **IDEA PRINCIPAL Y DETALLES** Copia y completa el siguiente organizador gráfico. Haz una lista de las características de cada grupo de vertebrados.

Idea principal: Los vertebrados se agrupan por sus características.

Mamíferos	Aves	Reptiles	Anfibios	Peces
A ___	**B** ___	**C** ___	**D** ___	**E** ___

2. **RESUMIR** Escribe una oración que contenga la información más importante de esta lección.

3. **SACAR CONCLUSIONES** Rosita camina por un sendero silvestre y encuentra un animal que nunca antes había visto. Se pregunta si es un anfibio o un reptil. ¿Cómo podría notar la diferencia?

4. **VOCABULARIO** Usa el vocabulario de la lección para escribir un párrafo sobre los vertebrados.

Preparación para la prueba

5. **Razonamiento crítico** Los animales necesitan oxígeno para vivir. Explica la diferencia entre la forma de obtener oxígeno de los mamíferos y la de los peces.

Enlaces

Redacción

Redacción narrativa
Imagina que no tienes columna vertebral. Escribe un **cuento** divertido describiendo qué podría pasar mientras haces tus actividades diarias.

Literatura

Animales comparados
Lee *Stellaluna*, de Janell Cannon. Mientras lees, haz dos listas. En una enumera las semejanzas entre los animales. En la otra, las diferencias.

Para hallar otros enlaces y actividades, visita
www.hspscience.com

Lección 3

¿Qué son los invertebrados?

Datos breves

Mariposas viajeras En otoño, las mariposas monarca recorren enormes distancias en busca de lugares mas cálidos. En la sección "Investigación" sacarás conclusiones sobre los viajes de otro animal.

Investigación

Un criadero de lombrices

Materiales
- frasco grande con tapa a rosca
- cuadrado de tela oscura
- avena cruda
- lombrices de tierra
- tierra
- arena

Procedimiento

1. Coloca 2 cm de tierra húmeda en el frasco. Espolvorea una delgada capa de avena sobre la tierra. Agrega 2 cm de arena húmeda.

2. Repite las capas de tierra, avena y arena hasta que el frasco esté casi lleno. Completa los últimos 5 cm con tierra. No espolvorees avena encima de la última capa. Coloca varias lombrices sobre la tierra.

3. Cubre la abertura del frasco con la tela. Cierra el frasco y colócalo en un lugar oscuro.

4. Después de una semana, observa el frasco. Compara la forma en que se ve ahora con la forma en que se veía cuando lo preparaste.

Paso 1

Paso 4

Sacar conclusiones

1. ¿Qué cambios observaste?

2. **Destreza de examinación** Saca una conclusión acerca de por qué ocurrieron estos cambios.

Investiga más

Predice algunas maneras en que las lombrices afectarán la tierra de un jardín. Planea y haz una investigación simple para poner a prueba tu predicción.

La lectura en las Ciencias

VOCABULARIO
invertebrado pág. 106

CONCEPTOS CIENTÍFICOS
▶ los animales sin columna vertebral son agrupados de acuerdo con sus características

DESTREZA DE LECTURA
COMPARAR Y CONTRASTAR
Busca semejanzas y diferencias entre los grupos de invertebrados.

semejanzas — diferencias

Invertebrados

Cuando escuchas la palabra *animal*, ¿piensas en un mamífero? Muchas personas lo hacen. Sin embargo, la mayoría de los animales no son mamíferos. Incluso tampoco son vertebrados. La mayoría de los animales son **invertebrados**, es decir, animales que no tienen columna vertebral. Hay muchos más tipos de invertebrados que de vertebrados.

Todos los animales que aparecen aquí son invertebrados. No tienen columna vertebral.

▲ A diferencia de los corales, la medusa se desplaza por el agua.

▲ Los corales de esta colonia no se desplazan. Cada uno es un invertebrado que tiene un esqueleto exterior.

Esta concha de vieira tiene dos mitades. ▶

106

◀ Los insectos, como esta luciérnaga, son invertebrados. Los insectos tienen seis patas.

Las arañas no son insectos. Forman parte del grupo de los invertebrados de ocho patas. ▼

Al igual que todos los invertebrados, el cangrejo herradura no tiene columna vertebral. A diferencia de la luciérnaga o la araña, tiene 10 patas. ▼

Existe más de un millón de clases de invertebrados. Los científicos los agrupan de acuerdo a sus semejanzas. Observa las fotografías de estas páginas. ¿Por qué los científicos ubican a la luciérnaga, el cangrejo herradura y la araña en grupos diferentes?

Los invertebrados pueden tener cuerpos simples o complejos. ¡Pueden tener muchas patas o ninguna! A pesar de que existen muchos tipos de invertebrados, todos tienen una característica en común: ninguno tiene columna vertebral.

COMPARAR Y CONTRASTAR ¿En qué se asemejan los invertebrados y los vertebrados? ¿En qué se diferencian?

▲ El abejorro, la mariposa nocturna y la libélula forman parte del grupo más grande de invertebrados: los insectos.

Minilab

Hacer un modelo

Los cuerpos de muchos animales invertebrados son simétricos. Esto significa que sus dos mitades son iguales. Haz el modelo de una mariquita. ¿Cómo lograste que sea simétrico?

Insectos

Existen más clases de insectos que de otros invertebrados. En realidad, existen más clases de insectos que de todos los animales juntos. Los insectos viven en todos los lugares de la Tierra. Incluso, durante el verano, hay insectos en las frías regiones del Ártico.

Los insectos tienen seis patas y sus cuerpos se dividen en tres partes. No tienen columna vertebral, pero sí una dura cubierta exterior. Muchos insectos, como los que aparecen en esta página, tienen alas.

COMPARAR Y CONTRASTAR ¿En qué se asemejan los animales que aparecen en esta página?

Arañas y garrapatas

Las arañas y las garrapatas parecen insectos, pero no lo son. Como tienen características diferentes de las de los insectos, pertenecen a otro grupo. Las arañas y las garrapatas tienen ocho patas, y sus cuerpos tienen solo dos partes. Al igual que los insectos, las arañas y las garrapatas tienen una cubierta que les sirve de protección.

COMPARAR Y CONTRASTAR ¿En qué se asemejan las arañas y las garrapatas a los insectos? ¿En qué se diferencian?

La araña de la banana y la garrapata del ciervo forman parte del mismo grupo. Ambas tienen ocho patas, sus cuerpos se dividen en dos partes y tienen una dura cubierta exterior. ▶

Míralo en detalle

Telarañas

1 El cuerpo circular de la araña produce un hilo sedoso de proteína. La telaraña se inicia con un hilo pegajoso llamado puente.

2 La araña sujeta el siguiente hilo a los extremos del puente y forma el primer marco, o soporte de la telaraña.

3 A partir de este primer marco, la araña agrega otros marcos similares de hilo. Además, teje hilos no pegajosos en forma radial desde el centro hacia los bordes.

4 Para caminar en la red, la araña se desplaza sobre los hilos radiales. Por último, construye una espiral de hilo pegajoso y sedoso desde los bordes hacia el medio.

Para hallar otros enlaces y actividades, visita www.hspscience.com

Caracoles, almejas y calamares

Los caracoles, las almejas y los calamares forman parte del mismo grupo. Todos tienen cuerpos blandos. La mayoría de los animales de este grupo también tienen cabeza.

Algunos, como el calamar, tienen tentáculos. Otros, como la almeja y el caracol, tienen duros caparazones que protegen sus cuerpos blandos. También tienen una especie de "pie". El pie sobresale del caparazón y les ayuda a desplazarse.

⭐ **COMPARAR Y CONTRASTAR** ¿En qué se asemejan la almeja coquina y el calamar? ¿En qué se diferencian?

Este caracol de tierra tiene un caparazón que protege su cuerpo blando. Su "pie" de tejido muscular lo ayuda a desplazarse. ▶

El calamar de aletas largas del Atlántico no tiene caparazón. Nada libremente, usando sus tentáculos para desplazarse y obtener su alimento. ▶

La babosa de mar no tiene caparazón. Nada o avanza lentamente sobre el suelo marino para conseguir comida. ▼

▲ El caparazón de la almeja coquina de Florida tiene dos mitades que protegen su cuerpo blando. Al igual que el caracol, la almeja posee un "pie" de tejido muscular que la ayuda a desplazarse.

La estrella de mar está recubierta de espinas que la protegen. ▶

Cuando la anémona de mar abre su "boca", sus tentáculos hacen que parezca una hermosa flor. ▼

▲ Al igual que los insectos y las arañas, este cangrejo azul tiene un duro caparazón exterior.

Otras clases de invertebrados

Todos los animales que aparecen en esta página son invertebrados. Las lombrices que observaste en la sección "Investigación" son otra clase de invertebrados. Las lombrices, como todos los gusanos, no tienen caparazones, patas ni ojos.

Los científicos no han descubierto o agrupado aún a todos los animales de la Tierra. Cuando se descubre un nuevo animal, lo primero que se preguntan es: ¿Tiene columna vertebral?

COMPARAR Y CONTRASTAR ¿En qué se asemejan la estrella de mar y el cangrejo azul?

La importancia de los invertebrados

Los invertebrados son importantes para otros seres vivos. Las abejas y las mariposas, por ejemplo, trasladan el polen de una flor a otra. Esto ayuda a las flores a producir semillas. Otros animales, como las lombrices de tierra, mejoran el suelo. Las plantas crecen mejor en suelos donde hay lombrices de tierra que en suelos donde no las hay.

Muchos invertebrados son un importante alimento para otros animales. Los seres humanos comen almejas y cangrejos. También comen la miel y usan la cera que producen las abejas.

COMPARAR Y CONTRASTAR ¿En qué se asemejan las lombrices de tierra y las abejas?

▲ Las abejas no sólo producen su famosa delicia, la miel. También producen cera, que se usa para fabricar velas.

◀ El movimiento de las lombrices de tierra permite que el aire penetre en el suelo.

Repaso de la lectura

1. COMPARAR Y CONTRASTAR Copia y completa el siguiente organizador gráfico.

```
   Invertebrados              Características

     Insectos                 A _____

  Arañas y garrapatas         B _____

 Caracoles, almejas,          C _____
     calamares
```

2. RESUMIR Escribe una oración que resuma la lección.

3. SACAR CONCLUSIONES Mientras Alex busca conchas de mar en la playa, encuentra un animal que no tiene columna vertebral ni caparazón. ¿Cómo puede saber si pertenece al mismo grupo de invertebrados que las almejas?

4. VOCABULARIO Usa el vocabulario de la lección para escribir una oración.

Preparación para la prueba

5. ¿Cuál de estos animales **no** es un invertebrado?
- A. almeja
- B. lombriz de tierra
- C. carpa dorada
- D. caracol

Enlaces

Redacción

Redacción persuasiva
Todos tienen una **opinión** sobre qué es mejor. Elige uno de tus invertebrados favoritos. Escribe al menos dos párrafos explicando por qué crees que este animal es el mejor invertebrado.

Matemáticas

Hacer una gráfica
Con un compañero, haz una lista de las clases de invertebrados que puedes encontrar en un patio trasero, un parque o un jardín. ¿Cuántos son insectos? ¿Cuántos viven en el agua? ¿Qué otros invertebrados puedes encontrar? Haz una gráfica de barras para mostrar tus resultados.

Para hallar otros enlaces y actividades, visita
www.hspscience.com

SCIENCE Spin from WEEKLY READER
Tecnología

El secreto de la seda

Las telarañas pueden parecer débiles, pero no te dejes engañar. ¡En realidad son extremadamente fuertes! Las telarañas están hechas de seda. La seda es la fibra, o hilo, más fuerte que existe en la naturaleza. Aunque parezca increíble, la seda es más fuerte que un cable de acero del mismo tamaño.

Los científicos han fabricado seda durante muchos años. Sin embargo, no han logrado producir una seda tan resistente como la de las arañas. En la actualidad, algunos científicos afirman que han descubierto el secreto para producir una seda con esa resistencia.

Seda de gel

El científico David Kaplan contó a Weekly Reader lo que descubrió su equipo. Al parecer, el cuerpo de la araña tiene un pequeño saco donde conserva en agua diminutas gotas de seda. Cuando la araña libera agua, las gotas se convierten en gel. La araña extrae gel de su cuerpo y la seda se endurece.

Actualmente, los científicos están usando lo que aprendieron para producir una seda más resistente en el laboratorio. Kaplan y otro científico crearon un gel similar al que puede producir una araña. Luego, pusieron el gel entre placas de vidrio. Al hacer presión sobre el vidrio, los científicos fueron capaces de crear fibras sedosas resistentes.

Útil de muchas maneras

Los científicos creen que la seda puede ayudar a las personas de muchas maneras. Puede usarse para hacer la ropa de policías y soldados. También para reparar huesos y ligamentos del cuerpo humano.

Kaplan está muy entusiasmado con su trabajo. "Espero que este descubrimiento permita que los niños se interesen por la ciencia", dijo. "Hay mucho por aprender de la naturaleza."

Piensa

1. Además de la seda, ¿qué otros elementos de la naturaleza son útiles para las personas? ¿De qué manera son útiles?

Ligamento: tejido resistente que mantiene los huesos en su lugar.

¡Investiga más! Visita www.hspscience.com

SCIENCE Spin from WEEKLY READER

Personas

Una niña protege a perros policía

Stacey Hillman es una increíble niña de 12 años. Es la presidenta de su propia organización benéfica, llamada *Centavos para proteger a los perros policía*. Stacey recauda dinero para comprar chalecos antibalas para proteger a los perros policía. "Los perros policía son a menudo los primeros en actuar en situaciones peligrosas", dijo Stacey.

Stacey y su organización benéfica han recibido muchos premios por su trabajo. "No hago esto por los premios. Lo hago para que los perros policía tengan sus chalecos", dijo Stacey. Hasta el momento, Stacey ha recaudado cientos de miles de dólares. El dinero se usó para comprar chalecos para más de 200 perros en todo Estados Unidos.

Proyectos de Ciencias
para la casa o la escuela

¡Sí puedes!

Proyecto fácil y rápido

Las branquias de la carpa dorada

Procedimiento

1. Observa la carpa dorada. Ubica los tapones que cubren sus branquias.
2. Usa un cronómetro para contar la cantidad de veces que los tapones branquiales se abren y cierran en 15 segundos.
3. ¿Cómo puedes usar este número para saber cuántas veces la carpa dorada abre sus branquias en un minuto?

Materiales
- carpa dorada en una pecera con agua y plantas acuáticas
- cronómetro

Sacar conclusiones

Observa la carpa dorada durante diez días. Registra una vez por día el ritmo de apertura de sus branquias. ¿Cambia el ritmo? Registra tus datos en una gráfica de barras.

Planea tu propia investigación

Preparado, listo, ¡respira!

Piensa en tu propia respiración. Predice de qué manera el ejercicio físico puede afectar el ritmo de tu respiración. Luego, planea una investigación para ver si tu predicción es correcta.

Capítulo 3

Repaso y preparación para la prueba

Repaso del vocabulario

Usa los términos de abajo para completar las oraciones. Los números de página te indican qué parte del capítulo debes mirar si necesitas ayuda.

oxígeno pág. 89
vertebrado pág. 97
mamífero pág. 98
ave pág. 99
reptil pág. 100
anfibio pág. 101
pez pág. 102
invertebrado pág. 106

1. Un animal con pelo o piel que alimenta a su cría con leche es un _____.

2. Un animal sin columna vertebral es un _____.

3. Un animal de piel seca y escamosa que pone huevos y vive en la tierra es un _____.

4. Un animal con columna vertebral es un _____.

5. Un vertebrado con dos patas, alas y plumas es un _____.

6. Un gas que se encuentra en el aire o el agua y que los animales necesitan es el _____.

7. Un animal de piel húmeda que vive cerca del agua es un _____.

8. Un vertebrado que vive toda su vida en el agua es un _____.

Comprueba lo que aprendiste

Escribe la letra de la respuesta correcta.

9. **IDEA PRINCIPAL Y DETALLES** ¿Cuál de los detalles de abajo **no** es una necesidad básica de los animales?
   - **A.** color
   - **B.** alimento
   - **C.** refugio
   - **D.** agua

10. ¿Por qué los animales necesitan un refugio?
    - **F.** para alimentarse
    - **G.** para protegerse
    - **H.** para tener tranquilidad
    - **J.** para obtener agua

11. ¿Cuáles de los siguientes pares de animales forman parte del mismo grupo?
    - **A.** caracoles y calamares
    - **B.** arañas y hormigas
    - **C.** carpa dorada y ballenas
    - **D.** ranas y serpientes

12. ¿Cómo obtienen oxígeno los mamíferos que viven en el agua?
  F. Lo toman a través de las branquias.
  G. Lo absorben por la piel.
  H. Suben a la superficie para respirar.
  J. No necesitan oxígeno.

13. ¿Cuál de las siguientes **no** es una característica de los mamíferos?
  A. piel
  B. dar a luz a su cría
  C. plumas
  D. amamantar con leche a su cría

14. COMPARAR Y CONTRASTAR
¿En qué se asemejan las aves y los mamíferos?
  F. Ambos tienen plumas.
  G. Ambos tienen piel.
  H. Ambos respiran por los pulmones.
  J. Ambos dan a luz a sus crías.

15. ¿A qué grupo de vertebrados pertenece el animal de la ilustración?

  A. anfibios
  B. aves
  C. mamíferos
  D. reptiles

16. ¿Cuál es una de las principales maneras en que los científicos agrupan los animales?
  F. por la edad
  G. por su largo
  H. por sus colores
  J. por si tienen columna vertebral

Destrezas de examinación

17. Compara los anfibios con los reptiles.

18. Clasifica los vertebrados según cómo están recubiertos sus cuerpos.

Razonamiento crítico

19. ¿Por qué muchos anfibios viven toda su vida cerca del agua?

20. Un murciélago puede volar, pero no es un ave. Los murciélagos son mamíferos. Usa lo que sabes sobre mamíferos para identificar algunas características de los murciélagos.

UNIDAD B

Los seres vivos interaccionan

CIENCIAS BIOLÓGICAS

| Capítulo 4 | Dónde se encuentran los seres vivos |
| Capítulo 5 | Los seres vivos dependen unos de otros |

Woolaroc

PARA: kiley@hspscience.com
DE: sam@hspscience.com
TEMA: Bartlesville, Oklahoma

Querida Kiley:
En inglés, bosque se dice "wood", lago se dice "lake" y rocas, "rocks". Y si juntas partes de esas palabras, ¿qué obtienes? ¡Woolaroc, por supuesto! Esta reserva de vida silvestre alberga muchos bisontes, alces y un tipo de ganado llamado *longhorn*. ¡Incluso hay cebras! Es un hogar tranquilo para la vida silvestre.
Escríbeme pronto,
Sam

La pradera, un refugio para los urogallos

PARA: angie@hspscience.com
DE: roberto@hspscience.com
TEMA: Jasper County, Illinois

Querida Angie:

Sé de un animal que está en problemas. Antes, millones de urogallos vivían en Illinois y hoy solo quedan alrededor de 200. Habitan en una zona de pastos altos. Esto los ayuda a ocultarse de sus enemigos. Se alimentan de las semillas que encuentran allí. Debemos pensar en algún modo de ayudar a nuestros emplumados amigos.

Tu amigo,
Roberto

¡Experimenta!

El medio ambiente cambia El medio ambiente puede modificarse con el paso del tiempo. En algunos lugares, durante la estación de lluvias hay muchos lagos. Pero, durante la estación seca, los lagos se evaporan. ¿Qué ocurre con las plantas cuando se seca un lago? Planea y haz un experimento para descubrirlo.

Capítulo 4
Dónde se encuentran los seres vivos

Lección 1 ¿Qué son los ecosistemas?

Lección 2 ¿Cuáles son algunos tipos de ecosistemas?

Lección 3 ¿Cómo subsisten los seres vivos en los ecosistemas?

Lección 4 ¿Cómo cambian los ecosistemas?

Vocabulario

medio ambiente
ecosistema
población
comunidad
hábitat
desierto
pradera
bosque
adaptación

instinto
hibernar
migrar
camuflaje
mimetismo
recurso

¿Qué te preguntas?

El Parque Nacional Everglades, en el sur de Florida, es una de las áreas silvestres más grandes de Estados Unidos. Los pumas, como el que aparece en esta fotografía, las garzas y los aligátores son solo algunos de los animales que tienen su hogar en Everglades. ¿Cómo crees que el medio ambiente ayuda a los animales que viven allí?

Lección 1

¿Qué son los ecosistemas?

Datos breves

El uso de los ecosistemas Un caballo adulto necesita beber cada día cerca de un galón de agua por cada 100 libras (45 kg) de su propio peso. La mayoría de los caballos obtienen el agua del medio ambiente en que viven. En la sección "Investigación" observarás un tipo de medio ambiente.

Investigación

Observa un medio ambiente

Materiales • gafas protectoras • gancho de ropa metálico

Procedimiento

1 **CUIDADO: Usa gafas protectoras.** Dobla el gancho de ropa para formar un cuadrado. Pide ayuda a tu maestro si es necesario.

Paso 2

2 Ve afuera y coloca el cuadrado en la tierra. **Observa** la tierra que quedó dentro del cuadrado. Ese cuadrado de tierra es un medio ambiente.

3 Copia la tabla. **Registra** todos los seres vivos que **observes** y anota cuántos hay de cada uno. Después, **registra** todas las cosas sin vida que **observes** y anota cuántas hay de cada una.

4 Muestra tu tabla a un compañero. **Compara** los medio ambientes que observaron. ¿En qué se asemejan? ¿En qué se diferencian?

Cosas en mi medio ambiente			
Seres vivos	Cantidad	Cosas sin vida	Cantidad

Sacar conclusiones

1. **Compara** las cosas que hallaste en tu medio ambiente con las que encontró tu compañero. ¿Por qué crees que encontraron cosas diferentes?

2. **Destreza de examinación** ¿Cómo pudiste **inferir** qué cosas eran seres vivos y qué cosas no?

Investiga más

Compara el medio ambiente que **observaste** en la escuela con el que **observas** en tu casa o en las cercanías de tu casa.

125

La lectura en las Ciencias

VOCABULARIO
medio ambiente pág. 127
ecosistema pág. 128
población pág. 128
comunidad pág. 128
hábitat pág. 129

CONCEPTOS CIENTÍFICOS
▶ qué es un medio ambiente
▶ qué es un ecosistema

DESTREZA DE LECTURA
IDEA PRINCIPAL Y DETALLES
Busca detalles acerca de los medio ambientes y los ecosistemas.

```
          Idea principal
         /      |       \
   detalle   detalle   detalle
```

Dónde habitan los seres vivos

Los seres vivos necesitan un lugar para vivir y crecer. Los peces viven en el agua. Muchas aves viven en los árboles y vuelan por el aire. Las plantas crecen donde hay tierra, agua y sol.

Los seres vivos habitan en casi todos los lugares de la Tierra. Algunos peces pueden vivir en las partes más profundas de los océanos. Algunas plantas pueden vivir en las cimas de altas montañas. Los escorpiones pueden subsistir en desiertos secos. Las aneas pueden crecer en los pantanos.

Algunas plantas viven entre las grietas del pavimento.

Los seres vivos y las cosas sin vida que rodean a un ser vivo conforman su **medio ambiente**. Las plantas y los animales utilizan los elementos de su medio ambiente para satisfacer sus necesidades. ¿Cómo es tu medio ambiente?

Muchos seres vivos pueden compartir un medio ambiente y sus recursos: alimento, agua, oxígeno y espacio. Si en el medio ambiente escasea alguno de estos elementos, los seres vivos compiten unos con otros para obtener lo que necesitan.

▲ En Australia, los koalas viven en los árboles de eucalipto. Las hojas de estos árboles son su único alimento.

IDEA PRINCIPAL Y DETALLES ¿Qué obtienen los seres vivos de su medio ambiente?

Estos perros de la pradera pueden subsistir y crecer en un medio ambiente de pasto y hierbas. ▼

Esta ave hace su nido sobre una chimenea a gran altura. ▼

127

Las partes de un ecosistema

Los organismos que viven en una laguna, o en sus alrededores, interaccionan. Por ejemplo, los peces comen insectos y las ranas pueden sentarse sobre las hojas de nenúfar. El conjunto de los seres vivos y las cosas sin vida con las que interaccionan forman un ecosistema. Un **ecosistema** se compone de todos los seres vivos y todas las cosas sin vida que hay en un determinado medio ambiente.

En un ecosistema viven diferentes tipos de organismos. Un grupo de organismos de la misma especie que viven en el mismo lugar forma una **población**. Por ejemplo, las ranas de una laguna forman una población. Las hojas de nenúfar de la laguna forman otra población.

Todas las poblaciones que conviven en un ecosistema forman una **comunidad**.

Míralo en detalle

El ecosistema de una laguna

Las lagunas son ecosistemas ricos. Están llenos de seres vivos y de cosas sin vida que interaccionan.

Los peces viven en el agua. Pueden subir a la superficie para alimentarse de insectos.

Las tortugas de agua dulce son más veloces en el agua que en la tierra. Comen ranas, peces pequeños, gusanos y plantas.

Para hallar otros enlaces y actividades, visita
www.hspscience.com

Cada uno de los organismos que aparecen en esta ilustración es un miembro de la comunidad de la laguna.

Todos los miembros de una comunidad viven en el mismo ecosistema. Sin embargo, no todos viven en la misma parte del ecosistema. Los peces nadan en el agua, mientras que las aves construyen nidos en los árboles. El lugar del ecosistema donde vive una población es su hábitat. El **hábitat** incluye tanto los seres vivos como las cosas sin vida.

⭐ **IDEA PRINCIPAL Y DETALLES**
¿Cuál es la diferencia entre una población y una comunidad?

Minilab

Los ecosistemas que te rodean
Busca un ecosistema que esté cerca del lugar donde vives. Investiga qué tipos de plantas y animales viven allí. Dibuja y colorea el ecosistema. Rotula los animales y las plantas.

Las aves, como este martín pescador, cazan peces y ranas cerca de la orilla de la laguna.

Los nenúfares flotan en la superficie de la laguna. A menudo, las ranas descansan sobre las hojas.

Los caracoles se deslizan sobre las plantas que viven en aguas poco profundas, cerca de la orilla de la laguna.

129

Los organismos y sus hábitats

Algunos organismos solo pueden subsistir en ciertos hábitats. En un desierto, por ejemplo, un oso polar no podría hallar el agua que necesita. Y un bosque tropical lluvioso sería demasiado húmedo para un búho del desierto.

El hábitat le brinda a un organismo todo lo que necesita para subsistir. Por ejemplo, una laguna tiene el agua, el alimento y el oxígeno que necesita un pez. Los peces no podrían subsistir sin esos elementos. ¿Qué te brinda tu hábitat?

IDEA PRINCIPAL Y DETALLES ¿Qué le brinda a un ser vivo el hábitat en que vive?

▲ El guacamayo rojo y azul vive en lo alto de los árboles del bosque tropical lluvioso. Se alimenta de frutos y de las grandes nueces que crecen allí.

◀ Las cabras monteses viven en acantilados y se alimentan de las plantas que crecen entre las rocas. Tienen tan buen equilibrio que no resbalan ni se caen... ¡ni siquiera cuando hay nieve!

Repaso de la lectura

1. IDEA PRINCIPAL Y DETALLES Copia y completa el siguiente organizador gráfico. Haz una lista de detalles de los ecosistemas.

```
            Partes de un ecosistema
           /          |          \
        A ____     Comunidades    B ____
```

2. RESUMIR Usa el organizador gráfico que completaste para escribir un resumen de esta lección.

3. SACAR CONCLUSIONES Las cosas sin vida forman parte de un ecosistema. ¿Por qué es eso importante?

4. VOCABULARIO Escribe dos oraciones que expliquen las diferencias entre el medio ambiente y el ecosistema.

Preparación para la prueba

5. ¿Cuál de las siguientes es una cosa sin vida de un ecosistema?
- **A.** ave
- **B.** agua
- **C.** caracol
- **D.** anea

Enlaces

Redacción

Redacción narrativa

Busca un ecosistema que esté cerca de tu casa o de tu escuela. Escribe dos párrafos que **describan** los seres vivos y las cosas sin vida de ese ecosistema.

Matemáticas

Organizar datos

En tu estado hay muchas clases de animales en peligro de extinción. Elige uno de esos animales e investiga su población. ¿Cuántos ejemplares hay en este momento? ¿Cuántos hubo en cada uno de los últimos 10 años? Organiza los resultados de tu investigación en una gráfica de barras.

Para hallar otros enlaces y actividades, visita www.hspscience.com

Lección 2

¿Cuáles son algunos tipos de ecosistemas?

Datos breves

La tundra helada En la tundra hace frío y nieva. Las plantas que crecen en la tundra son diferentes de las plantas que crecen en otros ecosistemas. En la sección "Investigación" observarás un tipo de planta que se encuentra en un ecosistema.

Investigación

Raíces de pasto

Materiales
- guantes de plástico
- lupa pequeña
- pasto (plantas)
- hoja de papel blanco
- regla

Procedimiento

1. Usa guantes de plástico. **Observa** las plantas de pasto que muestra tu maestro.

2. Las hojas del pasto se llaman briznas. Con cuidado, alza una de las plantas por sus briznas. Sacude la planta delicadamente. **Observa** qué sucede con la tierra.

3. Con mucho cuidado, remueve la tierra que rodea las raíces.

4. Coloca la planta de pasto sobre la hoja de papel. **Obsérvalo** con la lupa.

5. **Mide** la altura de la brizna más alta y el largo de la raíz más larga.

Sacar conclusiones

1. **Compara** la altura de la brizna más alta con el largo de la raíz más larga.

2. **Destreza de examinación** **Infiere** cuál podría ser la diferencia entre las raíces de un árbol y las raíces de una planta de pasto.

Paso 3

Paso 5

Investiga más

Con cuidado, desentierra una planta de una maceta o de la tierra. **Compara** las raíces de la planta de pasto con las raíces de la planta que elegiste.

133

La lectura en las Ciencias

VOCABULARIO
desierto pág. 134
pradera pág. 135
bosque pág. 138

CONCEPTOS CIENTÍFICOS
- en qué se diferencian los ecosistemas
- cómo los ecosistemas sustentan a los animales y las plantas

DESTREZA DE LECTURA
IDEA PRINCIPAL Y DETALLES
Busca detalles acerca de los diferentes ecosistemas.

Idea principal → detalle, detalle, detalle

Ecosistemas de desierto

Los **desiertos** son ecosistemas muy secos. Tal vez creas que un desierto es solo arena. Sin embargo, hay vida en el desierto. Las plantas y los animales del desierto pueden subsistir con muy poca agua.

Las plantas del desierto, como el cacto, tienen tallos gruesos que almacenan agua. Las raíces de un cacto crecen muy cerca de la superficie del suelo y se extienden lejos de la planta. Esto les permite absorber rápidamente una gran cantidad de agua cuando llueve.

En algunos desiertos la temperatura se eleva mucho durante el día. La mayoría de los animales buscan un lugar con sombra para dormir y solo salen después de la puesta del sol. Algunos animales, como la rata canguro, casi no beben agua. Obtienen toda el agua que necesitan de las plantas que comen. Los sapos permanecen bajo tierra para conservar la humedad.

El Parque Nacional Arches, en Utah, está ubicado en un ecosistema de desierto. ▼

IDEA PRINCIPAL Y DETALLES ¿Cómo se mantienen frescos los animales del desierto?

Ecosistemas de pradera

La pradera es otro tipo de ecosistema. La **pradera** es una región de tierra seca y generalmente plana, calurosa en verano y fría en invierno. En la pradera llueve o nieva más que en el desierto, pero menos que en otros ecosistemas. Esta región favorece el cultivo de alimentos.

Como ya debes suponerlo, la planta principal del ecosistema de pradera es el pasto. También crecen allí algunos arbustos pequeños y unas cuantas flores silvestres. Como la pradera es una región seca, no tiene muchos árboles, excepto a orillas de los ríos y los arroyos.

Un ecosistema de pradera incluye animales grandes, como bisontes y coyotes, y también animales pequeños, como ratones, conejos y serpientes.

▲ Durante el siglo XIX había unos 60 millones de bisontes en las praderas de América del Norte.

IDEA PRINCIPAL Y DETALLES ¿Por qué crees que una pradera sería un lugar apropiado para una granja?

Ecosistemas de agua salada

Si probaste alguna vez el agua del océano, sabes que es salada. Los océanos cubren aproximadamente tres cuartas partes de la superficie terrestre. Por eso, hay más ecosistemas de agua salada que de cualquier otro tipo.

Los tiburones, las tortugas marinas, los corales y los pulpos son animales del océano, al igual que las ballenas y las focas. Algunos organismos parecidos a plantas, como el kelp y otras algas marinas, también integran ciertos ecosistemas de agua salada. Los organismos que viven en los océanos necesitan agua salada. No podrían subsistir en un medio ambiente de agua dulce, como una laguna.

▲ La forma del cuerpo del delfín de nariz de botella lo ayuda a deslizarse por el agua.

IDEA PRINCIPAL Y DETALLES ¿Aproximadamente qué porción de la superficie terrestre NO está cubierta de océanos?

Ecosistemas de agua dulce

Los ríos, las lagunas y los arroyos tienen agua dulce. Conforman los ecosistemas de agua dulce. A diferencia del agua del océano, el agua dulce no contiene mucha sal.

En los ecosistemas de agua dulce viven patos, algunos tipos de insectos, truchas, tortugas y numerosos tipos de plantas. Además, otros animales, como venados y zorros, visitan estas regiones.

IDEA PRINCIPAL Y DETALLES ¿Dónde podrías hallar un ecosistema de agua dulce?

Minilab

Niveles de flotación

Llena dos vasos transparentes por la mitad. Luego, echa sal en uno de ellos. Rotula los vasos. Haz flotar una pelota de tenis en cada vaso. ¿Cómo cambia el nivel de flotación de la pelota a causa de la sal?

Un río es un tipo de ecosistema de agua dulce. ▼

Ecosistemas de bosque

Los **bosques** son ecosistemas donde crecen muchos árboles. Hay diferentes tipos de bosques. En regiones donde hace calor y hay humedad todo el año, se desarrollan los bosques tropicales lluviosos. Allí viven jaguares, monos y otros animales.

La mayoría de los árboles que crecen en los bosques de hoja caduca pierden sus hojas en otoño. Estos bosques se desarrollan donde el clima es cálido en verano y frío en invierno. Allí habitan muchos animales.

Los árboles de hoja perenne, como pinos y abetos, crecen en el bosque de coníferas. La mayoría de los árboles del bosque de coníferas tienen conos. En estos bosques, el verano es fresco y el invierno es frío.

IDEA PRINCIPAL Y DETALLES ¿Qué tipo de ecosistema de bosque se desarrolla en regiones donde hace calor y hay humedad?

▲ Un búho chico busca alimento en el bosque.

Las ardillas comen nueces y frutos que crecen en el bosque. ▼

▼ Los bosques de hoja caduca son el hábitat de conejos, osos, venados y zorros.

Repaso de la lectura

1. **IDEA PRINCIPAL Y DETALLES** Copia y completa el siguiente organizador gráfico.

Idea principal: Los diferentes tipos de ecosistemas están conformados por plantas y animales de diferentes tipos.

- desierto
- **B** _____
- agua salada
- **D** _____
- bosque

- **A** _____
- bisonte, pasto
- **C** _____
- garza, trucha
- **E** _____

2. **RESUMIR** Escribe un resumen de esta lección. Comienza con la oración *Diferentes medio ambientes tienen diferentes ecosistemas.*

3. **SACAR CONCLUSIONES** Imagina que todas las plantas de un ecosistema se marchitaran. ¿Qué crees que le ocurriría a ese ecosistema? ¿Por qué?

4. **VOCABULARIO** Escribe un párrafo comparando los animales y las plantas de un ecosistema de desierto con los de un ecosistema de pradera.

Preparación para la prueba

5. **Razonamiento crítico** Un amigo te pide ayuda para identificar a qué ecosistema pertenece una planta. La planta tiene raíces anchas y extendidas, y un tallo grueso que almacena agua. ¿En qué tipo de ecosistema vive, probablemente, esta planta?

Enlaces

Redacción

Redacción persuasiva
Escribe un artículo de **opinión** para el periódico escolar. Explica por qué talar árboles para obtener madera afecta el ecosistema de bosque.

Matemáticas

Recopilar datos
Investiga acerca de uno de los ecosistemas que estudiaste en esta lección. Usa fuentes de referencia para consultar cuál es el promedio mensual de temperatura y de precipitación. Haz dos gráficas de barras para mostrar la información que reuniste.

Para hallar otros enlaces y actividades, visita
www.hspscience.com

Lección 3

¿Cómo subsisten los seres vivos en los ecosistemas?

Datos breves

Algo para masticar Los castores usan sus afilados dientes para masticar los troncos y las ramas de arbustos y árboles pequeños. Su pelaje color café los ayuda a pasar inadvertidos en el medio ambiente que los rodea. En la sección "Investigación" podrás inferir cómo el color ayuda a otros seres vivos a ocultarse.

Investigación

Cómo se ocultan los insectos

Materiales
- cartulina
- cinta adhesiva
- crayolas o marcadores
- reloj
- tijeras
- regla

Procedimiento

1. Mira a tu alrededor, en el salón de clases, y busca un "hábitat" para el modelo de insecto que harás. **Observa** los colores y las formas de las cosas que hay en el hábitat.

2. Dibuja en la cartulina un rectángulo de 5 cm de largo y 3 cm de ancho. Ese será el tamaño de tu insecto.

3. Colorea el cuerpo de modo que tu insecto pase inadvertido en su hábitat. Haz las patas y las alas.

4. Con cinta adhesiva, pega el insecto en su hábitat. No lo ocultes detrás de ningún objeto.

5. Pídele a un compañero que "sea un ave" y que busque tu insecto, y los de otros estudiantes, durante un minuto. **Registra** los resultados en una tabla. Continúa hasta que el ave encuentre todos los insectos.

Paso 2

Paso 4

Sacar conclusiones

1. ¿Qué insectos encontró primero el ave? ¿Por qué le resultó fácil encontrarlos?

2. **Destreza de examinación** Infiere por qué le resultó difícil encontrar algunos insectos.

Investiga más

Saca conclusiones acerca de por qué el pelaje de algunos animales, como el de zorros y conejos, cambia de color con las estaciones del año.

141

La lectura en las Ciencias

VOCABULARIO
adaptación pág. 142
instinto pág. 142
hibernar pág. 144
migrar pág. 145
camuflaje pág. 146
mimetismo pág. 146

CONCEPTOS CIENTÍFICOS
▶ cómo se adaptan los organismos a su medio ambiente

DESTREZA DE LECTURA
IDEA PRINCIPAL Y DETALLES
Busca detalles acerca de cómo los organismos subsisten en su medio ambiente.

```
        Idea principal
       /      |      \
   detalle  detalle  detalle
```

Cómo subsisten los seres vivos

Todos los seres vivos tienen maneras de subsistir. Cualquier característica que ayude a un animal a subsistir es una **adaptación**. Una adaptación puede ser física. Por ejemplo, la liebre americana que se muestra en la fotografía cambia de color en verano y en invierno. La adaptación también pueden ser una conducta: las serpientes buscan refugio en la sombra para protegerse del calor. Los animales aprenden algunas conductas. Otras conductas son instintos. Un **instinto** es una conducta que el animal practica sin que se la hayan enseñado.

En invierno, el pelaje de esta liebre se pone blanco para pasar inadvertida en su medio ambiente.

142

La estructura de las plantas

La forma de las hojas de la bromelia le permiten almacenar agua. Los tallos, las raíces y las hojas de las plantas son adaptaciones que les ayudan a subsistir.

Las raíces que tienen esta forma especial se llaman "raíces de apoyo". Ayudan a sujetar las plantas altas y delgadas, como el maíz, y las plantas que crecen en zonas pantanosas.

El tallo de esta vid forma zarcillos que elevan las hojas para que obtengan luz solar.

Las plantas también tienen adaptaciones que las ayudan a subsistir. Las partes de las plantas son adaptaciones físicas. Recuerda que los tallos de algunas plantas del desierto almacenan agua. Algunas plantas del bosque tropical lluvioso tienen hojas muy grandes. Como el bosque es muy sombreado, las hojas grandes ayudan a los árboles a recibir más luz solar para producir alimento. También las raíces tienen adaptaciones físicas. Algunas penetran muy profundamente en el suelo para absorber el agua que se encuentra muy por debajo de la superficie.

IDEA PRINCIPAL Y DETALLES ¿Cuál es un ejemplo de adaptación?

Minilab

Abajo los pulgares
Cierra el puño dejando adentro el pulgar. Intenta levantar objetos sin mover el pulgar. Ahora intenta escribir tu nombre sin mover el pulgar. Comenta tus observaciones con un compañero. ¿Por qué crees que el pulgar es una adaptación útil para los humanos?

La hibernación

En otoño, cuando el clima se vuelve más frío, algunos animales comienzan a ingerir más comida que la normal. Después **hibernan**, es decir, entran en un estado parecido al sueño que dura todo el invierno. Cuando está hibernando, el animal no se mueve. La temperatura de su cuerpo desciende y su ritmo cardíaco disminuye, y puede llegar a respirar solo una vez cada media hora.

Los animales pierden más calor corporal durante el invierno. Necesitarían comer más para mantenerse activos y en calor, pero el alimento escasea durante el invierno. Un animal que hiberna no está en actividad y, por lo tanto, ahorra energía. Como se nutre de la grasa almacenada en su cuerpo, no necesita buscar comida.

IDEA PRINCIPAL Y DETALLES ¿Qué dos cosas ocurren en el cuerpo de un animal mientras hiberna?

Esta ardilla listada hiberna durante el invierno. Para mantenerse en calor, se enrosca como un ovillo. ▼

Las Matemáticas en las Ciencias
Interpretar datos

Halla la diferencia en el ritmo cardíaco de cada animal cuando está activo y cuando está hibernando.

Ritmos cardíacos promedio

Animal	Activo	Hibernación
Erizo	190	20
Marmota	80	5
Murciélago	200	20

Clave: ■ = Activo   ■ = Hibernación

▲ En otoño, los gansos canadienses vuelan hacia el sur desde el norte de Canadá y Alaska. Los grupos vuelan en dos líneas que forman una "V" en el cielo.

▲ Cada otoño, millones de mariposas monarca vuelan de Estados Unidos a México. Cuando llega la primavera, regresan al norte para poner sus huevos.

Migración

Muchos animales **migran**, o viajan de un lugar a otro, y después regresan. La mayoría de las aves del hemisferio norte vuelan hacia el sur en otoño. Por lo general, las regiones del sur tienen un clima más cálido y más alimento. En primavera, las aves migratorias regresan al norte para tener cría.

En otoño, las ballenas grises migran de las frías aguas de Alaska. Pasan el invierno en las aguas cálidas cercanas a California. Las hembras permanecen allí para parir a sus crías y regresan a Alaska en primavera.

IDEA PRINCIPAL Y DETALLES ¿Por qué migran los animales?

145

Este pez se llama "pez roca" porque se parece a la roca que está a su lado.

El insecto palo es difícil de ver porque se parece mucho a una ramita de árbol.

El camaleón puede cambiar de color para parecerse a lo que está junto a él.

Los "ojos" de las alas de esta polilla confunden a las aves que intentan comerla, y les hacen creer que un animal mucho más grande las está mirando.

Jugar a las escondidas

Algunos animales pueden ocultarse sin esfuerzo, gracias a su forma o a los colores y patrones de su pelaje o su caparazón. Ese disfraz se llama **camuflaje**. Por ejemplo, muchas aves hembras son de color café. Esas aves pasan inadvertidas en sus nidos cuando están empollando.

Algunos animales se parecen mucho a otros animales. Por ejemplo, algunas serpientes no venenosas tienen la misma apariencia que las que sí lo son. Como no pueden distinguir cuál es la venenosa, los otros animales no atacan a ninguna de las dos. La imitación de la apariencia de otro animal se llama **mimetismo**.

★ **IDEA PRINCIPAL Y DETALLES** ¿Qué es el camuflaje?

Repaso de la lectura

1. **IDEA PRINCIPAL Y DETALLES** Copia y completa el siguiente organizador gráfico.

```
Idea principal: los seres vivos tienen adaptaciones
que les ayudan a subsistir.
         │
   ┌─────┴─────┐
Adaptación     A _____
física
  │              │
┌─┴──┐         ┌─┴──┐
mimetismo  B___  C___  hibernación
```

2. **RESUMIR** Escribe dos oraciones que indiquen el contenido principal de esta lección.

3. **SACAR CONCLUSIONES** ¿De qué manera el camuflaje y el mimetismo ayudan a los animales a subsistir?

4. **VOCABULARIO** Escribe una oración que explique cómo se relacionan los términos *adaptación*, *hibernación* y *migración*.

Preparación para la prueba

5. ¿Cuál de las siguientes es una adaptación física?
   A. camuflaje
   B. hibernación
   C. instinto
   D. migración

Enlaces

Redacción

Redacción narrativa
Elige un animal que hiberne. Escribe un **cuento** sobre cómo el animal se prepara para la hibernación.

Teatro

Obra sobre la migración
Investiga acerca de un animal que migre en invierno. Junto con otros cinco compañeros de clase, escribe una obra de teatro que relate la ruta migratoria de ese animal. Representa tu obra ante la clase.

Para hallar otros enlaces y actividades, visita
www.hspscience.com

Lección 4

¿Cómo cambian los ecosistemas?

Datos breves

La presa Hoover La presa Hoover está ubicada a orillas del río Colorado, en la frontera entre Nevada y Arizona. El lago artificial que se formó detrás de la presa modificó la tierra para siempre. En la sección "Investigación" observarás cómo puede cambiar un medio ambiente.

Investigación

Cambiar el medio ambiente

Materiales
- arena húmeda
- piedras pequeñas
- caja de cartón poco profunda
- regadera
- bloque de madera
- hojas de árboles y ramitas
- agua

Procedimiento

1. Con un compañero, coloca la arena en la caja. Con las manos, forma montañas, valles y el lecho de un arroyo. Coloca las hojas y las ramitas en la arena para que representen plantas.

2. Con cuidado, alza uno de los extremos de la caja y coloca el bloque de madera debajo del extremo que alzaste.

3. Usa la regadera para verter lentamente un poco de agua en el lecho del arroyo que hiciste. **Observa** qué ocurre con la arena, el agua y las plantas.

4. Vierte el agua más rápidamente dentro del lecho y **observa** de nuevo.

Sacar conclusiones

1. ¿Qué ocurre con la arena, el agua y las plantas cuando se vierte solo un poco de agua en el arroyo?

2. **Destreza de examinación** Agrega varias piedras a lo largo del lecho del arroyo. **Predice** qué ocurrirá si viertes mucha agua en el lecho del arroyo. Haz la prueba. ¿Fue correcta tu **predicción**?

Paso 1

Paso 3

Investiga más

Predice qué ocurrirá con la arena, el agua y las plantas si construyes una presa en la mitad del lecho del arroyo. Haz la prueba.

149

La lectura en las Ciencias

VOCABULARIO
recurso pág. 151

CONCEPTOS CIENTÍFICOS
- cómo cambian los ecosistemas con el paso del tiempo

DESTREZA DE LECTURA
CAUSA Y EFECTO Busca las causas de los cambios en los ecosistemas.

causa → efecto

Cómo cambian los ecosistemas

Los ecosistemas cambian con el paso del tiempo. A veces, los cambios son naturales. Los incendios y las inundaciones provocan cambios. Pueden destruir hábitats y matar a muchos seres vivos. Sin embargo, otros seres vivos sobreviven. Las semillas que sobreviven se convierten en plantas. Y los animales regresan a la zona para comer esas plantas.

Los seres vivos también modifican los ecosistemas. Cuando los castores derriban árboles para construir un dique, modifican el bosque. El dique que construyen cambia la corriente del agua.

La erupción causó el desprendimiento de la cima de la montaña.

CAUSA Y EFECTO ¿Cómo afectan los castores el ecosistema cuando construyen un dique?

El monte Saint Helens, un volcán ubicado en el estado de Washington, medía 2950 metros (9680 pies) de altura antes de hacer erupción en mayo de 1980.

▲ Después de la erupción, una superficie de 180 kilómetros cuadrados (70 mi^2) quedó cubierta de ceniza. Muchos hábitats fueron destruidos.

Observa cómo cambió la zona después de la construcción. Ahora, incluso hay un lago y un estanque que antes no estaban allí. ▼

▲ Esta foto muestra la zona antes de la construcción.

Cómo las personas cambian los ecosistemas

Las personas cambian los ecosistemas cuando usan materiales, o **recursos**, de esos ecosistemas. Talan árboles para construir viviendas. Extraen rocas y piedras para hacer caminos. Usan el agua que los animales y las plantas necesitan. Algunos de estos cambios dañan el ecosistema. Los gases que emiten los autos contaminan el aire, y la basura contamina los ríos y los campos.

Las personas también pueden ayudar a los ecosistemas. Plantar árboles después de un incendio contribuye a desarrollar un nuevo hábitat. Llevar agua a las zonas secas ayuda al crecimiento de más plantas.

CAUSA Y EFECTO ¿Cómo afectan las personas a los ecosistemas?

Minilab

A la basura
Haz una lista de cinco cosas que hoy hayas tirado a la basura. Compara tu lista con las de dos compañeros. Juntos, reflexionen acerca de las cosas que desecharon y que podrían haber sido recicladas.

Los efectos de los cambios en los ecosistemas

Cuando una parte de un ecosistema cambia, todo el ecosistema puede resultar afectado. Los incendios, por ejemplo, pueden hacer que algunos animales huyan. Los que permanecen en el lugar deben competir por los recursos que se salvaron del incendio. Si no hay recursos suficientes, las poblaciones disminuyen. Algunos individuos mueren y otros se van. Si un cambio trae más recursos, las poblaciones aumentan.

Ciertos organismos son capaces de adaptarse a los cambios en el ecosistema. Las personas construyen viviendas en los hábitats de osos, venados y otros animales. En esos casos, personas y animales deben aprender a compartir sus hábitats.

CAUSA Y EFECTO ¿Qué les ocurre a los organismos cuando cambia un ecosistema?

▲ Es frecuente ver alces en Alaska.

▲ Muchos patos viven cerca de la gente.

A menudo, los venados cruzan repentinamente frente a los autos. Los conductores deben estar muy atentos. ▼

▲ En algunas calles de Florida, los conductores deben detener sus autos para permitir que crucen los aligátores.

Repaso de la lectura

1. **CAUSA Y EFECTO** Copia y completa el siguiente organizador gráfico.

```
           Cambios al ecosistema

       Causa                    Efecto

    Naturaleza     ──────▶     A _____

    B _____      ──────▶     Nuevas viviendas
                                y contaminación
```

2. **RESUMIR** Escribe un resumen de esta lección. Comienza con la oración *Los cambios en los ecosistemas tienen dos causas principales.*

3. **SACAR CONCLUSIONES** ¿Qué cambios favorables pueden producir las personas en un ecosistema?

4. **VOCABULARIO** Escribe una oración que identifique tres recursos de un ecosistema.

Preparación para la prueba

5. **Razonamiento crítico**
Explica cómo los seres vivos pueden cambiar un ecosistema.

Enlaces

Redacción

Redacción narrativa
Imagina que se construye un vecindario en una zona donde vive una familia de osos. Escribe un **cuento** acerca de cómo reaccionan los osos. Tu cuento puede ser cómico o serio.

Salud

Hacer un póster
Entrevista a un enfermero o un doctor. Pregúntale de qué manera la contaminación del aire modifica la salud de una persona. Haz un póster con la información que obtuviste. Muestra tu póster al resto de la clase.

Para hallar otros enlaces y actividades, visita
www.hspscience.com

153

SCIENCE Spin from WEEKLY READER
Tecnología

OCULTAS PERO MUY VISIBLES

En los últimos años se ha registrado un enorme aumento en el uso de teléfonos celulares en Estados Unidos. Este incremento ha producido un efecto secundario nada agradable: las horribles torres de telefonía celular. Sin embargo, algunas compañías se esfuerzan para que las torres armonicen con el entorno.

Mejor, más rápido... ¿más feo?

Las compañías de teléfonos celulares están trabajando para que la tecnología de los teléfonos celulares sea mejor y más rápida que nunca. Estas compañías dividen las áreas de un estado en zonas llamadas "células". Cada célula tiene una estación central con una torre y otros equipos Las estaciones transmiten las llamadas de un teléfono celular a otro.

El problema es que a mucha gente no le agrada ver las altas torres metálicas. Una compañía de Arizona halló una manera de resolver el problema... ¡y la idea surgió al observar la naturaleza!

La compañía hace árboles, hojas y arbustos de materiales especiales que camuflan, o esconden, las torres de telefonía celular. Como Estados Unidos tiene gran variedad de paisajes (bosques, desiertos y pantanos, por ejemplo), las torres ocultas deben adaptarse a cada medio ambiente.

Piensa

1. ¿Cómo camuflarías una torre de telefonía celular en la zona donde vives?

¿Es un árbol o una torre?

En la mayoría de los casos, la torre se ve tan real que casi nadie nota la diferencia. Por ejemplo, la compañía hizo un cacto fabricado de un plástico especial. El cacto armoniza con su entorno desértico y oculta una torre de telefonía celular. La compañía ha hecho pinos para el medio ambiente montañoso y palmeras para las zonas más cálidas.

¡Investiga más! Visita www.hspscience.com

SCIENCE Spin from WEEKLY READER
Personas

POETA de la NATURALEZA

Cuando era niña, Rachel Carson amaba la naturaleza, y especialmente las aves. Cuando creció, trabajó en la Administración de Pesca y Vida Silvestre de Estados Unidos, *U.S. Fish and Wildlife Service.* Allí, Carson se enteró de que los agricultores usaban químicos para evitar que los insectos se comieran los cultivos. Carson creía que esos químicos también perjudicaban a las personas y los animales que vivían en los alrededores.

Más tarde, Carson escribió un libro llamado *Primavera silenciosa*. El libro contaba una historia sobre cómo los pesticidas dañaban a los animales, en especial a las aves. El libro de Rachel Carson contribuyó a que se dictaran leyes para evitar el uso de pesticidas que dañen los ecosistemas.

Profesión: Científico ambientalista

El gobierno de Estados Unidos tiene muchas leyes que protegen el aire, el suelo y el agua de nuestro país. A menudo, los científicos ambientalistas son los encargados de garantizar que esas leyes se cumplan. Estos científicos están siempre alertas a la presencia de contaminación y, si la encuentran, buscan maneras de detenerla.

Proyectos de Ciencias
para la casa o la escuela

¡Sí puedes!

Proyecto fácil y rápido

¿Qué hay en la tierra?

Materiales
- tierra con plantas
- pala pequeña
- lápiz
- hoja de papel blanco
- lupa pequeña

Procedimiento

1. Extrae una pequeña cantidad de tierra, incluyendo las plantas.

2. Coloca la tierra sobre el papel blanco. Usa el lápiz para desmenuzar la tierra.

3. Usa la lupa para observar los seres vivos que puedas encontrar.

4. ¿Qué seres vivos encontraste? ¿Qué cosas sin vida encontraste?

Sacar conclusiones

¿Cómo interaccionan los seres vivos que se encuentran en la tierra?

Planea tu propia investigación

Tu ecosistema

Investiga el ecosistema en el que vives. ¿Cuánta lluvia recibe por año? ¿Cuáles son las temperaturas promedio en verano y en invierno? ¿Qué tipo de animales y plantas viven allí? Piensa diferentes maneras de observar tu ecosistema. Diseña un área de observación para estudiar los animales y las plantas de tu ecosistema. Anota tus observaciones en un diario.

Capítulo 4

Repaso y preparación para la prueba

Repaso de vocabulario

Usa los términos de abajo para completar las oraciones. Los números de página te indican qué parte del capítulo debes mirar si necesitas ayuda.

medio ambiente pág. 127
ecosistema pág. 128
población pág. 128
hábitat pág. 129
adaptación pág. 142
recurso pág. 151

1. Un material que proviene de un ecosistema es un _____.

2. Un grupo de seres vivos de la misma especie forman una _____.

3. Un ser vivo está rodeado por su _____.

4. Un ser vivo obtiene de su _____ todo lo que necesita para subsistir.

5. Los seres vivos y las cosas sin vida que interaccionan en un medio ambiente forman un _____.

6. Cualquier rasgo que ayude a un animal a subsistir es una _____.

Comprueba lo que aprendiste

Escribe la letra de la respuesta correcta.

7. ¿Cuál es una parte sin vida de un medio ambiente?
   A. un animal
   B. un insecto
   C. una raíz
   D. el oxígeno

8. ¿Qué tipo de adaptación tiene el animal que se muestra en la ilustración?
   F. camuflaje
   G. instinto
   H. migración
   J. mimetismo

9. ¿En qué ecosistema pueden vivir solo los animales y las plantas que necesitan muy poca agua para subsistir?
   A. desierto
   B. bosque
   C. pradera
   D. tundra

10. ¿Cuál de estas plantas crecería mejor en un desierto?

  F. cacto
  H. mala madre
  G. pino
  J. girasol

11. IDEA PRINCIPAL Y DETALLES ¿Cuál de los siguientes es un ejemplo de instinto?

  A. un perro que se sienta cuando se lo ordenan
  B. un mapache que come de un bote de basura
  C. las manchas de un leopardo
  D. una ardilla listada que come más antes de hibernar

12. ¿Qué le sucede a un animal durante la hibernación?

  F. Come mucho.
  G. Abandona su ecosistema con frecuencia.
  H. Está inactivo.
  J. Se desplaza de un hábitat a otro.

13. Si un ave vuela hacia el sur todos los inviernos, ¿qué hace?

  A. se adapta
  B. se camufla
  C. hiberna
  D. migra

14. ¿Cuál es un ejemplo de mimetismo?

  F. una liebre ártica blanca en la nieve
  G. una mosca a rayas como las de una abeja
  H. una rana que se entierra en el barro durante el invierno
  J. patos que viajan en busca de comida

15. ¿Cuál de los siguientes incluye al resto?

  A. un medio ambiente
  B. un ecosistema
  C. una población
  D. una comunidad

16. CAUSA Y EFECTO ¿Qué puede causar cambios en el medio ambiente?

  F. solo las plantas y los animales
  G. solo la naturaleza
  H. las personas y la naturaleza
  J. solo las personas

Destrezas de examinación

17. Menciona dos seres vivos y dos cosas sin vida que puedas observar en tu medio ambiente.

18. Compara un ecosistema de desierto con un ecosistema de bosque.

Razonamiento crítico

19. ¿Como crees que una tormenta de nieve cambiaría los hábitats de las plantas y los animales que viven en un ecosistema de bosque?

20. Se está construyendo un nuevo vecindario cerca de un árbol donde vive un mapache. ¿Cómo crees que el mapache podría adaptar su conducta para obtener alimento en su medio ambiente modificado?

UNIDAD E

Investigar la materia y la energía

CIENCIAS FÍSICAS

Capítulo 11	Propiedades de la materia
Capítulo 12	La energía
Capítulo 13	La electricidad y los imanes
Capítulo 14	El calor, la luz y el sonido

La fábrica de crayolas

PARA: ryan@hspscience.com
DE: stephanie@hspscience.com
TEMA: Two Rivers Landing, Pennsylvania

Querido Ryan:
¿Alguna vez te preguntaste cómo se hacen las crayolas? Yo fui a Crayola Factory, la fábrica de crayolas, y aprendí todo lo que hacen allí. Es increíble ver cómo el líquido se transforma en una crayola sólida. Luego agregan color, y un arco iris de opciones cobra vida. Unas máquinas enormes hacen que todo parezca muy fácil.
Tu amiga,
Stephanie

El concurso de castillos de arena de Cannon Beach

PARA: david@hspscience.com
DE: kia@hspscience.com
TEMA: Oregon

Querido David:
¿Recuerdas cuando construíamos torres en nuestro arenero? Bueno, ¡mira estas esculturas de arena! Viene gente de todo el mundo a participar en esta competencia. Y no hacen solo castillos de arena. Como puedes ver, ¡este ganador hizo un camión de bomberos! Por suerte, le tomaron una foto: cuando sube la marea, el agua se lleva todas las esculturas.
Kia

¡Experimenta!

Moldear arena Jugar con la arena de la playa o en un arenero puede ser muy divertido. Pero transformar una pila de arena en una escultura no es nada fácil. ¿Qué puedes mezclar con la arena para que sea más fácil moldearla? Por ejemplo, ¿cuál es la cantidad ideal de agua que puedes agregar a la arena para que mantenga la forma que quieres darle? Planea y haz un experimento para descubrirlo.

Capítulo

11 Propiedades de la materia

Lección 1 ¿Qué es la materia?

Lección 2 ¿Qué son los estados de la materia?

Lección 3 ¿Cómo cambia la materia?

Vocabulario

materia
propiedad física
masa
volumen
densidad
sólido
líquido
gas
evaporación
condensación
mezcla
solución

¿Qué te preguntas?

La materia es todo lo que ocupa espacio. ¿Qué materia puedes ver en esta foto? ¿Hay alguna materia que no puedas ver?

Lección 1

¿Qué es la materia?

Datos breves

Un montón de agua Un ser humano adulto necesita unos 10 vasos de agua por día. Parece mucho, pero para una vaca es poco. ¡Una vaca necesita al menos 400 vasos de agua por día! En la sección "Investigación" medirás el volumen del agua.

Investigación

Medir el volumen

Materiales
- regla en centímetros
- taza para medir
- 3 recipientes transparentes de distintas formas
- agua
- cinta de enmascarar

Procedimiento

1. **Mide** 100 mL de agua.

2. Vierte el agua en uno de los recipientes transparentes.

3. Usa un pedazo de cinta de enmascarar para marcar el nivel del agua en el recipiente. Haz que el borde inferior de la cinta coincida con la línea del agua.

4. Repite los pasos 1 a 3 hasta que los tres recipientes contengan 100 mL de agua y los tres niveles estén marcados.

Sacar conclusiones

1. ¿Cuánta agua hay en cada recipiente?

2. Describe la altura del agua en cada recipiente. Explica por qué la altura del agua se ve distinta en cada recipiente.

3. **Destreza de examinación** Los científicos **usan datos** y **observaciones** para **predecir** qué ocurrirá. ¿Qué **predices** que ocurrirá si viertes otra vez el agua de cada recipiente en la taza para medir?

Paso 2

Paso 3

Investiga más

Llena con agua tres recipientes de diferentes formas. **Predice** cuánta agua habrá en cada recipiente. **Mide** el agua que hay en cada recipiente. ¿Cuán acertadas fueron tus predicciones?

373

La lectura en las Ciencias

VOCABULARIO
materia pág. 374
propiedad física
  pág. 376
masa pág. 378
volumen pág. 379
densidad pág. 379

CONCEPTOS CIENTÍFICOS
▶ qué es la materia
▶ cómo se miden algunas propiedades físicas de la materia

DESTREZA DE LECTURA
IDEA PRINCIPAL Y DETALLES
Busca información sobre las propiedades de la materia.

```
          Idea principal
         /      |      \
    detalle  detalle  detalle
```

La materia

Patinar sobre hielo puede ser muy divertido. Los patinadores se deslizan sobre el hielo, y sienten la brisa en las mejillas.

Todo lo que los patinadores ven y sienten es **materia**. La materia es cualquier cosa que ocupe espacio. El hielo, el agua y las nubes son materia. El aire que respiran los patinadores es materia. Y también los patinadores son materia.

¿Qué ejemplos de materia ves en esta fotografía? ▼

374

▲ ¿Hay en esta fotografía materia que no puedas ver?

   Mira a tu alrededor. ¿Qué materia puedes ver? Tu pupitre y tus libros y los otros objetos que hay en la clase son materia. Tu maestro y tus compañeros son materia. Sabes que son materia porque ocupan espacio.

   Ahora, mira hacia afuera. ¿Está lloviendo? ¿Hay sol? ¿Nieva? La lluvia, la nieve y el sol son diferentes tipos de materia. ¿Está soplando el viento? El aire es materia que no puedes ver. ¿Cómo sabes que el aire es materia? Porque ocupa espacio. Puedes ver cómo el aire mueve las hojas de los árboles. Puedes sentir el aire en tu piel.

IDEA PRINCIPAL Y DETALLES ¿Qué es la materia?

375

Las propiedades físicas de la materia

Todo lo que puedes percibir de la materia mediante uno o más de tus sentidos es una **propiedad física**. Aquí hay algunas cosas que puedes percibir con tus sentidos:

Con la vista: los polluelos de pato son pequeños y amarillos. Puedes observar su tamaño y su color.

Con el oído: las campanas suenan. La lluvia tintinea sobre un techo de metal. Las hojas crujen con el viento.

Con el tacto: el hielo se siente duro y frío. Las mantas se sienten suaves. El papel de lija se siente áspero.

Con el olfato: el pan recién horneado huele delicioso. No así la basura en descomposición.

Con el gusto: una de las propiedades físicas de la comida es su sabor. El sabor puede ser dulce, salado, agrio o amargo.

▲ Esta piña se siente áspera por fuera. Pero el interior sabe dulce.

Tu sentido del tacto te dice que el gato es suave. ▼

Tu sentido del olfato te indica que hay palomitas de maíz en el envase. ▼

Los platillos son brillantes. Además, producen un sonido diferente del de un tambor. ▼

El color, el tamaño, la forma y la textura son propiedades físicas que puede tener la materia. La materia como el hule puede rebotar y estirarse. Otros tipos de materia, como la sal, se mezclan con el agua. Algunos metales se doblan con facilidad. Otros, como el acero, no lo hacen. Estos son solo algunos ejemplos de las muchas propiedades físicas de la materia. Piensa en las diferentes propiedades físicas de la materia que puedes encontrar en tu salón de clases.

IDEA PRINCIPAL Y DETALLES Nombra dos propiedades físicas de la piña.

El color es una propiedad que puedes percibir con los ojos. ¿Qué otras propiedades físicas tiene este vidrio? ▼

377

Medir la materia

Otra propiedad de la materia es la masa. La **masa** es la cantidad de materia que hay en una cosa. Puedes medir la masa usando una balanza. La masa, por lo general, se mide en gramos (g) o en kilogramos (kg). Un kilogramo equivale a 1000 gramos.

Imagina que tienes unas rodajas de manzana y ya sabes cuál es su masa. También tienes unas rodajas de naranja, y sabes cuál es su masa. Luego las mezclas para hacer una ensalada de frutas. ¿Cómo puedes calcular cuál es la masa de la ensalada sin usar una balanza? Si respondes "sumando las masas", ¡estás en lo cierto! La masa de dos o más cosas que están juntas es igual a la suma de sus masas.

Esta taza para medir y esta probeta miden el volumen del líquido en mililitros.

Míralo en detalle

La masa del camión es de 50 gramos.

La masa de los guijarros es de 14 gramos.

378

Otra propiedad física de la materia es el volumen. El **volumen** es la cantidad de espacio que ocupa la materia. En la sección "Investigación" mediste 100 mL de agua: el volumen del agua era 100 mL.

La densidad es otra propiedad de la materia. La **densidad** es la masa de la materia en comparación con su volumen. Piensa en dos cajas idénticas. Llenas una caja con plumas y la otra con rocas. Las cajas tienen el mismo volumen, pero la que contiene rocas tiene mucha más masa: las rocas tienen mayor densidad que las plumas.

> **IDEA PRINCIPAL Y DETALLES** ¿Qué es la densidad?

Minilab

Comparar densidades

Llena una bolsa para emparedados con canicas. Llena otra con copos de algodón. Cierra las bolsas y mide la masa de cada una. ¿Cómo se comparan sus volúmenes? ¿Cómo se comparan sus densidades? ¿Qué materia es más densa, el algodón o las canicas?

La masa del camión y los guijarros es de 64 gramos, es decir, la suma de las dos masas.

379

Hundirse y flotar

La capacidad de flotar de un objeto es, también, una propiedad física. Las barras de acero se hunden, pero los barcos de acero flotan. ¿Por qué?

Esto ocurre a causa de la densidad. La materia que es menos densa que el agua flota, pero la materia que es más densa que el agua se hunde.

¿Cómo podrías hacer que flote una barra de acero? Tendrías que cambiar su forma para que aumente su volumen. Si transformas una barra de acero en un barco, el volumen del acero cambia. La misma cantidad de acero, pero con la forma de un barco, ocupa más espacio. Si bien la masa no cambia, la misma masa con un volumen mayor es menos densa. Si el volumen del barco de acero es lo suficientemente grande, el barco podrá flotar.

IDEA PRINCIPAL Y DETALLES ¿Cuál es la diferencia entre un objeto que se hunde y uno que flota?

¿Cuáles de las bolas que se ven en esta fotografía son menos densas que el agua? ¿Cuáles son más densas? ¿Cómo lo sabes? ▼

380

Repaso de la lectura

1. **IDEA PRINCIPAL Y DETALLES** Copia y completa el siguiente organizador gráfico.

```
                    Propiedades físicas
           /              |              \
   Maneras de          Ejemplos         Mediciones
   percibirlas
       |                  |                  |
      Ver               Color              Masa
      Oír               D_____            F_____
      A_____           E_____            G_____
      B_____
      C_____
```

2. **RESUMIR** Usa el organizador gráfico que completaste para escribir un resumen de la lección.

3. **SACAR CONCLUSIONES** Tienes dos masas iguales, una de plumas y la otra de rocas. ¿Cuál tiene mayor volumen?

4. **VOCABULARIO** ¿En qué se diferencia el volumen de la masa?

Preparación para la prueba

5. **Razonamiento crítico** Un barco que llevaba demasiada carga se hundió. ¿Por qué?
   A. Se había vuelto menos denso que el agua.
   B. Su volumen era demasiado grande.
   C. Aumentó su densidad.
   D. Todas las cosas pesadas se hunden.

Enlaces

Redacción

Redacción informativa
Reúne cinco objetos del salón de clases. Escribe una **descripción** de las propiedades físicas de cada objeto. Luego, pídele a un compañero que identifique los objetos valiéndose solamente de tu descripción de las propiedades.

Música

Sinfonía de propiedades físicas
Usa los sonidos producidos por diferentes tipos de materia para crear una original sinfonía de propiedades físicas. Ejecuta tu sinfonía ante la clase.

Para hallar otros enlaces y actividades, visita www.hspscience.com

Lección **2**

¿Qué son los estados de la materia?

Datos breves

La temperatura del agua La temperatura del agua disminuye a medida que te acercas al fondo del océano. En la sección "Investigación" aprenderás sobre la temperatura del hielo.

Investigación

Temperatura y materia

Materiales
- 3 cubitos de hielo
- taza para medir
- frasco de plástico o vaso graduado
- termómetro
- agua caliente
- cuchara de plástico

Procedimiento

1. **Mide** con la taza 200 mL de agua caliente del grifo. Vierte el agua en el frasco o en el vaso graduado.

2. **Mide** la temperatura del agua con el termómetro. **Registra** los datos.

3. Agrega un cubito de hielo al agua. Revuelve con la cuchara de plástico. **Registra** lo que **observas**.

4. **Mide** otra vez la temperatura del agua. **Registra** los datos.

5. Repite dos veces los Pasos 3 y 4.

Paso 2

Paso 3

Sacar conclusiones

1. ¿Qué ocurrió con los cubitos de hielo cuando estaban en el agua?

2. ¿Qué ocurrió con la temperatura cada vez que agregaste un cubito de hielo?

3. **Destreza de examinación** Los científicos usan las gráficas de barras para **comunicar datos**. Haz una gráfica de barras para **comunicar** qué ocurrió con la temperatura del agua en esta actividad.

Investiga más

Coloca 100 mL de agua en un congelador. **Mide** su temperatura cada 10 minutos. **Comunica** los datos en una gráfica de barras. **Interpreta los datos**.

La lectura en las Ciencias

VOCABULARIO
sólido pág. 385
líquido pág. 386
gas pág. 387
evaporación pág. 388
condensación pág. 388

CONCEPTOS CIENTÍFICOS
▶ cuáles son los tres estados de la materia
▶ cómo la temperatura afecta los estados de la materia

DESTREZA DE LECTURA
COMPARAR Y CONTRASTAR
Encuentra qué semejanzas y qué diferencias hay entre los estados de la materia.

semejanzas — diferencias

Los estados de la materia

Ya has leído que la materia ocupa espacio. La materia también tiene formas diferentes, que se llaman *estados*. Los tres estados de la materia son el sólido, el líquido y el gas.

En la sección "Investigación" observaste cómo un cubito de hielo cambiaba de estado. Si hubieras hervido el agua, también habría cambiado a otro estado.

La cera de una vela también puede cambiar de estado. Para hacer una vela, la cera se derrite y se vierte en un molde. Al enfriarse y endurecerse, la cera cambia de estado.

COMPARAR Y CONTRASTAR
¿En qué se asemejan el hielo y la cera de una vela?

¿Cuáles son algunos de los sólidos y algunos de los líquidos que aparecen en esta fotografía? ▶

Nombra los sólidos que ves en estas fotografías.

Los sólidos

Piensa cómo es un cubito de hielo. Un cubito de hielo es un sólido. Un **sólido** es materia con un volumen y una forma que permanecen iguales.

Los sólidos permanecen sólidos, a menos que algo, como el calor, los cambie. Cuando el hielo se calienta, se derrite y se convierte en un líquido. Cuando calientas materia, el movimiento de sus pequeñas partículas, o partes, se acelera.

Lo contrario también ocurre. Si quitas al agua una cantidad de calor suficiente, esta se congela. Cuando la materia se enfría, el movimiento de sus pequeñas partículas se hace más lento.

COMPARAR Y CONTRASTAR ¿En qué se parecen todos los sólidos?

Minilab

¿Es un sólido?
Toma una porción de mantequilla congelada y colócala en un plato. Registra tus observaciones de la mantequilla. Después, coloca el plato con la manteca bajo una lámpara. Enciende la lámpara y registra lo que ocurre con la mantequilla minuto a minuto. Escribe una descripción de los cambios que sufrió la mantequilla.

385

Los líquidos

Piensa en un vaso de agua. El agua que está en el vaso es un líquido. Un **líquido** es materia que tiene un volumen que permanece igual pero una forma que puede cambiar.

De la misma manera que un sólido, un líquido tiene un volumen que no cambia. Sin embargo, la forma de un líquido puede cambiar. Los líquidos toman la forma del recipiente que los contiene. El volumen del agua puede parecer grande en un recipiente alto y delgado. Pero en un recipiente bajo y ancho puede parecer pequeño.

Ya sabes que el agua es un líquido. La pintura, el jugo y el champú también son líquidos. ¿Cuáles son algunos de los líquidos que ves o usas todos los días?

▲ Este jabón es un líquido.

COMPARAR Y CONTRASTAR ¿En qué se diferencian los líquidos de los sólidos?

El vinagre y el aceite son líquidos que dan sabor a las ensaladas.

Al caer, el agua cambia de forma.

Las bebidas gaseosas contienen un gas llamado bióxido de carbono. Las burbujas que ves son burbujas de gas.

Los gases

El helio que está dentro de este globo es un gas. Un **gas** no tiene forma ni volumen definidos. Un gas ocupa todo el espacio que hay en un recipiente. Si inflas un globo, puedes ver que el aire se extiende hasta llenar todo el espacio en el interior del globo.

El aire que respiras es una mezcla de gases. Algunas cocinas funcionan con gas natural. Aunque no puedes ver el gas natural, puedes ver la llama azul cuando arde.

⭐ **COMPARAR Y CONTRASTAR** ¿En qué se diferencian los gases de los sólidos y los líquidos?

Este globo está lleno de un gas llamado *helio*.

Cambios de estado

En la sección "Investigación", el calor hizo que el hielo sólido se convirtiera en agua líquida. El calor también puede transformar un líquido en un gas. Si dejas una taza con agua en un lugar donde hace mucho calor, después de uno o dos días la taza habrá quedado vacía. El líquido se convierte en gas, pero continúa siendo agua. El agua se traslada al aire en el proceso de **evaporación**. El hervor también hace que el agua se evapore, pero con mayor rapidez.

Cuando un gas se enfría, se convierte nuevamente en líquido. La transformación de un gas en líquido es la **condensación**. Ya has visto cómo ocurre este proceso: cuando el agua que está en el aire en forma de gas se transforma en líquido, llueve.

⭐ **Destreza clave**

COMPARAR Y CONTRASTAR ¿En qué se asemejan la evaporación y la condensación? ¿En qué se diferencian?

Las Matemáticas en las Ciencias
Interpretar datos

Cambios de temperatura

¿A qué temperatura el hielo sólido se transforma en líquido?

388

Repaso de la lectura

1. **COMPARAR Y CONTRASTAR** Copia y completa el siguiente organizador gráfico.

Estado de la materia	Forma	Volumen
Sólido	A _____	D _____
Líquido	B _____	E _____
Gas	C _____	F _____

2. **RESUMIR** Usa el organizador gráfico que completaste para escribir un resumen de la lección.

3. **SACAR CONCLUSIONES** Si la materia tiene un volumen definido pero no una forma definida, ¿en qué estado está?

4. **VOCABULARIO** Escribe una oración que explique cómo se relaciona la evaporación con un cambio de estado.

Preparación para la prueba

5. **Razonamiento crítico** Un objeto sólido se derrite hasta transformarse en un líquido. ¿Se agregó o se quitó calor para que se produzca este cambio? Explica tu respuesta.

Enlaces

Redacción

Redacción narrativa
Escribe un **cuento** acerca de un cubito de hielo que, a causa de los cambios de temperatura, va pasando por diferentes estados de la materia.

Matemáticas

Resolver un problema
María sacó una paleta helada del refrigerador a las 3:23 y la colocó sobre un plato. A las 3:35, la paleta helada era un charco de líquido. ¿Cuánto tiempo tardó la paleta en derretirse?

Para hallar otros enlaces y actividades, visita
www.hspscience.com

Lección **3**

¿Cómo cambia la materia?

Datos breves

¿Hasta dónde va a llegar? Uno de los castillos de arena más grandes del mundo tenía más de 20 metros (66 pies) de altura. Sus constructores tardaron más de tres semanas en hacerlo, modelando la arena con agua. En la sección "Investigación" trabajarás con arena y agua.

Investigación

¿Se mezclará?

Materiales
- sal
- agua
- arena
- lupa pequeña
- cuchara de plástico
- taza para medir
- 2 frascos de plástico transparente
- cuchara de medir ($\frac{1}{4}$ de cuchara de té)

Procedimiento

1. **Mide** 200 mL de agua. Vierte el agua en uno de los frascos.

2. Llena la cuchara de medir de $\frac{1}{4}$ con arena. Agrega la arena al agua y revuelve. Usa la lupa para **observar** el contenido del frasco. **Registra** lo que **observas**.

3. Repite el Paso 1, usando el otro frasco.

4. Ahora llena la cuchara de medir con sal. Agrega la sal al agua y revuelve. Usa la lupa para observar el contenido del frasco. **Registra** lo que **observas**.

5. Repite el Paso 4 hasta que veas que, después de haber revuelto, se acumula sal en el fondo del frasco. **Registra** el número de cucharaditas de sal que usaste en total.

Paso 2

Paso 4

Sacar conclusiones

1. ¿Qué **observaste** cuando revolviste la arena? ¿Y cuando revolviste la sal?

2. **Destreza de examinación** A veces, los científicos usan dibujos para **comunicar** los resultados de sus investigaciones. Haz dos dibujos para **comunicar** lo que ocurrió con la arena y la sal cuando las revolviste en el agua.

Investiga más

¿Qué **predices** que ocurrirá si dejas el vaso de agua salada en un lugar donde hace calor? Haz la prueba. ¿Fue correcta tu **predicción**?

La lectura en las Ciencias

VOCABULARIO
mezcla pág. 394
solución pág. 395

CONCEPTOS CIENTÍFICOS
▶ qué son los cambios físicos y los cambios químicos
▶ qué son las mezclas y qué son las soluciones

DESTREZA DE LECTURA
IDEA PRINCIPAL Y DETALLES
Descubre cómo se producen los cambios físicos y los cambios químicos.

```
        Idea principal
       /      |      \
   detalle  detalle  detalle
```

Cambios físicos

¿Qué es lo que puede cambiar y seguir siendo lo mismo? La respuesta es... la materia. Los cambios de la materia que no forman nuevos tipos de materia son cambios físicos.

Un ejemplo de cambio físico es el corte. Si cortas un pedazo de papel, el papel se hace más pequeño, pero sigue siendo papel. Cambia el tamaño, pero los pedazos de papel siguen siendo el mismo tipo de materia.

El hilo de lana se devana y luego se vende.

A las ovejas les crece una gruesa capa de lana.

▲ Una máquina hace hilos con la lana de la oveja.

392

La solución de jugo en polvo con agua es muy sabrosa.

Las soluciones

En la sección "Investigación", cuando revolviste por primera vez la sal en el agua, no podías ver la sal. La sal se disolvió, o se mezcló con el agua: hiciste una solución. Una **solución** es una mezcla en la que diferentes tipos de materia, al mezclarse, forman una sustancia homogénea. Tu mezcla de sal con agua era una solución. La mezcla de arena y agua no era una solución, porque la arena no se disolvió.

▲ La solución de detergente y agua deja la vajilla limpia.

IDEA PRINCIPAL Y DETALLES ¿Por qué una solución es un tipo de mezcla?

Los cambios químicos

Los cambios que forman un tipo diferente de materia son cambios químicos. Al cocinar, produces cambios químicos. Imagina que mezclas harina, azúcar, huevos, leche y manteca para hacer un pastel. Cuando el pastel está horneado, tiene propiedades que son totalmente distintas de las propiedades de sus ingredientes.

Cuando algo se quema, también sufre un cambio químico. Al quemarse, la madera se combina con el oxígeno del aire. Se forman cenizas y humo, que son tipos de materia diferentes de la madera. Y la madera no puede ser recuperada.

★ **Destreza clave** **IDEA PRINCIPAL Y DETALLES** Nombra al menos cuatro ejemplos de cambios químicos.

Minilab

Cambio químico

Vierte una cucharada de vinagre en un frasco. Agrega $\frac{1}{4}$ cuchara para té de bicarbonato de sodio y observa qué sucede. ¿Qué tipo de cambio tiene lugar? ¿Cómo lo sabes?

La putrefacción es un cambio químico.

La oxidación es un cambio químico. Se produce cuando el oxígeno del aire se combina con el hierro que contiene el metal.

Repaso de la lectura

1. **IDEA PRINCIPAL Y DETALLES** Copia y completa el siguiente organizador gráfico.

```
                    Tipos de cambios de la materia
                    /                              \
              Físicos                           B _____
              /      \                        /     |      \
     hacer tejidos    A _____          oxidación  C ___   D ___
     de lana
```

2. **RESUMIR** Usa el organizador gráfico que completaste para escribir un resumen de la lección.

3. **SACAR CONCLUSIONES** El señor González levantó una pared de ladrillos y argamasa. ¿El cambio que produjo fue físico o químico? Explica tu respuesta.

4. **VOCABULARIO** Explica por qué todas las soluciones son mezclas, pero no todas las mezclas son soluciones.

Preparación para la prueba

5. ¿Cuál de los siguientes es un cambio químico?
   A. consumir gasolina al andar en automóvil
   B. ponerse esmalte de uñas
   C. trenzar tiras de papel
   D. moler trigo para hacer harina

Enlaces

Redacción

Redacción informativa
Escribe un **párrafo** o dos en los que compares y contrastes mezclas y soluciones. Haz ilustraciones para aclarar la explicación.

Matemáticas

Resolver un problema
Una mezcla contiene el doble de cuentas rojas que de cuentas blancas. Hay seis cuentas blancas. ¿Cuántas cuentas rojas hay en la mezcla? Muestra en un papel cómo resolviste el problema.

Para hallar otros enlaces y actividades, visita
www.hspscience.com

SCIENCE Spin from WEEKLY READER
Tecnología

¿Mejor que lo natural?

398

Reemplazar la naturaleza

Durante miles de años, la ropa se hizo usando materiales naturales, como algodón, lana y seda. Todos estos materiales se encuentran en la naturaleza. Por ejemplo, el algodón viene de una planta, la lana se saca de la oveja y a la seda la tejen los gusanos de seda.

Los primeros materiales sintéticos se produjeron hace menos de 100 años. Estos materiales, como el rayón, el nailon y el poliéster, se hicieron por primera vez en laboratorios. Hoy, los materiales sintéticos han reemplazado a las telas naturales para muchos fines.

Seda

Algodón

Lana

Muchas veces, a los científicos se les ocurren nuevas ideas al observar la naturaleza. Por ejemplo, los fabricantes de trajes de baño hicieron una tela para los atletas de las Olimpíadas luego de estudiar la piel de los tiburones.

Recientemente, científicos de Turquía, un país europeo, también recurrieron a la naturaleza en busca de ideas. A partir de la observación de los nenúfares, se les ocurrió una idea para una nueva tela. Los nenúfares son plantas que crecen en las lagunas y tienen grandes hojas que flotan en la superficie del agua.

Observar los nenúfares

Los científicos se inspiraron en la impermeabilidad de las hojas de nenúfar. Querían fabricar un material que dejara deslizar el agua de la misma manera que lo hacen las hojas de esta planta.

Entonces comenzaron a trabajar con diferentes materiales, como el plástico, para obtener un nuevo tipo de material. Al igual que la planta, cuando este material se moja, el agua no lo penetra sino que se desliza por su superficie.

Este nuevo material es sintético. Decir que es "sintético" es otra forma de decir que fue hecho por personas y no por la naturaleza. Este nuevo material impermeable será de gran utilidad para mucha gente y especialmente para los bomberos, que necesitan mantenerse secos mientras trabajan.

Piensa

1. ¿Por qué crees que las personas comenzaron a hacer materiales sintéticos?
2. ¿Crees que los materiales sintéticos deberían reemplazar los materiales naturales? ¿Por qué?

Spin-In ¡Investiga más! Visita **www.hspscience.com**

SCIENCE Spin from WEEKLY READER

Personas

El padre del barómetro

Evangelista Torricelli fue un científico que vivió hace unos 360 años. Se lo conoce especialmente por un invento que ayuda a predecir el tiempo. Ese invento es el barómetro.

Antes de Torricelli, la mayoría de las personas no sabían que el aire tiene peso. Esta idea se conoce como "presión atmosférica", es decir, la presión que ejerce el aire. El barómetro se usa para medir la presión atmosférica.

El barómetro de Torricelli era un tubo de vidrio que contenía un metal líquido llamado *mercurio*. Cuando la presión atmosférica estaba alta, en días de buen tiempo, el mercurio se movía hacia arriba dentro del tubo. Cuando la presión atmosférica estaba baja, normalmente en días tormentosos, el mercurio se movía hacia abajo.

Barómetro moderno ▶

Carrera Experto en materiales

¿Cuánto tiempo crees que durarán las suelas de goma de tus tenis? Seguramente, un experto en materiales conoce la respuesta. Estos científicos estudian cómo reaccionan ante los cambios los diferentes materiales. Estudian cómo reaccionaría la goma ante el frío o cuánto tiempo pasará antes de que se gaste del todo.

Spin-In ¡Investiga más! Visita www.hspscience.com

Proyectos de Ciencias
para la casa o la escuela

¡Sí puedes!

Proyecto fácil y rápido

¿Flota o se hunde?

Procedimiento

1. Predice si cada objeto flotará o se hundirá. Registra tus predicciones en una tabla de datos.
2. Prueba cada objeto. Registra tus resultados en la tabla de datos. ¿Eran correctas tus predicciones?

Materiales
- agua
- molde de plástico
- objetos pequeños

Sacar conclusiones

De acuerdo con tus datos, ¿qué objetos infieres que son menos densos que el agua? En tu tabla de datos, rodea con un círculo los nombres de esos objetos.

Planea tu propia investigación

Medir el volumen

Coloca una taza para medir dentro de un molde vacío. Con cuidado, llena la taza de agua hasta el borde. Coloca un objeto pequeño pero pesado dentro de la taza. Parte del agua se derramará en el molde. Vierte esa agua en otra taza para medir. La cantidad de agua equivale al volumen del objeto. Usa este procedimiento para medir y comparar los volúmenes de tres pequeños objetos. Muestra tus resultados en una gráfica de barras.

Capítulo 11

Repaso y preparación para la prueba

Repaso del vocabulario

Busca la definición que corresponda a cada uno de los términos que aparecen a continuación. Los números de página te indican qué parte del capítulo debes mirar si necesitas ayuda.

materia pág. 374
masa pág. 378
volumen pág. 379
densidad pág. 379
sólido pág. 385
líquido pág. 386
gas pág. 387
evaporación pág. 388
mezcla pág. 394
solución pág. 395

1. Mezcla en la cual todas las partes se combinan en forma homogénea.
2. Estado de la materia que no tiene forma ni volumen definidos.
3. Cantidad de materia que hay en una cosa.
4. Proceso en el cual el agua se traslada al aire.
5. Cantidad de espacio que ocupa la materia.
6. Estado de la materia en el cual el volumen permanece igual pero la materia adquiere la forma del recipiente que la contiene.
7. La masa de una cosa en comparación con su volumen.
8. Cualquier cosa que ocupa espacio.
9. Estado de la materia con forma y volumen que no cambian.
10. Sustancia que contiene dos o más tipos de materia.

Comprueba lo que aprendiste

Escribe la letra de la respuesta correcta.

11. **IDEA PRINCIPAL Y DETALLES** ¿Cuál de las siguientes afirmaciones respecto de estos dos frascos y su contenido es verdadera?

   A. Tienen la misma masa.
   B. Tienen el mismo volumen.
   C. Tienen la misma densidad.
   D. Tienen la misma materia.

402

12. COMPARAR Y CONTRASTAR ¿Qué estados de la materia tienen un volumen que no cambia?

  F. sólido y líquido
  G. líquido y gas
  H. sólido y gas
  J. sólido, líquido y gas

13. Sarah nota que una cerca de metal se siente fría y dura. ¿Qué está observando?

  A. cambios químicos
  B. densidades
  C. propiedades físicas
  D. estados de la materia

14. ¿Cuál de las siguientes mezclas es una solución?

  F. mantequilla de cacahuete y jalea
  G. sal y agua
  H. cereal y leche
  J. apio y zanahoria

15. ¿Cuál de los siguientes cambios es un cambio químico?

  A. disolver jabón en agua
  B. llenar un globo con aire
  C. rallar queso
  D. quemar madera

16. Una bola de arcilla se hunde en un molde con agua. ¿Qué cambio podría hacer que la arcilla flote?

  F. Quitar un poco de agua.
  G. Aumentar la densidad de la arcilla.
  H. Cambiar su forma.
  J. Agregar agua en el molde.

Destrezas de examinación

17. ¿Cómo podrías medir cuál de dos objetos tiene una masa más grande?

18. Hay dos cajas idénticas. Una está llena de libros y la otra está llena de cojines de espuma. ¿Qué caja, según tu predicción, tiene una masa más grande? Explica tu respuesta.

Razonamiento crítico

19. Puedes poner arena en un recipiente, y la arena tomará la forma del recipiente. ¿Por qué se considera que la arena es un sólido?

20. Tienes una mezcla de dos tipos de botones. Algunos son grandes; otros son pequeños.

Parte A ¿Cómo puedes separar la mezcla sin tener que sacar los botones uno por uno?

Parte B ¿Es una solución la mezcla de botones? Explica por qué sí o por qué no.

Capítulo
12 La energía

Lección 1 ¿Qué es la energía?

Lección 2 ¿Cómo puede usarse la energía?

Lección 3 ¿Por qué es importante la energía?

Vocabulario

energía
energía cinética
energía potencial
combustión
temperatura
recurso
combustibles fósiles
recurso no
 renovable
recurso renovable

¿Qué te preguntas?

La energía del sol ayuda a que el trigo crezca. ¿Qué otros tipos de energía conoces?

Lección 1

¿Qué es la energía?

Datos breves

Un verdadero espectáculo de luces
La gente usa sustancias químicas para hacer fuegos artificiales. Las sustancias químicas que se queman en los fuegos artificiales liberan energía lumínica y energía sonora. En la sección "Investigación" descubrirás otra clase de energía.

Investigación

Observar la temperatura

Materiales   • termómetro   • reloj

Procedimiento

1. Con tu grupo, encuentra un lugar al aire libre que esté soleado todo el día.

2. A la mañana, uno de los miembros del grupo colocará el termómetro sobre el suelo, hacia arriba.

3. Espera unos minutos hasta que el lector de temperatura deje de cambiar.

4. Cada miembro del grupo deberá leer y **registrar** la temperatura.

5. **Observa** el termómetro cada hora durante varias horas. **Comunica** tus observaciones en una gráfica lineal que represente el tiempo y la temperatura.

Paso 2

Paso 5

Sacar conclusiones

1. ¿Qué cambios **observaste**? ¿Cuál fue la causa de los cambios?

2. **Destreza de examinación** Los científicos usan sus **observaciones** para **inferir** por qué suceden las cosas. La temperatura ascendiente en el termómetro fue generada por la energía. ¿De dónde puedes **inferir** que provino la energía?

Investiga más

¿Piensas que verías cambios similares en un día nublado? **Formula una hipótesis. Planea y haz una investigación simple** para comprobarla.

407

La lectura en las Ciencias

VOCABULARIO
energía pág. 408
energía cinética
 pág. 410
energía potencial
 pág. 410

CONCEPTOS CIENTÍFICOS
▶ qué es la energía
▶ cuál es la relación entre energía cinética y energía potencial

DESTREZA DE LECTURA
COMPARAR Y CONTRASTAR
Busca diferencias entre las distintas formas de energía.

semejanzas — diferencias

Algunas fuentes de energía

Piensa en un automóvil que se mueve. Mientras el automóvil se desplaza, debe estar consumiendo energía. La gasolina se quema para proporcionar la energía que hace que el automóvil se mueva. La energía es la capacidad de hacer que algo se mueva o se transforme.

Ahora imagínate a un niño dando un paseo en bicicleta. La bicicleta está moviéndose, por lo que debe estar consumiendo energía. Pero, ¿de dónde? Los músculos del niño proporcionan la energía para pedalear la bicicleta. El movimiento de los pedales hace que la bicicleta se mueva.

El agua que se mueve proporciona la energía para hacer girar la rueda hidráulica.

El relámpago es un tipo de energía eléctrica.

408

El niño necesita energía para mover sus músculos. Esta energía proviene de los alimentos. Necesitas la energía de los alimentos para mover tus músculos. También necesitas energía para crecer y cambiar.

Una semilla brota y crece hasta convertirse en una planta. La energía que una planta necesita para crecer proviene de la luz solar.

La mayor parte de la energía que existe en la Tierra proviene del sol. La luz y el calor del sol proporcionan la mayor parte de la energía que necesitamos.

COMPARAR Y CONTRASTAR ¿En qué se diferencia la energía que usas para crecer de la energía que usa la semilla para crecer?

Sabes que hay energía sonora en este reloj porque el badajo está moviéndose.

¿Qué tipos de energía muestra esta fotografía?

La energía eléctrica hace que este letrero se encienda.

409

Formas de energía

Acabas de leer acerca de distintos tipos de energía. Todas las formas de energía pueden agruparse de dos maneras. La **energía cinética** es la energía del movimiento. Cualquier cosa que esté moviéndose tiene energía cinética. Un automóvil que se mueve tiene energía cinética. Un niño que baja por un tobogán tiene energía cinética. Una pierna que hace girar el pedal de una bicicleta tiene energía cinética. Si estas cosas no tuvieran energía cinética, no podrían moverse.

Un niño sentado en la parte de arriba de un tobogán no está moviéndose pero de todas maneras tiene energía. Tiene energía potencial. La **energía potencial** es la energía de posición. Cuando el niño se mueve, la energía potencial se transforma en energía cinética.

Al girar la manivela se ajusta un resorte dentro de la caja.

Cuanto más ajustado está el resorte, más energía potencial tiene.

El gato de juguete tiene energía cinética cuando sale repentinamente de la caja.

Una pila tiene energía potencial. Esta energía puede transmitirse. Cuando la pila se usa para hacer que algo se mueva, libera energía cinética.

COMPARAR Y CONTRASTAR ¿Cuál es la diferencia entre energía cinética y energía potencial?

Minilab

Energía en movimiento

Sujeta una pelota de goma a 50 cm del piso. Déjala caer. ¿Cuán alto rebota? Ahora, deja caer la pelota desde 1 m, 1.5 m y 2 m de altura. Registra tus observaciones.

Míralo en detalle

Cómo funciona una pila

Dentro de la pila hay dos polvos. Cada uno se mezcla con un líquido para hacer una pasta. Las pastas se mantienen separadas mediante un tubo de tela.

Las dos pastas tienen energía potencial. Cuando colocas la pila en un circuito, la energía se transforma en corriente eléctrica.

Un extremo de la pila toca una de las pastas. El otro extremo se conecta al tubo de bronce.

- polvo
- tubo de bronce
- tubo de tela

Para hallar otros enlaces y actividades, visita www.hspscience.com

Cambios de la energía

Piensa en un libro sobre un estante. Tiene energía potencial. Ahora imagina que el libro se cae. Mientras cae, está moviéndose, de modo que tiene energía cinética. ¿De dónde provino la energía cinética? La energía potencial de la posición del libro se transformó en energía cinética.

Ahora coloca el libro otra vez sobre el estante. Cuando lo levantas, está moviéndose. Tiene energía cinética. Cuando está apoyado otra vez sobre el estante, tiene energía potencial. La energía cinética se transformó en energía potencial.

COMPARAR Y CONTRASTAR
¿De qué modo se diferencia la energía de un libro apoyado sobre un estante de la energía del libro que está cayendo?

Estos niños tienen energía cinética porque están saltando.

Repaso de la lectura

1. **COMPARAR Y CONTRASTAR** Copia y completa el siguiente organizador gráfico.

   - Algo que está en movimiento tiene esta forma de energía. **A.** _____
   - Ambos son tipos de energía.
   - Algo con esta forma de energía podría moverse pronto. **B.** _____

2. **RESUMIR** Escribe dos oraciones que expliquen de qué trata principalmente esta lección.

3. **SACAR CONCLUSIONES** Una bicicleta estacionada sobre su soporte tiene energía potencial. ¿De qué manera podrías transformar esa energía en energía cinética?

4. **VOCABULARIO** Usa cada uno de los términos de vocabulario de la lección en una oración que muestre de manera correcta su significado.

Preparación para la prueba

5. ¿Qué tipo de energía obtenemos del sol?
   - A. potencial
   - B. eléctrica
   - C. solar
   - D. cinética

Enlaces

Redacción

Redacción informativa
Escribe una **carta personal** contándole a un amigo o familiar lo que aprendiste acerca de las distintas formas de energía.

Educación Física

Uso de la energía
Elabora una rutina de ejercicios físicos de 30 segundos que use energía cinética y potencial. Haz tu rutina para la clase e identifica la forma de energía que tienes durante cada parte de la rutina.

Para hallar otros enlaces y actividades, visita www.hspscience.com

413

Lección 2

¿Cómo puede usarse la energía?

Datos breves

Algo está cocinándose La gente ha usado energía térmica para cocinar los alimentos durante decenas de miles de años. En la sección "Investigación" observarás energía térmica en funcionamiento.

Investigación

Hace calor

Materiales
- cubitos de hielo
- termómetro
- vaso de plástico transparente

Procedimiento

1. Llena el vaso de plástico con cubitos de hielo. Coloca el termómetro en el vaso. Pon el vaso al sol.

2. Después de varios minutos, **registra** la temperatura dentro del vaso.

3. Continúa **registrando** la temperatura dentro del vaso cada media hora durante tres horas.

4. Haz una gráfica de barras para **comunicar** los datos de tu tabla.

Paso 1

Paso 4

Sacar conclusiones

1. ¿Qué **observaste** con respecto a la temperatura y al hielo? ¿Qué causó estos cambios?

2. **Destreza de examinación** Los científicos usan **observaciones** y datos para **inferir** por qué ocurren las cosas. ¿Qué puedes **inferir** que ocurre con un objeto expuesto al sol?

Investiga más

¿Qué piensas que sucede con la temperatura del agua en un congelador? **Formula una hipótesis**. Luego, compruébala.

415

La lectura en las Ciencias

VOCABULARIO
combustión pág. 417
temperatura pág. 418

CONCEPTOS CIENTÍFICOS
▶ cómo la gente usa la energía

DESTREZA DE LECTURA
IDEA PRINCIPAL Y DETALLES
Busca detalles sobre las formas en que la gente usa la energía.

```
        Idea principal
       /      |      \
   detalle  detalle  detalle
```

El uso de la energía

La energía hace que las cosas se muevan o se transformen. Sin ella, no podríamos vivir.

El sol proporciona energía a las plantas para que crezcan. Cuando te alimentas de plantas, obtienes su energía. Después de comer, la energía de los alimentos se desplaza por tu cuerpo. La energía te mantiene sano y te ayuda a crecer.

La energía en tus músculos permite que te muevas. Cuando corres o saltas, la energía se mueve desde los músculos de tu pierna para hacer que tu cuerpo se mueva.

Se necesita mucha energía para hacer que este tren grande y pesado se mueva.

Las máquinas obtienen energía de muchos modos. Un modo de obtener energía es a partir de la combustión. **Combustión** es otra palabra para decir que algo "se quema". Cuando los combustibles se queman, liberan calor.

El motor de un automóvil quema gasolina. La gasolina libera energía que hace que el automóvil se desplace. Algunas cocinas queman gas. El gas libera energía que sirve para cocinar tus alimentos. La madera que se quema en una chimenea también libera energía.

IDEA PRINCIPAL Y DETALLES ¿Qué sucede durante la combustión?

¿De dónde proviene la energía que mueve al tren?

Minilab

La energía de los alimentos

Piensa acerca de todas las actividades que un estudiante como tú podría haber hecho esta mañana, como cepillarse los dientes o preparar la mochila. Los alimentos dan a las personas la energía necesaria para realizar estas actividades. Haz una lista de por lo menos 10 actividades que alguien puede hacer cada mañana. Explica cómo podría sentirse alguien si no contara con la energía de los alimentos.

Medir la energía

Has leído que existen diferentes tipos y usos de la energía. También existen distintas maneras de medirla. El modo en que se mide la energía depende del tipo de energía.

Probablemente hayas visto un termómetro como el que se muestra en esta página. Los termómetros se usan para medir la temperatura. La **temperatura** indica cuán caliente o frío es algo. Sin embargo, no toda la energía se mide con un termómetro. La velocidad del viento, por ejemplo, se mide con un anemómetro.

⭐ **IDEA PRINCIPAL Y DETALLES** ¿Cuáles son algunos de los tipos de energía que pueden medirse?

Las Matemáticas en las Ciencias
Interpretar datos

Temperaturas diferentes
¿Qué requiere más energía térmica, derretir mantequilla o hervir agua?

100°C
212°F
el agua hierve

37°C
98.6°F
cuerpo humano

0°C
32°F
el agua se congela

36°C
95°F
la mantequilla se derrite

Esta máquina mide la energía del viento.

¿Qué tipo de energía crees que mide este instrumento?

Repaso de la lectura

1. **IDEA PRINCIPAL Y DETALLES** Copia y completa el siguiente organizador gráfico.

```
        Sin energía, la gente
          no podría vivir.
          /            \
    Digestión        Combustión
        |                |
   libera energía    libera energía
   de A_____.       de B_____.
                         |
                     libera energía
                     de C_____.
                         |
                     libera energía
                     del gas natural.
```

2. **RESUMIR** Escribe un resumen de esta lección expresando la idea más importante de cada página.

3. **SACAR CONCLUSIONES** Matt le cuenta a su amigo que usa la energía solar, incluso de noche. ¿Cómo puede ser esto?

4. **VOCABULARIO** ¿Cómo puedes definir el término *combustión*?

Preparación para la prueba

5. ¿Qué tipo de energía mide un termómetro?
   A. energía eléctrica
   B. energía térmica
   C. energía lumínica
   D. energía sonora

Enlaces

Redacción

Redacción informativa
Investiga cómo un instrumento para medir la luz mide la energía. Luego, escribe una descripción de lo que has aprendido. Muestra la **descripción** a un miembro de tu familia.

Matemáticas

Hacer una gráfica
La temperatura promedio del cuerpo humano es 37°C. Busca las temperaturas promedio del cuerpo de otros tres animales que elijas. Haz una gráfica de barras para mostrar tus descubrimientos.

Para hallar otros enlaces y actividades, visita
www.hspscience.com

419

Lección 3

¿Por qué es importante la energía?

Datos breves

Encender la noche Los lugares que usan más electricidad son los que se ven con mayor claridad en esta fotografía satelital. La electricidad se genera, en su mayor parte, por la combustión de petróleo, carbón y gas natural. En la sección "Investigación" explorarás otra fuente de energía.

Investigación

Haz un molino de viento de papel

Materiales • papel blanco • regla • tijeras • tachuela • lápiz con borrador

Procedimiento

1. Dibuja un cuadrado de 12.75 cm con líneas punteadas y puntos, como se muestra en la fotografía.

2. Corta el cuadrado con las tijeras.

3. Corta a lo largo de las líneas punteadas hasta 1.25 cm del centro del cuadrado.

4. Toma cada punta que tiene un punto y dóblala hacia el centro del cuadrado para hacer un aspa.

5. **CUIDADO:** ¡Las tachuelas tienen puntas! Une las puntas dobladas en el centro y fíjalas con la tachuela al borrador del lápiz. Asegúrate de que las aspas giren sin dificultad.

6. Acabas de **hacer un modelo** de molino de viento. Coloca tu molino de viento donde haya una brisa fuerte, o sóplalo.

Paso 1

Paso 4

Sacar conclusiones

1. ¿Qué **observaste** cuando ubicaste el molino de viento de papel en la brisa?

2. **Destreza de examinación** Los científicos **usan modelos** que les ayudan a comprender procesos. ¿Cómo funciona un molino de viento? ¿Qué tipo de energía hace girar las aspas de un molino de viento?

Investiga más

Dobla cada punta hacia atrás en vez de hacia adelante. ¿Qué puedes **predecir** que ocurrirá con tu molino de viento cuando haya brisa? Pruébalo.

La lectura en las Ciencias

VOCABULARIO
recurso pág. 423
combustibles fósiles
    pág. 423
recurso no
    renovable pág. 424
recurso
    renovable pág. 424

CONCEPTOS CIENTÍFICOS
▶ cuán importante es la energía
▶ por qué es importante ahorrar energía

DESTREZA DE LECTURA
IDEA PRINCIPAL Y DETALLES
Busca detalles sobre el ahorro de energía.

Idea principal — detalle, detalle, detalle

La importancia de la energía

Todos los seres vivos necesitan energía. Tú, por ejemplo, estás creciendo. Cada día que pasa te vuelves más grande y más alto, y eso requiere energía. Para caminar, correr y jugar también usamos energía. Incluso cuando estás dormido, sigues respirando y tu corazón sigue latiendo. También eso requiere energía.

Las comunidades también necesitan energía. Usamos energía para cocinar. La usamos para iluminar nuestros hogares y para que nuestros automóviles funcionen.

IDEA PRINCIPAL Y DETALLES ¿Cuáles son tres formas en que las comunidades usan la energía?

> Estas personas están consumiendo alimentos que les dan energía.

422

Formas de ahorrar energía

El carbón, el petróleo y el gas natural son todos recursos energéticos. Un **recurso** es algo de la naturaleza que la gente puede usar. Los recursos energéticos se usan para producir energía.

El carbón, el petróleo y el gas natural se llaman **combustibles fósiles**. Provienen de los restos de animales y plantas de hace mucho tiempo. Los combustibles fósiles no pueden reemplazarse. Cuando se acaben, no habrá más. Por eso, es importante ahorrar estos recursos para que duren más. Ahorras recursos cuando reduces la cantidad de energía que usas.

IDEA PRINCIPAL Y DETALLES ¿Por qué es importante ahorrar energía?

▲ Este niño está reemplazando una bombilla vieja por una nueva. El nuevo tipo de bombilla emite la misma cantidad de luz que la vieja, pero usa menos energía.

Minilab

Ahorrar combustibles fósiles

Con un compañero, diseña y haz una tabla sobre combustibles fósiles. Haz una lista de tantos combustibles fósiles como puedas. Luego, incluye todas las formas que se te ocurran para que la gente use menos de cada combustible fósil. Muestra la tabla a tus compañeros de clase.

Otros recursos energéticos

Los combustibles fósiles tardaron millones de años en formarse. Se dice que son **recursos no renovables**, porque ya no pueden formarse. *No renovables* significa "que no pueden reemplazarse".

Algunos recursos son **recursos renovables**, o recursos que pueden reemplazarse. En la sección "Investigación" observaste que el viento puede mover cosas. El viento puede hacer girar molinos de viento para producir electricidad. La energía solar, o energía del sol, también puede usarse para producir electricidad.

IDEA PRINCIPAL Y DETALLES ¿Cuáles son tres recursos no renovables?

Esta agua se entibia mediante energía geotérmica, o calor que proviene de las profundidades de la Tierra. Ese mismo calor proporciona energía a la ciudad.

Repaso de la lectura

1. **IDEA PRINCIPAL Y DETALLES** Copia y completa el siguiente organizador gráfico.

```
                    Recursos
                       |
                   Recursos
                  energéticos
                  /          \
              A_____         C_____
              /    \         /  |  \
          B____  energía  D__  E__  petróleo
                 del viento
```

2. **RESUMIR** Usa el organizador gráfico que completaste para escribir un resumen de la lección.

3. **SACAR CONCLUSIONES** Cuando el agua de las cataratas del Niágara cae, hace funcionar máquinas que producen energía. ¿El agua en movimiento es un recurso energético renovable o no renovable? Explica tu respuesta.

4. **VOCABULARIO** Usa cada palabra de vocabulario de la lección en una oración que muestre de manera correcta su significado.

Preparación para la prueba

5. ¿Cuál de los siguientes es un recurso energético no renovable?
   A. electricidad
   B. carbón
   C. agua
   D. viento

Enlaces

Redacción

Redacción persuasiva
Algunas personas piensan que deberíamos depender más de los recursos energéticos renovables. Escribe una **carta** al periódico local manifestando tu opinión.

Literatura

Ahorrar recursos
Lee un libro sobre modos de ahorrar recursos. Escribe un resumen del libro para compartir con un niño de primer grado.

Para hallar otros enlaces y actividades, visita
www.hspscience.com

SCIENCE Spin from WEEKLY READER

Tecnología

Con pilas incluidas

Las puertas de la sala de guardia de un hospital de una gran ciudad se abren de golpe. "¡Ataque cardíaco!", grita el médico. Pronto el paciente está en el quirófano. Los médicos deciden que no se puede esperar el corazón de un donante para hacer un transplante cardíaco. En lugar de eso, insertan un corazón artificial para salvar la vida del paciente.

Aunque todavía no ha ocurrido, este tipo de escena podría tener lugar si los creadores de *AbioCor* tienen éxito. *AbioCor* es un corazón artificial de unas dos libras de peso, que funciona a pilas.

Un salvavidas

Los científicos pasaron 30 años diseñando *AbioCor*. El corazón sustituto es distinto de otros tipos de dispositivos anteriores. Este dispositivo se adapta completamente dentro del cuerpo del paciente. No se necesitan cables que se conecten a través de la piel con una fuente de energía externa. De este modo, el paciente puede caminar libremente sin estar atado a ninguna máquina.

Aunque el corazón todavía no fue aprobado por el gobierno, se está probando en algunos pacientes. El primer paciente recibió un *AbioCor* hace alrededor de cuatro años. Los científicos esperan que el gobierno apruebe pronto el corazón para que pueda usarse en seres humanos.

PIENSA

1. ¿En qué otros dispositivos para salvar vidas podrían usarse pilas?
2. ¿Por qué los pacientes querrían un corazón sustituto que funciona a pilas en lugar de conectarse a una fuente de energía?

Cómo funciona

AbioCor obtiene la energía de dos pilas de litio. Una de las pilas se encuentra dentro del paciente y la otra, afuera. Cada pila tiene una serie de bobinas. La pila externa recarga constantemente la pila interna, enviando electricidad desde su bobina, a través de la piel, a la bobina de la pila interna.

¡Investiga más! Visita www.hspscience.com

SCIENCE Spin from WEEKLY READER

Personas

Una idea muy a mano

Ryan Patterson inventó un guante especial para ayudar a las personas sordas. Muchas personas sordas usan el lenguaje de señas para comunicarse. El guante puede transformar los movimientos del lenguaje de señas en letras escritas del alfabeto. Las letras del alfabeto aparecen en una pantalla.

Cada dedo del guante tiene un chip de computadora. Hay cables muy pequeños que van desde los dedos hasta una pequeña pantalla. Los chips transforman los movimientos de los dedos en letras del alfabeto. Las letras se muestran en la pantalla. Este joven inventor ha ganado muchos certámenes científicos nacionales.

¡Investiga más! Visita **www.hspscience.com**

Proyectos de Ciencias
para la casa o la escuela

¡Sí puedes!

Proyecto fácil y rápido

La moneda que salta

Materiales
- botella de vidrio
- moneda de 25¢
- tazón pequeño con agua

Procedimiento

1. Coloca la botella en el congelador durante 10–15 minutos. Luego, sumerge la boca de la botella en el agua.
2. Humedece la moneda de 25¢ sumergiéndola en el agua. Coloca la moneda sobre la boca de la botella.
3. Coloca tus manos alrededor de la botella y mantenlas quietas. Registra tus observaciones.

Sacar conclusiones
¿Por qué piensas que sucedió esto con la moneda de 25¢?

Planea tu propia investigación

Aprende sobre la energía solar

¿Qué es la energía solar? ¿Cómo puedes medirla? ¿Puedes construir un dispositivo que use energía solar para obtener electricidad? Planea una o más investigaciones que te ayudarán a saber más acerca de la energía solar. Luego, reúne los materiales que necesites y haz tus investigaciones.

Capítulo 12

Repaso y preparación para la prueba

Repaso del vocabulario

Usa los términos de abajo para completar las oraciones. Los números de las páginas te indican qué parte del capítulo debes mirar si necesitas ayuda.

energía pág. 408
energía cinética pág. 410
energía potencial pág. 410
combustión pág. 417
recurso pág. 423
combustibles fósiles pág. 423
recurso no renovable pág. 424
recurso renovable pág. 424

1. El petróleo, el carbón y el gas natural son _____.

2. Se dice que un recurso que puede reemplazarse es un _____.

3. La energía de posición es _____.

4. La gasolina libera energía durante la _____.

5. Algo de la naturaleza que las personas pueden usar es un _____.

6. La capacidad de hacer que algo se mueva o se transforme es _____.

7. Se dice que un recurso que no puede reemplazarse es un _____.

8. La energía del movimiento es _____.

Comprueba lo que aprendiste

Escribe la letra de la respuesta correcta.

9. ¿De dónde proviene la energía que necesitas para crecer?
   A. de la energía potencial
   B. del alimento
   C. de los combustibles fósiles
   D. de la energía del viento

10. ¿Qué tipo de energía tiene un libro apoyado sobre un estante?
    F. energía potencial
    G. energía lumínica
    H. energía de la velocidad
    J. energía cinética

11. ¿Qué CD tiene energía cinética?
    A. CD 1   C. CD 3
    B. CD 2   D. CD 4

430

12. IDEA PRINCIPAL Y DETALLES
¿Qué instrumento mide el calor o el frío de una cosa?
- F. un anemómetro
- G. un instrumento para medir la luz
- H. un instrumento para medir el sonido
- J. un termómetro

13. ¿Qué tipo de energía necesita la gente para ver?
- A. energía sonora
- B. energía lumínica
- C. energía cinética
- D. energía eléctrica

14. COMPARAR Y CONTRASTAR ¿Qué recurso no puede reemplazarse?
- F. aire
- G. petróleo
- H. agua
- J. viento

15. ¿Qué recurso se reemplaza constantemente?
- A. carbón
- B. combustibles fósiles
- C. gas natural
- D. agua

16. ¿Qué tarda millones de años en formarse?
- F. una planta
- G. un combustible fósil
- H. un requerimiento de energía
- J. una fuente termal

Destrezas de examinación

17. Imagina que es una mañana soleada de julio en tu ciudad. ¿Qué hipótesis puedes formular sobre lo que sucederá con la temperatura? ¿Cómo podrías poner a prueba tu hipótesis?

18. Imagina que tienes dos cubitos de hielo. Colocas uno de los cubitos al sol y el otro a la sombra. Infiere qué sucederá con cada uno de los cubitos.

Razonamiento crítico

19. ¿Qué cambios puede ocasionar la energía solar a una persona que está tendida al sol?

20. Haz una lista de cinco maneras en que usas la energía en tu hogar.

Capítulo

13 La electricidad y los imanes

Lección 1 ¿Qué es la electricidad?

Lección 2 ¿Qué son los imanes?

Lección 3 ¿Cómo se relacionan la electricidad y los imanes?

Vocabulario
electricidad estática
electricidad corriente
circuito
magnético
generador

¿Qué te preguntas?

La electricidad se usa para iluminar este parque de diversiones. ¿Qué otros usos puede darse a la electricidad en un parque de diversiones?

Lección 1

¿Qué es la electricidad?

Datos breves

Una experiencia que pone los pelos de punta Este generador Van de Graaf genera una carga de electricidad estática. Cuando la niña lo toca, recibe también esa carga. En la sección "Investigación" verás la electricidad estática en funcionamiento.

Investigación

Buscar electricidad estática

Materiales   • papel de seda   • peine   • pedazo de lana (suéter o manta)

Procedimiento

1. Rompe en pequeños trozos, del tamaño de la yema de tus dedos, una hoja de papel de seda. Haz una pila con los trozos de papel.

2. Acerca el peine a la pila de papel. ¿Qué ocurre? **Registra** lo que **observas**.

3. Pasa el peine por tu pelo varias veces. Repite el Paso 2.

4. Frota el peine con tu mano. Repite el Paso 2.

5. Frota el peine con un pedazo de lana. Repite el Paso 2.

Sacar conclusiones

1. ¿Cómo cambió el efecto que produce el peine después de que lo pasaste por tu pelo? ¿Qué ocurrió cuando frotaste el peine con la lana?

2. **Destreza de examinación** Cuando **formulas una hipótesis**, usas observaciones o datos para explicar por qué ocurre algo. Formula una hipótesis para explicar qué ocurrió en esta investigación.

Paso 3

Paso 3

Investiga más

¿Obtienes el mismo resultado si frotas el peine con otros materiales, como seda o plástico para envolver? **Planea y haz un experimento** para comprobarlo.

La lectura en las Ciencias

VOCABULARIO
electricidad estática
  pág. 436
electricidad corriente
  pág. 437
circuito pág. 437

CONCEPTOS CIENTÍFICOS
▶ qué es la electricidad
▶ cómo se mueve la electricidad

DESTREZA DE LECTURA
IDEA PRINCIPAL Y DETALLES
Busca distintos tipos de electricidad.

Idea principal
detalle detalle detalle

Electricidad estática

En un día frío, puedes ver que el cabello de algunas personas se eriza. Esto se debe a la electricidad estática. La **electricidad estática** es una carga eléctrica que se genera en un objeto.

El rayo es un ejemplo de electricidad estática. La carga estática se genera en una nube y la electricidad corriente se desplaza a la tierra en forma de relámpago. Incluso puedes escuchar el chisporroteo.

Las Matemáticas en las Ciencias
Interpretar datos

¿Qué estado sufre la mayor cantidad de muertes por rayos? ¿Y la menor?

Muertes por rayos en un año

Estado	Número de muertes
NC	5
MI	1
OH	1
FL	10
OK	2
TX	4

Un relámpago tiene suficiente electricidad para mantener encendida una bombilla de 100 vatios durante tres meses.

436

En la batidora, la electricidad corriente pone en funcionamiento un motor que hace girar los batidores.

¿Qué sucede cuando enchufas una lámpara en un tomacorriente de pared? La electricidad fluye desde los cables del tomacorriente a través del enchufe hacia los filamentos de la bombilla. La electricidad que se mueve a través de un cable se llama **electricidad corriente**.

La bombilla de una lámpara se enciende solo cuando hay un circuito cerrado. Un **circuito** es el camino que recorre la electricidad. La electricidad se mueve desde el tomacorriente de pared, pasa por la bombilla y regresa a la pared.

Las personas usan la electricidad corriente para iluminar, calentar y enfriar los hogares, para poner en funcionamiento motores y cocinar alimentos. ¿Qué otros objetos conoces que funcionan a electricidad?

Minilab

Enciéndelo
Coloca una bombilla pequeña en un portalámparas. Conecta dos cables al portalámparas. Une los extremos sueltos de los cables a cada uno de los bornes de una batería. ¿Qué sucede?

⭐ **IDEA PRINCIPAL Y DETALLES** ¿Qué es la electricidad corriente?

437

Cómo se mueve la electricidad

La electricidad se mueve a través de algunos materiales, pero no a través de otros. El material a través del cual la electricidad circula libremente se llama *conductor*. El alambre de cobre es un buen conductor.

El material a través del cual la electricidad no puede moverse fácilmente se llama *aislante*. La madera y el plástico son ejemplos de materiales aislantes. Como la electricidad puede ser peligrosa, las personas deben usar materiales aislantes para protegerse de accidentes.

IDEA PRINCIPAL Y DETALLES ¿Qué es un conductor? ¿Qué es un aislante?

¿Cómo se protege esta trabajadora? Busca conductores y aislantes en la ilustración.

Repaso de la lectura

1. **IDEA PRINCIPAL Y DETALLES** Copia y completa el siguiente organizador gráfico para identificar dos tipos de electricidad.

```
              Electricidad
             /            \
        A _____        Electricidad
                        corriente
                       /          \
              Se mueve a través   No se mueve a
              de B _____          través de aislantes
```

2. **RESUMIR** Usa el organizador gráfico para escribir un resumen de la lección.

3. **SACAR CONCLUSIONES** ¿Por qué a menudo los cables tienen una envoltura plástica?

4. **VOCABULARIO** Escribe una oración para describir qué es la *electricidad corriente*.

Preparación para la prueba

5. ¿Qué hace funcionar un horno?
   A. un imán
   B. la electricidad corriente
   C. un circuito abierto
   D. la electricidad estática

Enlaces

Redacción

Redacción informativa
Si se la usa incorrectamente, la electricidad puede ser peligrosa. Investiga diferentes maneras para protegerse de la electricidad. Usa tus conclusiones para escribir un folleto de **instrucciones**.

Matemáticas

Resolver problemas
Imagina que la computadora de Sam está sobre un escritorio ubicado exactamente entre dos tomacorrientes de pared. Los tomacorrientes están a tres metros uno de otro. ¿Cuál es la menor cantidad de cable que Sam necesita para enchufar su computadora en uno de los tomacorrientes?

Para hallar otros enlaces y actividades, visita
www.hspscience.com

439

Lección 2

¿Qué son los imanes?

Datos breves

¿Cuán potente es? Algunos imanes solo pueden sostener pequeños objetos como este pececito. Otros son suficientemente potentes para levantar vigas de acero en la construcción de edificios. En la sección "Investigación" observarás y compararás la potencia de dos imanes con formas diferentes.

Investigación

¿Qué imán es más potente?

Materiales • imán de barra   • 10 a 20 clips metálicos   • imán herradura

Procedimiento

1. Sujeta el imán de barra cerca de un clip. **Registra** qué ocurre.

2. Sujeta el imán herradura cerca de un clip. **Registra** qué ocurre.

3. Acerca un imán de barra a los clips para que recoja tantos clips como pueda. Cuéntalos. **Registra los datos**.

4. Repite el Paso 3 con el imán herradura. Cuenta los clips. **Registra los datos**.

Sacar conclusiones

1. ¿Qué imán es más potente? ¿Cómo lo sabes?

2. **Destreza de examinación** Los científicos pueden **comunicar** datos por medio de gráficas. Haz una gráfica de barras para mostrar cuántos clips sostuvo cada imán.

Paso 2

Datos de imanes	
Tipo de imán	Cantidad de clips
Barra	
Herradura	

Investiga más

Si sujetas dos imanes juntos, ¿pueden levantar tantos clips como pueden hacerlo por separado? **Planea una investigación** para descubrirlo.

441

La lectura en las Ciencias

VOCABULARIO
magnético pág. 442

CONCEPTOS CIENTÍFICOS
▶ qué hacen los imanes

DESTREZA DE LECTURA
COMPARAR Y CONTRASTAR
Descubre cómo funcionan los imanes con formas diferentes.

semejanzas — diferencias

Imanes

En la sección "Investigación" usaste imanes para recoger clips. Los imanes están hechos de metal magnético. Los elementos **magnéticos** atraen objetos que tienen hierro en su composición. Los clips están hechos de acero, y el acero tiene hierro. Es por eso que los imanes atraen y sujetan los clips metálicos. Un imán no recogerá clips de plástico porque no contienen hierro.

▲ Esta roca se llama magnetita. Es naturalmente magnética.

▲ ¿Cómo se usan los imanes aquí?

442

Míralo en detalle

Los imanes solo se atraerán cuando sus polos norte y sur se enfrenten. ¿Qué imanes se atraen? ¿Qué imanes se repelen?

Para hallar otros enlaces y actividades, visita
www.hspscience.com

Todos los imanes tienen dos extremos llamados polos, un polo norte y un polo sur. Para ver cómo funciona un imán, usa dos imanes de barra. Sujeta los dos polos norte juntos. ¿Puedes juntarlos? Probablemente no. Los polos iguales se repelen. *Repeler* significa "separar". ¿Qué crees que ocurrirá si juntas los dos polos sur?

Ahora sujeta los polos opuestos, un polo norte y un polo sur. Ambos imanes se acercan, o *atraen*. Los polos opuestos de un imán se atraen.

COMPARAR Y CONTRASTAR ¿En qué se asemejan todos los imanes?

Minilab

¿Son los imanes herradura similares a los imanes de barra?
Trata de juntar dos imanes herradura. ¿Qué sucede? Invierte la posición de uno de ellos e intenta nuevamente. ¿Qué sucede ahora? Explica lo que observas.

443

Algunos usos de los imanes

Los imanes tienen muchos usos. Pueden mantener cerradas las puertas de un armario o sujetar papeles en la puerta de una nevera. Es posible que algunos de tus juegos favoritos usen imanes.

Los imanes también pueden usarse para producir electricidad y clasificar metales para reciclarlos. Los motores, las computadoras y las brújulas también usan imanes.

COMPARAR Y CONTRASTAR
¿Cuáles son algunos de los diferentes usos de los imanes?

Comenta cómo se usan los imanes en estas ilustraciones.

Repaso de la lectura

1. **COMPARAR Y CONTRASTAR** Copia y completa el siguiente organizador gráfico para comparar imanes.

   En qué se asemejan los imanes
   - A _____
   - B _____

   En qué se diferencian los imanes
   - C _____
   - D _____

2. **RESUMIR** Usa la información del organizador gráfico que completaste para escribir un resumen de la lección.

3. **SACAR CONCLUSIONES** Juan usa un imán de barra para recoger objetos en su cuarto. Explica por qué el imán que usa no recogerá su pelota de goma.

4. **VOCABULARIO** Escribe una oración para explicar el significado de *magnético*.

Preparación para la prueba

5. ¿De qué material debe ser un objeto para que pueda ser atraído por un imán?
   - A. hierro
   - B. plástico
   - C. goma
   - D. madera

Enlaces

Redacción

Redacción informativa
Algunos objetos son naturalmente magnéticos. Investiga acerca de la magnetita. Escribe una **descripción** de dos párrafos sobre tus descubrimientos.

Arte

Usos de los imanes
Haz una lista de por lo menos cinco maneras en que se usan los imanes en tu hogar o en tu salón de clases. Haz una ilustración para cada uno de los usos.

Para hallar otros enlaces y actividades, visita
www.hspscience.com

Lección 3

¿Cómo se relacionan la electricidad y los imanes?

Datos breves

Reciclaje Los americanos reciclan más de 13 millones de toneladas de chatarra cada año. Para clasificar la chatarra se usan electroimanes. En la sección "Investigación" aprenderás sobre la utilidad de los electroimanes.

Investigación

Clasificación simple

Materiales
- tazón
- cronómetro
- cuentas de plástico
- imán
- clips metálicos

Procedimiento

1. Coloca un puñado de clips en el tazón. Agrega un puñado de cuentas y mézclalas con los clips.

2. Saca con tu mano todos los clips del tazón, asegurándote de no recoger ninguna de las cuentas. Usa el cronómetro para **medir** y **registrar** cuánto tiempo tardas en hacerlo.

3. Vuelve a poner los clips en el tazón. Mézclalos nuevamente con las cuentas.

4. Ahora usa un imán para sacar los clips. Usa el cronómetro para **medir** y **registrar** cuánto tiempo tardas en hacerlo.

Paso 2

Paso 4

Sacar conclusiones

1. ¿Cómo se **comparan** los dos tiempos? ¿Cuál es la manera más rápida de separar los clips metálicos de las cuentas plásticas?

2. **Destreza de examinación** Los científicos usan lo que saben para **inferir**, o concluir. Observa la ilustración de la página de la izquierda. ¿Qué cosas puedes **inferir** sobre el uso de un electroimán?

Investiga más

Mezcla varios objetos pequeños de metal. **Predice** qué objetos puedes separar usando un imán. Comprueba tu predicción.

La lectura en las Ciencias

VOCABULARIO
generador pág. 450

CONCEPTOS CIENTÍFICOS
▶ cómo funciona un electroimán

DESTREZA DE LECTURA

IDEA PRINCIPAL Y DETALLES
Busca detalles sobre los electroimanes.

```
         Idea principal
        /      |       \
   detalle   detalle   detalle
```

Electroimanes

En un depósito de chatarra hay muchos automóviles reciclados. Estos automóviles no funcionan más, por eso nadie puede conducirlos o moverlos. Sin embargo, un imán muy potente unido a una grúa puede mover el carro. Juntos, la grúa y el imán pueden levantar un carro y colocarlo en otro lugar. Sin embargo, hay un problema: después de que el imán ha levantado al carro, ¿cómo hace para dejarlo en otro lugar? Una persona no puede separar el carro del imán. La fuerza del imán es demasiado grande.

¿Cómo sabe el niño que el tornillo no es magnético?

¿No sería útil un imán cuyo magnetismo pudiera activarse y desactivarse? En realidad, este imán existe: se llama electroimán. Este objeto metálico está hecho de hierro o acero, y su magnetismo puede ser activado o desactivado.

Es fácil hacer un electroimán. Un simple tornillo no es un imán. Sin embargo, el tornillo puede convertirse en un electroimán. Primero, enrosca un cable alrededor del tornillo. Luego, haz pasar electricidad corriente a través del cable. El tornillo se transforma en un imán que puedes activar o desactivar. Cuando el circuito eléctrico se interrumpe, el tornillo deja de ser un imán.

IDEA PRINCIPAL Y DETALLES ¿Cómo funciona un electroimán?

¿Cuál es la fuente de electricidad corriente que usa este electroimán?

Generadores

Un electroimán usa electricidad corriente para convertirse en un imán. Un generador hace lo contrario. Un **generador** usa un imán para producir electricidad.

¿Recuerdas el cable que fue tan importante en el electroimán? También es importante en un generador. Si acercas una bobina, o espiral de cable, a un imán, la electricidad corriente circulará a través del cable. Esta es una forma de generar electricidad.

⭐ **IDEA PRINCIPAL Y DETALLES** ¿De qué manera un imán genera electricidad corriente?

Minilab

Prepárate para una emergencia

Detalla un plan de emergencia que podría usar tu escuela si se cortara la electricidad. Escríbelo. ¿Tiene tu escuela un generador?

Encuentra el generador en esta ilustración. ¿Qué hace?

Repaso de la lectura

1. **IDEA PRINCIPAL Y DETALLES** Copia y completa el siguiente organizador gráfico.

```
            Electroimán
           /          \
      Qué es         Cómo funciona
   A _____     B _____
     _____       _____
     _____       _____
```

2. **RESUMIR** Usa el organizador gráfico para escribir un resumen de la lección.

3. **SACAR CONCLUSIONES** ¿Por qué es importante que los hospitales tengan un generador de emergencia?

4. **VOCABULARIO** Escribe una oración para explicar cómo funciona un generador.

Preparación para la prueba

5. **Razonamiento crítico** ¿Qué tiene que hacer un imán para generar electricidad corriente?

Enlaces

Redacción

Redacción persuasiva
Escribe un **correo electrónico** al dueño de un comercio. Explícale los motivos por los cuales el comercio debería tener un generador.

Estudios Sociales

Inventar un generador
Investiga sobre los aportes de Nikola Tesla en la invención del generador. Muestra tus descubrimientos en un informe breve. Asegúrate de ilustrar tu informe.

Para hallar otros enlaces y actividades, visita
www.hspscience.com

SCIENCE Spin from WEEKLY READER
Tecnología

¿Una nueva fuente de energía?

452

PELIGRO

Generador X

La mayoría de los generadores funcionan quemando combustibles como petróleo o carbón. Cuando se queman esos combustibles, se desprenden gases que contaminan el aire.

Pasto *switchgrass*

En Estados Unidos se consume mucha electricidad. Los televisores, las computadoras, las tostadoras y la iluminación consumen electricidad. Las compañías de energía eléctrica tienen que producir toda esa electricidad. Pero la producción de electricidad puede contaminar el aire.

Una compañía de energía eléctrica de Georgia tiene a prueba una forma de producir energía sin causar tanta contaminación.

Generar energía

Las compañías de energía eléctrica generan electricidad en las centrales eléctricas. Las centrales poseen inmensas máquinas llamadas generadores. Estas máquinas generan electricidad que luego es conducida a tu casa a través de cables.

En Georgia, la compañía analiza una mezcla de pasto y carbón que puede servir como combustible. El pasto, llamado *switchgrass*, es una clase de pasto de pradera que crece en el sur del país.

Para producir el combustible, la compañía mezcla *switchgrass* y carbón. Luego, esta mezcla es compactada en cubos. Al quemarse, los cubos producen la misma cantidad de energía que produciría un cubo de carbón. Sin embargo, los cubos de pasto contaminan menos el aire.

PIENSA

1. ¿Cómo se genera la electricidad?
2. ¿Cómo puedes reducir la cantidad de electricidad que usas?

Spin-In ¡Investiga más! Visita www.hspscience.com

Mente matemática

Edith Clarke creció en Maryland a fines del siglo XIX. Estudió y disfrutó de las matemáticas toda su vida.

Uno de sus primeros trabajos fue como "computadora". Aunque esto pueda sonar extraño, es en realidad lo que Clarke hacía: resolver problemas matemáticos, o hacer *cómputos*, para otras personas. Esto fue mucho antes de que se inventaran las computadoras modernas.

Fue la primera mujer que estudió ingeniería eléctrica en una de las más prestigiosas escuelas de la nación. Después de granduarse, trabajó como profesora en la Universidad de Texas.

Clarke fue la primera persona en inventar un calculador gráfico. Este calculador ayudó a los ingenieros a resolver problemas de diseño eléctrico.

Profesión | Ingeniero eléctrico

¿Nunca te preguntaste cómo funcionan tus juegos electrónicos? Pregúntale a un ingeniero eléctrico. Los ingenieros eléctricos ayudan a diseñar, construir y probar equipos electrónicos. Existen muchas clases de ingenieros. Por ejemplo, un ingeniero en computación ayudó a diseñar la computadora que usas en la escuela.

¡Investiga más! Visita www.hspscience.com

Proyectos de Ciencias
para la casa o la escuela

¡Sí puedes!

Proyecto fácil y rápido

Hacer un juego de pesca magnético

Materiales
- hilo
- regla
- imán
- papel
- clips metálicos

Procedimiento

1. Haz una "caña de pescar" atando un hilo en el extremo de una regla. Ata un imán al extremo del hilo.
2. Corta papeles con forma de peces. Pega clips metálicos en algunos de ellos.
3. Prueba el juego de pesca. ¿Cuáles son los peces que no puedes atrapar?

Sacar conclusiones

¿Cómo puedes hacer para que el juego de pesca funcione mejor? Predice cuáles podrían ser algunas maneras de mejorar el diseño. Comprueba tus predicciones.

Planea tu propia investigación

Electricidad estática

Genera electricidad estática frotando una tela de lana sobre un peine de goma dura durante un minuto. Apaga las luces de la habitación. Toca con el peine una bombilla que no se haya usado durante la última hora y que no esté conectada. ¿Qué sucede? Repite el procedimiento, tocando con el peine diferentes partes de la bombilla. ¿Cambiaron tus resultados?

Capítulo 13 Repaso y preparación para la prueba

Repaso del vocabulario
Usa los términos de abajo para completar las oraciones. Los números de página te indican qué parte del capítulo debes mirar si necesitas ayuda.

electricidad estática pág. 436
electricidad corriente pág. 437
circuito pág. 437
magnético pág. 442
generador pág. 450

1. Para hacer funcionar una máquina, la electricidad debe pasar a través de un _____ cerrado.

2. Una máquina que usa un imán para producir una corriente de electricidad se llama _____.

3. La corriente que se mueve por un cable se llama _____.

4. Un objeto que atrae el hierro es un _____.

5. La carga que se genera en un objeto se llama _____.

Comprueba lo que aprendiste
Escribe la letra de la respuesta correcta.

6. ¿Qué término describe mejor el cobre?
   A. circuito
   B. conductor
   C. aislante
   D. imán

7. **IDEA PRINCIPAL Y DETALLES** ¿Un rayo es un ejemplo de qué?
   F. un imán
   G. un electroimán
   H. electricidad estática
   J. un circuito

8. **COMPARAR Y CONTRASTAR** ¿Qué puede hacer un electroimán que no hacen otros imanes?
   A. conectarse y desconectarse
   B. trabajar como una bobina
   C. recoger objetos de metal
   D. generar electricidad

Usa la ilustración para responder las preguntas 9–10.

9. ¿Cómo se llaman los extremos de los imanes?
   F. circuitos
   G. conductores
   H. aislantes
   J. polos

10. ¿Qué ocurre con los imanes cuando se los sostiene de este modo?
    A. Se atraen.
    B. Generan electricidad estática.
    C. Forman un electroimán.
    D. Se repelen.

11. El Imán A levanta seis clips. El Imán B, ocho clips. ¿Qué conclusión sacas?

   F. El circuito en el Imán A se cortó.
   G. El Imán B es un electroimán.
   H. El Imán A es menos potente que el Imán B.
   J. Ambos imanes son poco potentes.

12. ¿Qué se produce cuando acercas una bobina a un imán?

   A. un tomacorriente
   B. electricidad
   C. un electroimán
   D. electricidad estática

13. Miguel enchufa su lámpara de escritorio en un tomacorriente. ¿Qué tipo de electricidad usa la lámpara?

   F. corriente   **H.** magnética
   G. rayo   **J.** estática

14. ¿Qué produce un generador?

   A. un imán
   B. un electroimán
   C. un circuito
   D. corriente eléctrica

15. Un imán atrae un objeto. ¿Qué debe contener el objeto?

   F. hierro   **H.** goma
   G. plástico   **J.** madera

16. ¿De qué es un ejemplo el plástico?

   A. conductor
   B. generador
   C. aislante
   D. imán

Destrezas de examinación

17. Diana quiere separar clips de metal de alfileres de metal. Usa un imán. Predice que sucederá y explica tu respuesta.

18. A pesar de sus intentos, Broke no puede juntar dos imanes herradura. Infiere qué podría hacer para que los imanes se atraigan.

Razonamiento crítico

19. Carson construyó un electroimán. Usó una batería, un clavo y un poco de cable. Su electroimán no funcionó. Explica por qué falló el electroimán de Carson.

20. Miguel sostuvo un imán a 2 cm sobre algunos alfileres de metal. Su imán levantó 8 alfileres. ¿Qué sucederá si Miguel sostiene el imán a 4 cm sobre los alfileres? ¿Por qué?

Capítulo

14 El calor, la luz y el sonido

Lección 1 ¿Qué es el calor?

Lección 2 ¿Qué es la luz?

Lección 3 ¿Cómo se relacionan la luz y el color?

Lección 4 ¿Qué es el sonido?

Vocabulario

temperatura
energía térmica
calor
conducción
conductor
aislante
reflexión
refracción
sombra
absorbida
opaco
transparente
traslúcido
vibraciones
intensidad sonora
tono

¿Qué te preguntas?

El calor, la luz y el sonido son clases de energía. ¿Qué ejemplos de energía puedes encontrar en la foto?

Lección 1

¿Qué es el calor?

Datos breves

Arriba y abajo Cada lámpara tiene una bombilla en su base. La energía de la bombilla calienta la burbuja viscosa, que entonces sube. Al enfriarse en la parte superior de la lámpara, la burbuja desciende. Esta es una de las formas de movimiento de la energía térmica. En la sección "Investigación" observarás otra forma.

Investigación

¿Se calienta?

Materials
- taza de plástico con asa
- taza de cerámica con asa
- taza de metal con asa
- cuchara de plástico
- cuchara de madera
- cuchara de metal
- gafas protectoras
- agua caliente
- 3 vasos de poliestireno

Procedimiento

1. **CUIDADO:** Usa gafas protectoras.

2. Toca las tres cucharas. **Registra** tus **observaciones**.

3. **CUIDADO: Ten cuidado con el agua caliente.** Llena los tres vasos de poliestireno con agua caliente. Coloca una cuchara en cada vaso. Espera 1 minuto.

4. Toca suavemente cada cuchara. **Registra** tus **observaciones**.

5. Toca las tres tazas. **Registra** tus **observaciones**.

6. Llena todas las tazas con agua caliente. Toca con cuidado cada una de las asas cada 30 segundos durante 2 minutos. **Registra** lo que **observas**.

Sacar conclusiones

1. **Compara** tus **observaciones** de las cucharas y las tazas antes y después de haber colocado el agua.

2. **Destreza de examinación** **Saca una conclusión** acerca de la forma en que la energía térmica se mueve a través de diferentes sustancias. Escribe tu conclusión y **compárala** con la de un compañero.

Paso 2

Paso 6

Investiga más

Repite el experimento usando agua helada en lugar de agua caliente. Antes de agregar el agua, **predice** que ocurrirá en cada caso.

La lectura en las Ciencias

VOCABULARIO
temperatura pág. 462
energía térmica pág. 462
calor pág. 462
conducción pág. 463
conductor pág. 463
aislante pág. 464

CONCEPTOS CIENTÍFICOS
▶ cómo se transmite la energía térmica

DESTREZA DE LECTURA
IDEA PRINCIPAL Y DETALLES
Busca detalles sobre la transmisión de energía térmica.

```
        Idea principal
       /      |      \
   detalle  detalle  detalle
```

Producir calor

Imagina que estás junto a una fogata. Si te sientas demasiado cerca, la temperatura de tu piel aumentará. La **temperatura** es la medida que indica cuán caliente o frío es algo. Sientes que te calientas cuando estás cerca del fuego porque la madera que se quema emite calor. La **energía térmica** es una forma de energía que se transmite entre objetos debido a las diferencias de temperatura. Se llama **calor** a esa transmisión de energía térmica. Si te calientas demasiado por el calor del fuego, puedes alejarte o verter agua sobre el fuego para detener el calor.

El calor también puede producirse de otras formas. Tus manos se calientan cuando las frotas. Si usas un bolso térmico, ciertas sustancias químicas se mezclan en su interior y emiten calor.

IDEA PRINCIPAL Y DETALLES ¿Qué es el calor?

Las Matemáticas en las Ciencias
Interpretar datos

Cuando estás al aire libre, puedes medir la temperatura sin usar un termómetro. Cuenta cuántos chirridos de grillo escuchas en un minuto y usa esta tabla. ¿Cuál sería la temperatura si contaras 140 chirridos?

Número de chirridos por minuto	Temperatura en grados Celsius
10	4°
40	8°
80	14°
120	19°
160	25°
200	31°

Conductores

Para cocinar un huevo, lo colocas en una sartén y luego pones la sartén sobre la hornilla. El calor del fuego calienta la sartén. Rápidamente el calor se transmite al huevo a través de la sartén. Esta transmisión de energía térmica entre objetos que están en contacto se llama **conducción**.

Las sartenes están hechas de metales como el hierro o el aluminio. El calor se transmite fácilmente a través de la mayoría de los metales. Un objeto que transmite fácilmente el calor se llama **conductor**.

IDEA PRINCIPAL Y DETALLES Nombra dos conductores.

¿Cuáles de estos objetos son buenos conductores?

El calor se transmite de los objetos calientes, como la hornilla, a los objetos más fríos, como los huevos.

463

Aislantes

Para levantar una olla caliente, usas una manopla. Esta impide que el calor se transmita a tu mano. La manopla es un **aislante**, es decir, un objeto que no transmite bien el calor. La madera, la tela y el plástico son buenos aislantes.

El aire también es un aislante. Algunas chaquetas de invierno tienen espacios con aire en su relleno. El aire retiene el calor de tu cuerpo e impide que se escape. Cuando las aves ahuecan sus plumas, se forman espacios de aire en su plumaje. Los espacios de aire ayudan a las aves a mantenerse en calor.

IDEA PRINCIPAL Y DETALLES ¿Cuáles son dos ejemplos de buenos aislantes?

Minilab

Sentir el calor

Pon pequeños trozos de mantequilla sobre una esponja, un pedazo de madera y una tapa de metal. Coloca los tres objetos flotando en un molde poco profundo de agua caliente. ¿Qué ocurre con la mantequilla? ¿Por qué?

El agua se filtra entre el traje de baño y la piel del niño. Esta agua se calienta y actúa como un aislante. ▼

La funda que cubre esta olla es aislante.

Repaso de la lectura

1. **IDEA PRINCIPAL Y DETALLES** Copia y completa el siguiente organizador gráfico.

```
        Idea principal: Algunas cosas transmiten
              el calor mejor que otras.
           /                            \
   Ejemplos de conductores        Ejemplos de aislantes
              |                            |
         A _____                      madera
          hierro                       B _____
```

2. **RESUMIR** Escribe dos oraciones que expresen las ideas más importantes sobre el calor.

3. **SACAR CONCLUSIONES** Tasha tenía un vaso de poliestireno con chocolate caliente. El chocolate se mantenía caliente y el vaso no se calentaba tanto, y de esa manera Tasha podía sujetarlo. Explica por qué.

4. **VOCABULARIO** Usa las palabras de vocabulario de esta lección para hacer un crucigrama.

Preparación para la prueba

5. **Razonamiento crítico** ¿Cuál de estos materiales es un buen conductor?
   A. aire
   B. tela
   C. cobre
   D. madera

Enlaces

Redacción

Redacción descriptiva
Escribe una **descripción** acerca de la sensación de sentarse junto a una fogata. Incluye adjetivos que hagan interesante tu descripción.

Salud

Apagar un fuego
Estudia algunas formas de apagar el fuego. Prepara un folleto que muestre tus descubrimientos. Incluye ilustraciones.

Para hallar otros enlaces y actividades, visita
www.hspscience.com

Lección 2

¿Qué es la luz?

Datos breves

En busca del faro correcto Los marineros a veces usan la luz de un faro para saber dónde están ubicados cuando se acercan a la costa. En la sección "Investigación" descubrirás cómo viaja la luz.

Investigación

¿Dónde está la luz?

Materiales • objeto pequeño   • linterna   • cartulina grande

Procedimiento

1. Coloca un objeto pequeño en el centro de tu escritorio.

2. Coloca una linterna sobre un borde del escritorio. Apunta la linterna en dirección al objeto.

3. Pídele a un compañero que sujete un pedazo de cartulina grande sobre el escritorio. La cartulina debe colocarse entre la linterna y el objeto.

4. Enciende la linterna. **Observa** el objeto. ¿La luz lo ilumina?

5. Pídele a tu compañero que deslice la cartulina a través del escritorio hasta que la luz ilumine el objeto. **Observa** y **registra** las posiciones del objeto, la linterna y la cartulina.

Paso 4

Paso 5

Sacar conclusiones

1. ¿Qué clase de línea dibujarías conectando el objeto y la luz?

2. **Destreza de examinación** Los científicos hacen **inferencias**, basándose en sus **observaciones**. **Infiere** cómo es la trayectoria de la luz entre la linterna y el objeto.

Investiga más

¿Se comporta la luz siempre de la misma manera? Escribe una **hipótesis**. Repite la actividad. Experimenta apuntando la linterna en dirección al objeto desde diferentes ángulos. Comprueba tu hipótesis.

467

La lectura en las Ciencias

VOCABULARIO
reflexión pág. 468
refracción pág. 469
sombra pág. 470

CONCEPTOS CIENTÍFICOS
▶ cómo es la trayectoria de la luz y cómo puede modificarse

DESTREZA DE LECTURA
ORDENAR EN SECUENCIA
Observa qué ocurre cuando la luz se mueve.

☐ → ☐ → ☐

Formas en que se mueve la luz

En la actividad de la sección "Investigación" viste que la luz se mueve en línea recta. Cuando la luz choca contra un objeto, una parte rebota contra el objeto. El rebote de la luz contra un objeto se llama **reflexión**. Si el objeto es liso y brillante, la luz refleja en un patrón que puedes ver.

La reflexión en un espejo está invertida de izquierda a derecha. Todo se ve "al revés".

Puedes ver los árboles y las montañas reflejados en el lago.

468

La refracción hace que esta alcancía parezca rota.

La alcancía de la foto parece estar rota, pero no lo está. La luz se desvía cuando se mueve del agua al aire. La desviación de la luz cuando se mueve de un material a otro se llama **refracción**. La luz reflejada en la parte superior de la alcancía va directo a tus ojos. La luz reflejada en la parte inferior pasa primero a través del agua. La luz se desvía, o refracta, cuando sale del agua. Entonces, ves la alcancía en dos partes.

⭐ **Destreza clave** **ORDENAR EN SECUENCIA** ¿Qué ocurre con la luz después de que choca contra un objeto liso?

Minilab

¿Qué ves?
Escribe las letras mayúsculas A, B y C en una hoja. Coloca la hoja frente a un espejo y copia lo que ves en el espejo. Repite la experiencia con las palabras AVE y TOMA. ¿En qué se diferencian estas palabras?

Sombras

Piensa nuevamente en la actividad de la sección "Investigación". Cuando la cartulina estaba delante de la luz, una parte de tu escritorio estaba oscura. La cartulina bloqueaba la luz y producía una sombra. Una **sombra** es una zona oscura que se forma cuando un objeto impide el paso de la luz.

Cuando el objeto se mueve, su sombra también lo hace. Cuando moviste la cartulina, la sombra también se desplazó fuera del escritorio.

ORDENAR EN SECUENCIA Un objeto impide el paso de la luz. ¿Qué ocurre luego?

Míralo en detalle

LAS SOMBRAS A LO LARGO DEL DÍA

El tamaño y la posición de las sombras cambian durante el día. Las sombras son más largas cuando el sol está bajo en el cielo. Por la mañana, las sombras apuntan en una dirección. Más tarde, apuntan en una dirección diferente. Observa la posición del sol y las sombras de la sombrilla y la pelota de playa.

Para hallar otros enlaces y actividades, visita
www.hspscience.com

Repaso de la lectura

1. **ORDENAR EN SECUENCIA** Copia y completa el siguiente organizador gráfico.

   | La luz choca contra un objeto. | → | Parte de la luz rebota, o **A** _____. |

   | La luz se desplaza a través del agua. | → | Cuando la luz atraviesa el agua, se desvía, o **B** _____. |

2. **RESUMIR** Escribe un resumen de esta lección comenzando con la siguiente oración: *La luz se mueve en línea recta.*

3. **SACAR CONCLUSIONES** ¿Por qué puedes ver tu reflejo en un espejo pero no en una pared de ladrillos?

4. **VOCABULARIO** Dibuja una imagen que ilustre cada palabra de vocabulario de esta lección. Intercambia las ilustraciones con un compañero. Escribe leyendas que acompañen las ilustraciones de tu compañero.

Preparación para la prueba

5. **Razonamiento crítico**
   Si escribes la palabra AMA y la reflejas en un espejo, ¿se verá igual? Explica tu respuesta.

Enlaces

Redacción

Redacción narrativa
Escribe un **cuento** humorístico sobre un niño o una niña de cuatro años que acaba de descubrir su sombra. Incluye en tu cuento los datos que hayas aprendido sobre las sombras.

Estudios Sociales

Determinar la hora usando las sombras
Investiga cómo la gente ha utilizado las sombras y los relojes de sol para saber la hora. Escribe un informe para mostrar tus descubrimientos a tus compañeros.

Para hallar otros enlaces y actividades, visita
www.hspscience.com

Lección 3

¿Cómo se relacionan la luz y el color?

Datos breves

Todos los colores Los colores del arco iris están siempre en el mismo orden. El rojo está arriba y el violeta está abajo. En la sección "Investigación" usarás un prisma para producir un espectro de colores.

Investigación

Hacer un arco iris

Materiales
- prisma
- hoja de papel negro
- hoja de papel blanco
- cinta adhesiva
- hoja de papel rojo

Procedimiento

1. Haz un tajo estrecho en el pedazo de papel negro. Pégalo con cinta a la parte de abajo de una ventana. Baja la persiana para dejar pasar sólo un haz de luz estrecho.

2. Coloca el prisma en el haz de luz sobre la hoja de papel blanco. Gira el prisma lentamente hasta que produzca un arco iris sobre el papel.

3. Mira atentamente el papel. ¿Qué ves? **Registra** tus **observaciones**.

4. Repite los Pasos 2 y 3 usando la hoja de papel rojo.

Sacar conclusiones

1. ¿Cómo modifica un prisma la luz del sol?

2. ¿Qué diferencia había entre la luz que viste sobre el papel blanco y la luz que viste sobre el papel rojo?

3. **Destreza de examinación**
Basándose en patrones o experiencias, los científicos **predicen** lo que puede ocurrir. ¿Qué puedes **predecir** que verías si usaras el prisma sobre un pedazo de papel azul?

Investiga más

Para descubrir si tu predicción es correcta, **planea y haz una investigación simple**. Recuerda usar papel azul.

473

La lectura en las Ciencias

VOCABULARIO
absorbida pág. 474
opaco pág. 475
transparente pág. 475
traslúcido pág. 475

CONCEPTOS CIENTÍFICOS
▶ cómo la luz afecta la forma en que se ven las cosas

DESTREZA DE LECTURA

CAUSA Y EFECTO Busca diferentes formas en que los materiales afectan a la luz.

causa ➡ efecto

Cómo detener la luz

Cuando la luz choca contra un objeto, parte de la luz se refleja. ¿Qué ocurre con el resto de la luz? Es **absorbida** o "tragada" por el objeto. Los objetos brillantes, como los espejos, reflejan la mayor parte de la luz que los choca contra ellos. Por el contrario, los objetos sin brillo y oscuros, como algunas rocas, absorben la mayor parte de la luz. La mayoría de los objetos reflejan parte de la luz y absorben el resto.

Las piedras son opacas.

Las canicas esmeriladas son traslúcidas.

Los objetos que no dejan pasar la luz son **opacos**. Los espejos, las rocas, los libros, los escritorios de madera y las personas son opacos.

Algunos objetos dejan pasar la mayor parte de la luz que choca contra ellos. Los objetos que dejan pasar la mayor parte de la luz son **transparentes**. El vidrio claro de las ventanas es transparente.

Los objetos que dejan pasar parte de la luz, como las bombillas esmeriladas, son **traslúcidos**. La luz pasa a través del vidrio de la bombilla. Sin embargo, no puedes ver lo que está en el interior de la bombilla.

CAUSA Y EFECTO ¿Qué efecto tiene un objeto opaco sobre la luz?

Las canicas claras son transparentes.

Minilab

Envolturas

Examina pedazos de papel aluminio, papel encerado y plástico para envolver alimentos. ¿Cómo clasificarías cada uno según la cantidad de luz que pasa a través de ellos?

Luz y color

¿Qué ves cuando colocas papel blanco frente a una luz blanca, como la luz de sol? Como la luz que choca contra el papel se refleja, el papel se ve blanco.

En la sección "Investigación", cuando la luz del sol atravesó el prisma, se transformó en luz de colores. ¿Pudiste observar en la actividad que la luz no atraviesa el prisma en línea recta? La luz se desvía mientras pasa a través del prisma. Esta desviación separa la luz en sus diferentes colores.

La luz se desvía cuando pasa a través de un prisma. Cada color de la luz se desvía en forma diferente. Cada color de la luz sale del prisma separado de los otros colores.

Luz

Prisma

Se necesita la luz solar y la lluvia para ver un arco iris en el cielo. Estas dos cosas no siempre ocurren al mismo tiempo. Por eso, no ves arco iris muy a menudo. Cuando llueve y luego sale el sol, las gotas de agua en el aire actúan como pequeños prismas que descomponen la luz blanca en los colores que la forman.

CAUSA Y EFECTO ¿Qué efectos tiene un prisma sobre la luz blanca?

Cómo se forman los arco iris

Una gota de agua es como un pequeño prisma.

La luz blanca del sol choca contra las gotas de agua en el aire. La luz entra en cada gota de agua, se refracta y luego se refleja dentro de la gota. Cuando la luz atraviesa la gota, se separa en muchos colores.

◀ Los colores que la mayoría de la gente ve en un arco iris son rojo, anaranjado, amarillo, verde, azul y violeta.

Separar colores diferentes

¿Sabías que puedes hacer luz blanca? Puedes hacerlo iluminando con distintas luces al mismo tiempo sobre una misma superficie. La foto muestra tres luces iluminando una superficie blanca. Cada linterna tiene un filtro de un color diferente. Busca el lugar donde los tres colores iluminan el mismo punto. Juntas, las luces de color rojo, verde y azul producen luz blanca.

CAUSA Y EFECTO ¿Qué efectos tienen la luz roja, la luz azul y la luz verde cuando las apuntas al mismo tiempo sobre una superficie blanca?

Los filtros de estas linternas dejan pasar solo un color cada uno. Estos tres colores pueden combinarse para producir luz blanca. ▼

478

Repaso de la lectura

1. **CAUSA Y EFECTO** Copia y completa el siguiente organizador gráfico.

Causa

Efecto

La luz choca contra un objeto.

→ El objeto es **A** _____ cuando casi toda la luz pasa a través de él.

→ El objeto es **B** _____ cuando una parte de la luz pasa a través de él.

→ El objeto es opaco cuando **C** _____ luz pasa a través de él.

2. **RESUMIR** Escribe dos oraciones que expliquen de qué trata esta lección.

3. **SACAR CONCLUSIONES** Katie está regando su jardín. Usa una manguera con un rociador fino y, de pronto, ve un arco iris sobre el jardín. Explica qué ocurrió.

4. **VOCABULARIO** Escribe dos oraciones usando los términos de vocabulario de esta lección.

Preparación para la prueba

5. ¿Qué color verás si apuntas luces roja, verde y azul sobre el mismo punto de una hoja de papel blanco?
   - **A.** negro
   - **B.** morado
   - **C.** blanco
   - **D.** amarillo

Enlaces

Redacción

Redacción informativa
Escribe una **explicación** de cómo se forma un arco iris.

Matemáticas

Hacer una gráfica de colores favoritos
Usando los seis principales colores del arco iris, pregunta a 10 compañeros cuál es su color favorito. Muestra los resultados con una gráfica de barras. Colorea las barras para que coincidan con los colores elegidos.

Para hallar otros enlaces y actividades, visita
www.hspscience.com

Lección 4

¿Qué es el sonido?

Datos breves

Sección de percusión Los instrumentos de percusión incluyen las maracas, los tambores y las panderetas. Estos instrumentos mantienen el ritmo de la música. En la sección "Investigación" harás un modelo de una maraca.

Investigación

Haz una maraca

Materiales
- cinta de enmascarar
- engrapadora
- frijoles secos
- rollo vacío de toallas de papel
- arroz seco

Procedimiento

1. Aplasta un extremo del rollo de toallas de papel. Dóblalo y ciérralo con grapas. Coloca cinta sobre las grapas para proteger tus manos.

2. Coloca un puñado de arroz y frijoles secos dentro del rollo.

3. Aplasta el extremo abierto del rollo. No dejes que el arroz y los frijoles se caigan. Dobla el extremo del rollo y ciérralo con grapas. Cubre con cinta las grapas. ¡Has hecho una maraca!

4. Sacude suavemente la maraca un par de veces. Si pierde algunos frijoles o arroz, verifica los extremos y encíntalos nuevamente. **Observa** el sonido que produce.

5. Sacude la maraca con más fuerza. **Observa** el sonido que produce ahora.

Paso 2

Paso 3

Sacar conclusiones

1. ¿Cómo produce sonido una maraca?

2. **Destreza de examinación** Los científicos **comparan** para aprender en qué se asemejan y en qué se diferencian las cosas. ¿Cómo se **comparan** los sonidos de los Pasos 4 y 5?

Investiga más

¿Cómo podrías cambiar el sonido de una maraca? Escribe una hipótesis. Luego, **planea y haz una investigación simple** para descubrirlo.

La lectura en las Ciencias

VOCABULARIO
vibraciones pág. 482
intensidad sonora pág. 482
tono pág. 483

CONCEPTOS CIENTÍFICOS
▶ cómo se producen y se desplazan los sonidos

DESTREZA DE LECTURA
CAUSA Y EFECTO Busca las diferentes formas de producir sonido.

causa ⟶ efecto

Sonido

Cuando sacudes una maraca, puedes sentir movimientos de vaivén llamados **vibraciones**. La maraca también hace vibrar al aire. Tú oyes las vibraciones como un sonido.

Cuando sacudes la maraca con más fuerza, las vibraciones tienen más energía. El sonido es más intenso. La **intensidad sonora** es la cantidad de energía que tiene el sonido.

Las cuerdas cortas y delgadas producen sonidos con un tono alto.

Las vibraciones de las cuerdas del arpa producen sonidos.

Las cuerdas largas y gruesas producen sonidos con un tono bajo.

482

Las vibraciones también pueden producirse cuando se pulsa, se sopla o se golpea un instrumento musical. Cuando se pulsan las diferentes cuerdas de un arpa, pueden producir sonidos altos o bajos. El **tono** indica cuán alto o bajo es un sonido.

El aire no es la única clase de materia a través de la cual el sonido puede viajar. Otras clases de materia pueden transmitir el sonido mejor que el aire. El sonido se mueve más rápido y llega más lejos a través de líquidos y sólidos que a través del aire.

CAUSA Y EFECTO ¿Cuál es la causa del sonido?

Cuando estás nadando bajo el agua, el sonido de un bote es mucho más fuerte.

Oír sonidos

Ya has leído que los sonidos provienen de los objetos que vibran. Pero los sonidos también pueden hacer que los objetos vibren. Tal vez hayas escuchado temblar las ventanas por el estruendo de un trueno. El sonido hizo vibrar las ventanas. Y tal vez te haya hecho vibrar también a ti.

Escuchas sonidos cuando las vibraciones se mueven a través del aire hasta tus oídos. Las vibraciones del aire hacen vibrar tus tímpanos, y entonces escuchas el sonido.

CAUSA Y EFECTO ¿Qué efecto tienen las vibraciones del aire cuando llegan a tus oídos?

Minilab

Orejas grandes

Párate a 3 metros (10 pies) de un compañero. Susúrrense el uno al otro. ¿Puedes oír ese débil sonido? Ahora, enrolla un pedazo de papel formando un cono. Coloca el cono cerca de tu oído, no directamente dentro de él. Escucha nuevamente mientras tu compañero susurra. ¿Puedes escucharlo mejor ahora? Explica las diferencias.

Repaso de la lectura

1. **CAUSA Y EFECTO** Copia y completa el siguiente organizador gráfico.

causa	efecto
La materia vibra.	Las vibraciones se oyen como **A** _____.
Golpeas con fuerza un tambor.	El sonido que produce el tambor es muy **B** _____.
Tocas una cuerda corta y delgada de un arpa.	La cuerda produce un sonido **C** _____.
El sonido viaja a través del aire hasta tus oídos.	Tus tímpanos **D** _____.

2. **RESUMIR** Usa el organizador gráfico que completaste para escribir un resumen de la lección.

3. **SACAR CONCLUSIONES** Si pulsas una cuerda de 20 cm bien estirada, ¿producirá un tono más alto o más bajo que una cuerda de 50 cm bien estirada?

4. **VOCABULARIO** Para cada término de vocabulario, menciona tres ejemplos que ayuden a explicar lo que significa.

Preparación para la prueba

5. ¿Cuál de las siguientes acciones **no** producirá vibraciones?

   A. soplar una trompeta
   B. escuchar una orquesta
   C. tocar una guitarra
   D. pulsar una tecla de un piano

Enlaces

Redacción

Redacción informativa
Escribe una **carta** a un amigo contándole sobre un tema musical que te guste. Usa algunas de las palabras del vocabulario que has aprendido en esta lección.

Música

Hacer tu propio instrumento musical
Haz un instrumento musical usando una caja de pañuelos de papel vacía y ligas de diferente grosor. Toca las "cuerdas" de tu instrumento y registra tus observaciones.

Para hallar otros enlaces y actividades, visita www.hspscience.com

SCIENCE Spin from WEEKLY READER

Tecnología

¿Semáforos en la escuela?

Verde significa avanzar y *rojo* significa detenerse, ¿verdad? En algunas escuelas, eso es exactamente lo que significa. Sin embargo, no estamos hablando de automóviles en la calle, sino de las voces de los estudiantes en las cafeterías.

Todos saben que las cafeterías de las escuelas pueden ser lugares ruidosos y que allí el sonido puede volverse muy intenso. Algunos directores de escuelas han encontrado una forma de manejar el problema: colocan *semáforos de conversación* en sus cafeterías.

Como un semáforo

El *semáforo de conversación* es un modelo igual a un semáforo de calle. Tiene circuitos computarizados en su interior que son sensibles al nivel de ruido de una sala. Según el nivel de ruido suba o baje, los circuitos cambian el color de la luz que se enciende.

Cuando las voces de los estudiantes están a niveles de conversación normales, se enciende la luz verde. Cuando el nivel de ruido aumenta, se enciende la luz amarilla. La luz amarilla advierte a los estudiantes que bajen la voz. El semáforo se pone en rojo y emite una señal sonora cuando el ruido se vuelve muy intenso.

Resultados silenciosos

Las escuelas informaron que el *semáforo de conversación* ha producido un gran cambio en el comportamiento de sus estudiantes durante la hora de almuerzo. Los *semáforos de conversación* permiten a los estudiantes controlar su propio nivel de ruido.

Cuando la luz amarilla se enciende, los estudiantes saben que tienen un minuto antes de que el semáforo se ponga en rojo. En algunas escuelas, nadie puede salir de la cafetería mientras la luz roja esté encendida, y eso puede acortar el recreo.

▲ Los semáforos pueden usarse también en el salón de clases.

PIENSA

1. ¿Cómo están conectados la luz y el sonido en un *semáforo de conversación*?
2. ¿Qué significan los tres colores?

¡Investiga más! Visita www.hspscience.com

SCIENCE Spin from WEEKLY READER
Personas

Rebotando en las paredes

Cuando Amar Gopal Bose estaba en la universidad, decidió comprar un equipo de audio. Al llegar a su casa, Bose notó que no le gustaba la forma en que el equipo sonaba. Entonces, decidió estudiar el modo en que los altavoces producían sonido. Quería hacer un altavoz que sonara lo más parecido posible a la música en vivo.

Así, Bose inventó una nueva clase de altavoz. Los altavoces de Bose reflejaban el sonido en las paredes y el techo, exactamente igual como la música rebota en las paredes de una sala de conciertos. Bose siguió adelante y fundó la compañía Bose Corporation en 1964.

Profesión   Técnico de sonido

Cuando estás en el cine, ves las imágenes. ¿Pero nunca has pensado en el sonido? Los técnicos de sonido son quienes llevan las explosiones y los gritos a la pantalla. Estos técnicos usan equipos especiales para grabar música, voces o efectos sonoros. Pueden trabajar en muchos lugares distintos, incluyendo estudios, estadios o incluso en la selva.

¡Investiga más! Visita **www.hspscience.com**

Proyectos de Ciencias
para la casa o la escuela

¡Sí puedes!

Proyecto fácil y rápido

Derretir

Procedimiento

1. Elige tres lugares diferentes para dejar los cubitos de hielo. Predice cuál de los cubitos de hielo se derretirá más en 10 minutos.

2. Etiqueta tres vasos con las ubicaciones que usarás. Coloca un cubito de hielo en cada vaso.

3. Coloca los vasos en sus ubicaciones. Después de 10 minutos, observa los cubitos de hielo.

Materiales
- 3 cubitos de hielo del mismo tamaño
- 3 vasos de poliestireno

Sacar conclusiones

¿Qué cubito de hielo se derritió más? ¿Fue correcta tu predicción? ¿Qué conclusión puedes sacar a partir de tus observaciones?

Planea tu propia investigación

Cambio de color

Algunos materiales presentan diferentes colores bajo diferentes clases de luces. Haz una lista de las clases de luces que hay cerca de tu casa. No olvides las luces de la calle u otras luces exteriores. Diseña un experimento para ver cómo las distintas fuentes de luz afectan los colores que ves. Usa algo con muchos colores, como papel de regalo o una camisa de estampado brillante.

Capítulo 14

Repaso y preparación para la prueba

Repaso del vocabulario

Usa los siguientes términos para completar las oraciones. Los números de página te indican qué parte del capítulo mirar si necesitas ayuda.

conductor pág. 463
aislante pág. 464
reflexión pág. 468
refracción pág. 469
sombra pág. 470
absorbida pág. 474
opaco pág. 475
traslúcido pág. 475
vibraciones pág. 482
intensidad sonora pág. 482
tono pág. 483

1. El rebote de la luz en un objeto se llama _____.

2. La luz es "tragada", o _____, por algunos objetos.

3. Un objeto que no conduce bien el calor es un _____.

4. Un objeto que permite que pase una parte de la luz es _____.

5. Los movimientos de vaivén de la materia se llaman _____.

6. La zona oscura que se forma cuando un objeto bloquea la luz es una _____.

7. Un sonido puede tener un _____ alto o bajo.

8. La cantidad de energía que tiene un sonido es su _____.

9. Un objeto que no deja pasar la luz es _____.

10. Un material que permite que el calor se transmita fácilmente a través de él es un _____.

Comprueba lo que aprendiste

Escribe la letra de la respuesta correcta.

11. ¿Qué es lo que muestra esta imagen?
    A. conducción
    B. reflexión
    C. refracción
    D. vibración

12. Tamika tiene dos fotos de un árbol tomadas en diferentes días. Si compara las fotos, ¿qué puede observar para saber si las fotos fueron tomadas a la misma hora?
    F. el brillo de las reflexiones
    G. el tamaño de las reflexiones
    H. la dirección de las sombras
    J. la oscuridad de las sombras

13. ¿A través de cuál de estos materiales el sonido viaja más lentamente?

A. aire   **C.** acero
B. vidrio   **D.** agua

14. ¿Cuál de los siguientes objetos es transparente?

F.

G.

H.

J.

15. IDEA PRINCIPAL Y DETALLES
¿Cuál de estos materiales es un buen aislante?

A. aluminio   **C.** cobre
B. tela   **D.** acero

16. CAUSA Y EFECTO Cuando la luz atraviesa las gotas de agua en el aire, ¿qué aparece en el cielo?

F. un relámpago
G. una sombra
H. una tormenta
J. un arco iris

Destrezas de examinación

17. Jason estaba mirando una obra de teatro y vio que la camisa blanca de un actor cambiaba de color, de blanco a rojo y después a verde. ¿Qué puedes inferir acerca de las luces del escenario?

18. Te paras enfrente de un espejo y levantas tu mano derecha. Predice lo que verás en el espejo.

Razonamiento crítico

19. María sostiene un cubito de hielo. ¿El calor se transmite de su mano al cubito de hielo o del cubito de hielo a su mano? Explica tu respuesta.

20. La mayoría de las ollas y las sartenes están hechas de algún tipo de metal. Explica por qué están hechos de metal y no de madera o plástico.

UNIDAD F

CIENCIAS FÍSICAS

Explorar las fuerzas y el movimiento

Capítulo 15 Las fuerzas y el movimiento

Capítulo 16 El trabajo y las máquinas

Faro Cape May

PARA: sarah@hspscience.com
DE: jason@hspscience.com
TEMA: Cape May, New Jersey

Querida Sarah:
Mi familia fue a visitar el faro Cape May. La fuerza del mar dañó los dos primeros faros que allí se construyeron. Un tercer faro se construyó en 1859, y todavía sigue en pie. Su haz de luz se ve cada quince segundos. El faro usa una bombilla de 1,000 vatios, equivalente a la luz de 350,000 velas. ¡Esa sí que es una lamparilla!
Jason

Museo de St. Louis City

PARA: tina@hspscience.com
DE: bob@hspscience.com
TEMA: St. Louis, Missouri

Querida Tina:
¿Intentaste alguna vez trepar por un resorte gigante y sinuoso? El museo de St. Louis City construyó uno, a manera de laberinto. ¡Me divertí mucho buscando la salida! Fue más difícil de lo que imaginas. La próxima vez que me visites, podríamos ver quién llega primero a la salida.
Tu amigo por correspondencia,
Bob

¡Experimenta!

Haz una pista de obstáculos Una pista de obstáculos está llena de fuerzas y movimientos. Para llegar a la meta, debes moverte hacia arriba y hacia abajo, atrás y adelante y a izquierda y derecha. Intenta construir una pista de obstáculos para una pelota. ¿Puedes controlar la velocidad a la que la pelota se mueve en la pista? ¿Cómo se mueve la pelota en diferentes direcciones? Planea y haz un experimento para descubrirlo.

Capítulo

15 Las fuerzas y el movimiento

Lección 1 ¿Qué es el movimiento?

Lección 2 ¿Qué son las fuerzas?

Lección 3 ¿Cómo se mueven las ondas?

Vocabulario
movimiento
distancia
velocidad
fuerza
gravedad
peso
onda
cresta
depresión
longitud de onda

¿Qué te preguntas?

Para construir un juego como este, se necesita comprender las fuerzas y el movimiento. ¿Qué hace que los columpios se alejen del poste central? ¿Qué los atrae nuevamente?

Lección **1**

¿Qué es el movimiento?

Datos breves

Flipper veloz En un flipper, la pelota puede alcanzar una velocidad de ¡145 kilómetros (90 millas) por hora! La pelota se mueve en muchas direcciones. En la sección "Investigación" experimentarás con diferentes tipos de movimientos.

Investigación

Haz que se mueva

Materiales • arcilla o plastilina • hilo (25 cm de largo)

Procedimiento

1. Moldea dos trozos de arcilla o plastilina. Con uno de los trozos, haz una pelota. Con el otro, haz un anillo.

2. Haz que la pelota se mueva en línea recta. Haz que se mueva a diferentes velocidades. **Registra** tus **observaciones**.

3. Haz que la pelota se mueva en zigzag. **Registra** tus **observaciones**.

4. Ata el hilo al anillo. Sujeta el hilo por su extremo. Balancea el anillo para que se mueva en vaivén y luego en círculos. **Registra** tus **observaciones**.

5. **Comunica** tus **observaciones** haciendo dibujos de cada movimiento.

Paso 4

Tabla de movimiento

Patrón del movimiento	Forma de empujar o jalar el objeto
en línea recta y rápido	
en línea recta y lento	
en zigzag	
en vaivén	
en círculos	

Sacar conclusiones

1. Haz una tabla como la que se muestra aquí. **Registra** cómo hiciste para mover los objetos.

2. **Destreza de examinación** Cuando **interpretas datos**, explicas lo que el dato significa. ¿Qué hiciste para que los objetos se movieran en diferentes direcciones?

Investiga más

Planea un experimento con un objeto diferente, moviéndolo solo y con el hilo. Intenta moverlo de la misma manera en la que moviste la pelota y el anillo.

497

La lectura en las Ciencias

VOCABULARIO
movimiento pág. 499
distancia pág. 500
velocidad pág. 502

CONCEPTOS CIENTÍFICOS
- qué es el movimiento
- cómo la distancia y el tiempo influyen en la velocidad

DESTREZA DE LECTURA
COMPARAR Y CONTRASTAR
Busca diferentes maneras de describir cómo se mueven los objetos.

semejanzas — diferencias

Tipos de movimiento

Imagina que estás en el patio de recreo. ¿Qué tipos de movimiento ves? Una niña arroja una pelota hacia adelante. La pelota describe una curva y luego cae. Un niño bota su pelota de básquetbol. La pelota va hacia arriba y hacia abajo. Algunos niños corren rápido y en zigzag mientras juegan a la pega. Otros se balancean en vaivén en los columpios o hacia arriba y hacia abajo en los subibajas. Algunos otros dan vueltas en el carrusel.

Movimiento en línea recta

Puedes observar muchas clases de movimientos en el patio de recreo. La próxima vez que estés allí, piensa acerca de todas las maneras en que te mueves.

Movimiento en vaivén

498

Movimiento en zigzag

Movimiento en círculos

Movimiento rápido y movimiento lento

Un objeto puede moverse en una dirección o cambiar de dirección. Los objetos pueden moverse rápida o lentamente.

Cada objeto tiene una ubicación, o posición. El autobús escolar se detiene en la misma posición cada día, entonces sabes dónde esperarlo. Conoces la posición de la cafetería en tu escuela. La posición de la cafetería no cambia. ¿Cuál es tu posición en este momento?

El **movimiento** es un cambio de posición. Para llegar a la cafetería, necesitarás cambiar de posición. Es decir, necesitarás *moverte*. Cuando montas tu bicicleta por la calle, la bicicleta cambia de posición. Está en movimiento. Si estacionas la bicicleta, ya no cambia de posición. Ya no está más en movimiento.

COMPARAR Y CONTRASTAR ¿En qué se diferencian los distintos tipos de movimiento? ¿En qué se asemejan todos los tipos de movimiento?

499

Distancia, dirección y tiempo

Imagina que estás de viaje con tu familia y preguntas cuánto más tienes que viajar para llegar a la próxima ciudad. Lo que deseas saber es la distancia. La **distancia** es cuán lejos está un lugar de otro.

La distancia se mide a menudo en pulgadas, yardas o millas. Los científicos usan unidades de centímetros, metros y kilómetros. Puedes usar una regla para medir distancias.

Es importante conocer la dirección del movimiento. El automóvil de tu familia está viajando hacia el *este*, desde Chicago a New York. Tu amigo arroja una pelota hacia *arriba*.

Las Matemáticas en las Ciencias
Interpretar datos

El gráfico muestra la velocidad promedio de diferentes razas de perros. ¿Cuánto más rápido es el cocker spaniel que el basset hound?

Razas de perros

Raza	Velocidad (millas por hora)
Galgo	37
Collie	22
Cocker Spaniel	18
Basset hound	6

Velocidades (millas por hora)

◀ El galgo es un corredor muy veloz. Puede recorrer una gran distancia en poco tiempo.

▲ Esta patinadora sobre hielo avanza muy rápido. Recorre una gran distancia en poco tiempo. Su dirección cambia a medida que toma las curvas de la pista.

El tiempo es otro de los aspectos importantes del movimiento. El tiempo mide cuánto tarda un objeto en moverse. Algo que se mueve rápido recorre una gran distancia en poco tiempo. ¡Un estudiante veloz de tercer grado puede correr 50 metros en 10 segundos! ¡Un caracol necesita una hora para recorrer la misma distancia!

En las ciencias, el tiempo a menudo se mide en segundos. Minutos, horas, días y años son otras unidades de tiempo.

Destreza clave **COMPARAR Y CONTRASTAR** Estás caminando desde la escuela hacia tu casa. Tu padre conduce desde tu casa hacia la escuela. ¿En qué se diferencia tu movimiento del movimiento de tu padre?

▲ El movimiento de la miel es lento. Su dirección es recta y hacia abajo.

501

Velocidad

La **velocidad** es la distancia que recorre un objeto en determinada cantidad de tiempo. Imagina que un león corre 80 kilómetros (50 mi) en una hora. Puedes hallar su velocidad usando el tiempo y la distancia.

Imagina que algunas cosas recorren la misma distancia en diferente tiempo. Sus velocidades serían diferentes. Un niño de tercer grado que corre 50 metros llanos tiene más velocidad que un caracol que recorre 50 metros.

¿Qué se puede decir de dos objetos que recorrieron distancias diferentes en el mismo tiempo? El objeto que viajó más lejos tuvo una velocidad mayor.

COMPARAR Y CONTRASTAR Imagina que una cebra corre 15 kilómetros en una hora y que un oso pardo corre 10 kilómetros en una hora. ¿Qué animal tiene mayor velocidad?

Minilab

Llegar rápido
Usa una regla de un metro para medir 10 metros. Marca la distancia con cinta adhesiva. Usa un cronómetro para medir cuánto tardas en recorrer la distancia caminando. Luego, toma el tiempo que tardas gateando. ¿Fue mayor tu velocidad gateando o caminando?

Los aleteos de un colibrí duran menos de un segundo.

Las plantas giran hacia el sol tan lentamente que no puedes ver su movimiento. Este movimiento se mide en días.

Repaso de la lectura

1. **COMPARAR Y CONTRASTAR** Copia y completa el siguiente organizador gráfico.

Tipos de movimiento	En línea recta	En zigzag	En círculos	En vaivén
Ejemplo	**A** ____	**B** ____	**C** ____	**D** ____

2. **RESUMIR** Usa las palabras de vocabulario para escribir un resumen de la lección.

3. **SACAR CONCLUSIONES** Para ir de un lugar a otro, ¿sería más rápido moverse en zigzag o caminar en línea recta? ¿Por qué?

4. **VOCABULARIO** Escribe un juego de preguntas y respuestas que use todos los términos de vocabulario.

Preparación para la prueba

5. ¿Qué cambia cuando un objeto se mueve?
   A. su dirección
   B. su altura
   C. su posición
   D. su forma

Enlaces

Redacción

Redacción informativa
Escribe un párrafo que **describa** los tipos de movimiento que ves cuando sales al recreo. Describe las velocidades y las distancias de las personas y de las cosas que observas.

Matemáticas

Resolver problemas
Usa una regla de un metro para medir la distancia entre dos paredes opuestas del salón de clases. Si cruzas el salón de clases cuatro veces, ¿qué distancia habrás caminado?

Para hallar otros enlaces y actividades, visita
www.hspscience.com

Lección 2

¿Qué son las fuerzas?

Datos breves

Súper trineos En los juegos olímpicos, ¡los trineos descienden la pista a velocidades que llegan a 145 kilómetros (90 mi) por hora! Estos niños no van tan rápido, pero se divierten mucho. En la sección "Investigación" verás cómo la altura del punto de partida influye en la velocidad.

Investigación

Rampa de velocidad

Materiales
- libros
- bandeja para hornear galletas
- bloque
- regla en centímetros
- moneda de 1¢
- goma de borrar

Procedimiento

1. Haz una tabla como la que se muestra.

2. Apila los libros hasta alcanzar unos 5 cm de alto. **Registra** la altura de la pila.

3. Trabaja con un compañero. Coloca un extremo de la bandeja sobre los libros para construir una rampa.

4. Coloca la moneda de 1¢, el bloque y la goma en la parte superior de la rampa. Sujeta los objetos para que no se muevan. Deja que los objetos se deslicen al mismo tiempo.

5. **Registra** qué tan rápido se desliza cada objeto. Usa términos como *más rápido, más lento, no se movió*.

6. Agrega libros para que la rampa tenga unos 10 cm de alto. Repite los Pasos 2 a 5.

7. Agrega libros para que la rampa tenga unos 15 cm de alto. Repite los Pasos 2 a 5.

Tabla de velocidad		
	Altura de los libros	Velocidad
Moneda de 1¢		
Bloque		
Goma		

Paso 3

Sacar conclusiones

1. **Compara** las velocidades de los objetos al deslizarse. **Registra** tus **observaciones**.

2. **Destreza de examinación** Cuando **infieres**, haces un pronóstico basándote en lo que **observas**. **Infiere** por qué cambia la velocidad a la que se deslizan los objetos.

Investiga más

Predice de qué manera cambiarán tus resultados si cubres con aceite la bandeja para hornear galletas. Inténtalo. **Registra** tus **observaciones**.

505

La lectura en las Ciencias

VOCABULARIO
fuerza pág. 506
gravedad pág. 510
peso pág. 510

CONCEPTOS CIENTÍFICOS
- cuáles son los tipos de fuerzas
- qué hacen las fuerzas

DESTREZA DE LECTURA

IDEA PRINCIPAL Y DETALLES Busca detalles que describan las fuerzas.

```
       Idea principal
      /      |      \
detalle   detalle   detalle
```

Tipos de fuerzas

Para mover una pelota, puedes arrojarla, patearla o golpearla con un bate. Cualquier forma de empujar o jalar es una **fuerza**. Debes ejercer fuerza sobre un objeto para moverlo. Un objeto se mantendrá en movimiento hasta que otra fuerza lo detenga. Cuando atrapas una pelota en movimiento, la fuerza de tu mano detiene la pelota.

La *fricción* es una fuerza que frena las cosas o que disminuye su movimiento. Cuando dos objetos se frotan entre sí, se produce fricción. La mayoría de las superficies ásperas producen mayor fricción que las superficies lisas. Puedes deslizarte con mayor facilidad sobre el hielo que sobre la tierra o el pasto.

El cohete es empujado hacia arriba por la fuerza de sus motores.

▲ Cuando abres un cajón, usas una fuerza de jalar.

Míralo en detalle

Fuerzas en acción Cuando el lagarto basilisco corre rápido en el agua, parece desplazarse sobre ella. Si la fuerza que lo impulsa hacia delante dejara de actuar, el lagarto comenzaría a hundirse.

Para hallar otros enlaces y actividades, visita
www.hspscience.com

Las fuerzas también hacen que los objetos cambien de dirección. Para que la bicicleta doble, ejerces fuerza sobre el manubrio. Cuando empujas hacia abajo un extremo del subibaja, el otro extremo sube.

Algunas fuerzas ni siquiera tienen que tocar el objeto. Un imán puede usarse para empujar o jalar objetos hechos de hierro o acero. Este tipo de fuerza se llama fuerza magnética. Un imán puede jalar un clavo.

IDEA PRINCIPAL Y DETALLES Un imán levanta clips. ¿Qué tipo de fuerza es?

Minilab

Clips asombrosos
Coloca un poco de agua en un vaso y luego, con cuidado, un clip sobre la superficie del agua. Observa. Examina la tensión superficial. Luego, explica por qué el clip no se hunde.

Formas en que las fuerzas cambian el movimiento

Tres factores influyen en el movimiento de un objeto.

- la intensidad de la fuerza
- la dirección de la fuerza
- la masa del objeto

Cuanto mayor es la fuerza, mayor es el cambio en el movimiento. Si lanzas despacio una pelota, la pelota no se mueve rápido ni llega lejos. Si la lanzas con fuerza, la pelota se mueve más rápido y llega más lejos. Aplicas más fuerza sobre la pelota cuando la lanzas lo más fuerte que puedes.

Si un objeto no está moviéndose y una fuerza lo empuja o lo jala, el objeto se moverá en la dirección en la que fue empujado o jalado. Cuando jalas un objeto hacia arriba, lo levantas. Cuando empujas un objeto hacia la derecha, se mueve hacia la derecha.

Cuanto más pequeña es la masa de un objeto, más fácil es moverlo. Se necesita menos fuerza para levantar un lápiz que un libro. El lápiz tiene menos masa que el libro.

El hombre empuja el cochecito en la dirección en que quiere que se dirija.

▲ Cada una de estas personas ejerce una fuerza para mover el bote. Cuando las fuerzas actúan en la misma dirección, se suman convirtiéndose en una fuerza mayor. La suma de todas las fuerzas se llama fuerza neta.

Puedes sumar todas las fuerzas que empujan o jalan un objeto. La suma de esas fuerzas se llama fuerza neta. Imagina que tú y un amigo empujan una puerta en la misma dirección. La fuerza neta sobre la puerta equivale a tu empuje más el empuje de tu amigo.

IDEA PRINCIPAL Y DETALLES Nombra tres factores que influyen en el movimiento de un objeto y explica qué hace cada uno.

Cuando fuerzas iguales actúan en direcciones opuestas, se anulan. La fuerza neta es cero.

509

Gravedad

Cuando lanzas una pelota al aire, sabes que caerá. La **gravedad** es la fuerza que atrae dos objetos uno hacia el otro. La pelota regresa a la Tierra porque la gravedad de la Tierra la atrae.

Entre la mayoría de los objetos, la gravedad es una fuerza muy débil. No se siente la fuerza de gravedad entre tu escritorio y tú. Pero la gravedad de la Tierra es muy fuerte. Esto sucede porque la Tierra es muy grande.

La fuerza de gravedad depende de la masa de cada objeto. El **peso** es la medida de la fuerza de gravedad que actúa sobre un objeto. Los objetos de masa grande tienen mayor peso.

⭐ **IDEA PRINCIPAL Y DETALLES** ¿A qué puede atraer con más fuerza la gravedad, a un caballo o a un cachorro? ¿Cómo lo sabes?

¿Por qué cae el agua luego de ser lanzada con fuerza desde la fuente?

¡La fuerza de gravedad atrae los carritos de la montaña rusa hacia la Tierra en un viaje emocionante!

Repaso de la lectura

1. **IDEA PRINCIPAL Y DETALLES** Copia y completa el siguiente organizador gráfico.

```
            Factores que influyen en el movimiento de un objeto.
           /                    |                       \
   La intensidad          La A _____              La B _____
   de la fuerza           de la fuerza            del objeto
```

2. **RESUMIR** Escribe un resumen de la lección. Comienza con la siguiente oración: *El movimiento de un objeto cambia debido a que una fuerza lo empuja o jala.*

3. **SACAR CONCLUSIONES** ¿Por qué, cuando montas en bicicleta, es más fácil bajar una colina que subirla?

4. **VOCABULARIO** Haz oraciones con los términos *fuerza, gravedad* y *peso*.

Preparación para la prueba

5. **Razonamiento crítico**
Imagina que pateas una pelota de costado. ¿En qué dirección se moverá? Explica tu respuesta.

Enlaces

Redacción

Redacción narrativa
La Luna es más pequeña que la Tierra, por lo tanto la gravedad de la Luna es más débil que la de la Tierra. Escribe un **cuento breve** sobre un día en la Luna. ¿De qué manera la menor gravedad afectaría tus movimientos?

Educación Física

Experimentar con las fuerzas
Consigue pelotas de diferentes deportes. Arrójalas con diferentes cantidades de fuerza. Empújalas en diferentes direcciones. Luego, escribe un párrafo que describa tus observaciones.

Para hallar otros enlaces y actividades, visita
www.hspscience.com

Lección 3

¿Cómo se mueven las ondas?

Datos breves

¡Ondas! Las ondas del agua pueden ser diminutas, como estas ondas en un estanque. Las olas del océano, que también son ondas, son más grandes. La ola más grande que pudo medirse alcanzó 520 metros (1700 pies) de alto. En la sección "Investigación" verás cómo se mueven dos tipos diferentes de ondas.

Investigación

Dos tipos de ondas

Materiales
- cuerda de aproximadamente 2 metros de largo
- juguete de resorte

Procedimiento

1. Sujeta uno de los extremos de la cuerda. Tu compañero sujetará el otro extremo. Deja que la cuerda cuelgue libremente entre ustedes.

2. Mueve uno de los extremos de la cuerda suavemente hacia arriba y hacia abajo mientras tu compañero sujeta y mantiene quieto el otro extremo. Luego, mueve la cuerda más rápidamente. **Observa** lo que sucede.

3. Coloca el juguete de resorte sobre una mesa o en el piso. Haz que tu compañero sostenga y mantenga uno de los extremos quieto. Empuja el otro extremo del juguete unos 10 cm hacia tu compañero. Luego, jala y empuja el extremo hacia atrás y hacia adelante. **Observa** lo que sucede.

4. **Registra** tus **observaciones** haciendo diagramas para los Pasos 2 y 3.

Sacar conclusiones

1. ¿De qué manera la fuerza que aplicaste sobre la cuerda la afectó? ¿Qué sucedió cuando la moviste más rápidamente?

2. **Destreza de examinación** Cuando **comparas** cosas, buscas ver en qué se asemejan. **Compara** los movimientos de las ondas en la cuerda con las ondas en el juguete.

Investiga más

¿Qué **predices** que sucederá cuando muevas el juguete de resorte de la misma manera que moviste la cuerda? Inténtalo y observa.

La lectura en las Ciencias

VOCABULARIO
onda pág. 514
cresta pág. 516
depresión pág. 516
longitud de onda
  pág. 516

CONCEPTOS CIENTÍFICOS
▶ cuáles son los tipos de ondas
▶ cómo se miden las ondas

DESTREZA DE LECTURA
IDEA PRINCIPAL Y DETALLES
Busca tipos de ondas y partes de una onda.

```
           Idea principal
          /      |      \
     detalle  detalle  detalle
```

Tipos de ondas

Aunque vivas lejos de las olas del océano, muchos otros tipos de ondas te rodean. La luz se desplaza en forma de ondas, y también el sonido. Las microondas cocinan tu alimento. El doctor usa ondas de rayos X para tomar imágenes del interior de tu cuerpo.

Una **onda** es una perturbación que viaja a través de la materia o el espacio. Las ondas alteran la materia al provocar su movimiento. Esto sucede porque las ondas transportan energía. Las ondas pueden viajar a través de sólidos, líquidos y gases. Algunas ondas pueden incluso viajar en el vacío.

Las ondas alteran las partículas de agua. ▼

▲ Un juguete de resorte que se contrae y expande produce una onda hacia atrás y hacia adelante.

Las ondas sonoras de este xilófono llevan energía sonora a tus oídos. Las ondas sonoras se desplazan hacia atrás y hacia adelante. ▶

Las ondas se producen cuando algo vibra. Las cosas que vibran se mueven en vaivén, hacia atrás y hacia adelante. Cuando hablas, tus cuerdas vocales vibran rápidamente para producir ondas sonoras.

Existen dos tipos de ondas. Algunas ondas se mueven hacia arriba y hacia abajo. Las ondas de radio y las ondas de luz son algunos ejemplos de este tipo de ondas. Algunas ondas, como las ondas sonoras, se mueven hacia atrás y hacia adelante.

⭐ **IDEA PRINCIPAL Y DETALLES**
¿Qué es una onda?

Minilab

¡Muévela!
Esparce algunas migas de pan sobre un molde de aluminio para tarta. Luego, coloca junto al molde una bandeja para hornear galletas. Golpea la bandeja con una cuchara grande de madera. Observa las migas. ¿Qué hace que se muevan?

Medir ondas

Hay partes de las ondas que se pueden medir. La **cresta** es el punto más alto de la onda. La **depresión** es el punto más bajo de la onda. Cuanto mayor es la distancia entre estos dos puntos, más grande es la onda y más energía transporta.

Las fuerzas influyen en la cantidad de energía que transportan las ondas. Una roca que se arroja en un estanque producirá ondas más grandes que un guijarro. Imagina que golpeas fuertemente un tambor. El sonido es más fuerte que si lo golpeas suavemente.

Los científicos también miden otras características de las ondas. La **longitud de onda** es la distancia desde un punto de la onda al mismo punto de la onda siguiente.

IDEA PRINCIPAL Y DETALLES ¿Qué medida indica cuánta energía transporta una onda?

La longitud de onda se puede medir como la distancia desde una cresta a la cresta siguiente o desde una depresión a la depresión siguiente.

Medir ondas es fácil si las imaginas como si fueran colinas y valles. ▼

crestas

depresiones

Repaso de la lectura

1. **IDEA PRINCIPAL Y DETALLES** Copia y completa el siguiente organizador gráfico.

```
         Tipos de ondas
          /         \
    arriba y abajo   B _____
         |                |
    A _____         ondas sonoras
```

2. **RESUMIR** Escribe dos oraciones sobre el tema principal de esta lección.

3. **SACAR CONCLUSIONES** ¿Por qué las olas del océano pueden erosionar las rocas de la playa?

4. **VOCABULARIO** Haz un juego de preguntas y repuestas que incluya cada término de vocabulario de esta lección. Provee las respuestas.

Preparación para la prueba

5. ¿Cómo puede medirse la longitud de una onda?
   - A. desde la depresión a la cresta
   - B. desde la cresta a la longitud de onda
   - C. desde la cresta a la depresión
   - D. desde la cresta a la cresta siguiente

Enlaces

Redacción

Redacción narrativa

Imagina que eres una onda. Escribe una **descripción** de ti mismo. Indica qué tipo de onda eres, cómo te mueves y cómo se mide tu energía. Describe cómo puede cambiar la cantidad de energía que transportas.

Matemáticas

Medir la longitud de onda

Mira las dos ilustraciones de ondas. Mide sus longitudes. ¿Cuánto más larga es la onda A que la onda B?

A.
B.

Para hallar otros enlaces y actividades, visita www.hspscience.com

517

SCIENCE Spin from WEEKLY READER
Tecnología

Levantar vuelo

Michael Moshier siempre creyó que podría volar. Ahora, muchas otras personas también creen que él puede hacerlo.

No mucho tiempo atrás, Moshier voló a una altura de aproximadamente 60 cm (2 pies). Esto podría parecer poco, pero lo consiguió sin más ayuda que una mochila voladora de su invención, a la que llamó *SoloTrek*.

Hacia arriba

SoloTrek era lo que los científicos llaman un prototipo, o una versión de prueba. Su peso es aproximadamente 147 kg (325 libras) y puede decirse que es una máquina voladora personal. La máquina se eleva en el aire por acción de dos propulsores, llamados conductos, que fuerzan el aire en la dirección a la que apuntan. Por ejemplo, si el piloto inclina los conductos hacia delante, la aeronave vuela hacia delante. Si los conductos se inclinan hacia arriba, la aeronave se eleva.

Más grande y mejor

A partir del prototipo *SoloTrek*, la compañía *Trek Aerospace* construyó otros vehículos de prueba para transportar personas o carga. Una nueva máquina, llamada *Dragonfly*, mide 4 m (13.1 pies) de largo y puede llevar 205 kg (450 libras) de carga, es decir, aproximadamente el peso de cinco estudiantes de tercer grado. La máquina puede volar a una velocidad máxima de 378 km (235 millas) por hora.

235 mph

450 libras

Volar solo

Dragonfly está siendo probado en dos versiones: con piloto y sin piloto. Algún día, la versión sin piloto podría ser usada por militares o bomberos para transportar suministros a zonas peligrosas.

La compañía que fabrica *SoloTrek* tiene depositadas grandes esperanzas en sus máquinas. Militares o bomberos podrían ser los primeros compradores. La compañía espera que las familias puedan algún día comprar estas máquinas voladoras personales para recorrer la ciudad. Tal vez, cuando tengas edad suficiente, podrás llevar a tus niños a practicar fútbol en tu propia aeronave personal.

PIENSA

1. Durante su prueba de vuelo, ¿cómo se puso *SoloTrek* en movimiento?
2. ¿Cómo usarías tu propia aeronave personal?

¡Investiga más! Visita www.hspscience.com

SCIENCE Spin from WEEKLY READER
Personas

LOS NIÑOS TOMAN VUELO

Michael Zollars, de 10 años, realizó recientemente el paseo de su vida. Junto a un piloto, voló en un pequeño avión. "¡Fue divertido!", dijo Michael. "Pude tomar los controles por un rato".

Michael participó del programa Águilas Jóvenes. El objetivo del programa era permitir que cerca de un millón de niños pudieran realizar vuelos gratis en aviones privados. El programa finalizó el 17 de diciembre de 2003, día del centésimo aniversario del primer vuelo a motor realizado por los hermanos Wright. Wilbur y Orville Wright construyeron su primer aeroplano a motor, el *Flyer*, en 1903 y lo probaron en Kitty Hawk, North Carolina.

1903	1927	1939	1958	1961	1969
Los hermanos Wright realizan su primer vuelo en un avión a motor.	Charles Lindbergh realiza su primer vuelo sin escalas a través del océano Atlántico.	Primer vuelo exitoso de un avión a chorro.	Comienza el servicio de pasajeros a través del océano Atlántico con aviones con motor a reacción.	Rusia envía el primer hombre al espacio.	Astronautas de Estados Unidos llegan a la Luna.

¡Investiga más! Visita www.hspscience.com

Proyectos de Ciencias
para la casa o la escuela

¡Sí puedes!

Proyecto fácil y rápido

Fuerza neta

Materiales
- libro

Procedimiento

1. Coloca el libro sobre una mesa o en el piso. Empújalo por uno de sus costados. ¿Cómo se mueve?

2. Empuja el libro sobre el lado más cercano al que acabas de empujar. ¿Cómo se mueve?

3. Empuja sobre ambos lados al mismo tiempo. ¿En qué dirección se mueve el libro?

Sacar conclusiones

¿Por qué el libro se movió en una nueva dirección en el Paso 3? ¿Qué crees que habría sucedido si empujabas el libro sobre los lados opuestos?

Planea tu propia investigación

Fricción

La fricción es una fuerza que no puedes ver. Hace que los objetos disminuyan su marcha cuando dos superficies se frotan entre sí. Planea una investigación para hallar más información sobre la fricción. Encuentra algunas superficies que sean lisas y otras rugosas. Luego, elige un objeto y trata de moverlo a través de las diferentes superficies. ¿Qué superficie provoca más fricción? ¿La superficie lisa o la rugosa?

Capítulo 15
Repaso y preparación para la prueba

Repaso del vocabulario

Usa los términos de abajo para completar las oraciones. Los números de página te indican qué parte del capítulo debes mirar si necesitas ayuda.

movimiento pág. 499
distancia pág. 500
velocidad pág. 502
fuerza pág. 506
gravedad pág. 510
peso pág. 510
onda pág. 514
cresta pág. 516
depresión pág. 516
longitud de onda pág. 516

1. La _____ es el punto más alto de una onda.

2. El _____ es un cambio de posición.

3. La medida de la fuerza de gravedad que actúa sobre un objeto es el _____ del objeto.

4. Cualquier forma de empujar o jalar es una _____.

5. La distancia entre una cresta y la cresta siguiente es la _____.

6. La distancia que recorre un objeto en un determinado período es su _____.

7. Una perturbación que viaja a través de la materia o el espacio es una _____.

8. El punto más bajo de una onda es la _____.

9. La fuerza que atrae dos objetos es la _____.

10. Cuan lejos llega un objeto es la _____.

Comprueba lo que aprendiste

Escribe la letra de la respuesta correcta.

11. Un niño empuja una caja que está sobre el piso. La caja se mueve a la derecha. ¿En qué dirección probablemente empuja el niño?
    A. hacia la izquierda
    B. hacia la derecha
    C. hacia abajo
    D. hacia arriba

12. ¿Qué transportan las ondas de un lugar a otro?
    F. energía
    G. movimiento
    H. velocidad
    J. longitud de onda

13. COMPARAR Y CONTRASTAR Dos caballos jalan de una carreta en la misma dirección y con la misma fuerza. ¿Cómo se compara la fuerza neta con la fuerza de cada uno de los caballos?
   A. La fuerza neta es el doble de la fuerza de cada caballo por separado.
   B. La fuerza neta es la mitad de la fuerza de cada caballo por separado.
   C. La fuerza neta es igual a la fuerza de cada uno de los caballos por separado.
   D. La fuerza neta es cero.

14. IDEA PRINCIPAL Y DETALLES Además del tiempo, ¿qué otra cosa debes conocer para calcular la velocidad?
   F. la distancia
   G. la fuerza
   H. el movimiento
   J. la longitud de onda

15. En la fotografía, las dos niñas empujan el baúl con igual fuerza. ¿En qué dirección se moverá?
   A. Se moverá hacia la derecha.
   B. Se moverá hacia la izquierda.
   C. No se moverá.
   D. Se moverá lentamente.

16. ¿Qué fuerza mantiene a tu libro sobre tu escritorio?
   F. la electricidad
   G. la gravedad
   H. el magnetismo
   J. la tensión superficial

Destrezas de examinación

17. Interpreta los datos que se muestran en la ilustración. ¿Qué onda tiene la menor longitud de onda? ¿Cómo lo sabes?

18. Compara dos diferentes tipos de onda.

Razonamiento crítico

19. Mira alrededor de tu cuarto. Encuentra tres objetos que puedan moverse y describe sus movimientos. Indica cuáles son las fuerzas que se necesitan para mover esos objetos.

20. Pesa algunos objetos de tu salón de clases. Registra sus pesos. ¿Qué objeto es jalado más fuertemente por la gravedad? ¿Cómo lo sabes?

523

Capítulo

16 El trabajo y las máquinas

Lección 1 ¿Qué es el trabajo?

Lección 2 ¿Cuáles son algunas máquinas simples?

Lección 3 ¿Cuáles son algunas otras máquinas simples?

Vocabulario

trabajo
máquina simple
palanca
fulcro
rueda y eje
polea
plano inclinado
cuña
tornillo

¿Qué te preguntas?

Pueden encontrarse máquinas simples en todas partes. ¿Qué máquinas simples puedes ver en esta fotografía? ¿En qué otras puedes pensar?

Lección 1

¿Qué es el trabajo?

Datos breves

¡Trabajo pesado! Esta niña pesa menos que el perro. Sin embargo, hace trabajo y usa máquinas simples para jalar al perro por el parque. En la sección "Investigación" usarás trabajo para mover un objeto.

Investigación

Trabaja conmigo

Materiales
- gafas protectoras
- ficha del juego de damas
- papel para gráficas
- pajita para beber

Procedimiento

1. **CUIDADO:** Colócate las gafas protectoras. Trabaja con un compañero. Marca una línea de partida en el papel para gráficas. Ubica la ficha sobre el papel, detrás de la línea de partida.

2. Coloca un extremo de la pajita en tu boca y haz que el otro extremo toque el borde de la ficha. Sopla fuerte a través de la pajita.

3. Vuelve a colocar la ficha en el mismo punto sobre el papel. Haz que tu compañero presione sobre la ficha mientras repites el Paso 2. **Registra** tus observaciones.

Paso 2

Paso 3

Sacar conclusiones

1. ¿Soplaste con la misma fuerza sobre la ficha en cada oportunidad? Explica tu respuesta.

2. ¿Obtuviste resultados parecidos o diferentes en cada oportunidad? Explica tu respuesta.

3. **Destreza de examinación** A menudo, los científicos **miden** durante sus experimentos. ¿Cómo podrías usar el papel para gráficas para medir cuánto se movió la ficha?

Investiga más

Predice qué efecto tendría en tus resultados usar una pila de dos fichas en cada prueba. ¡Inténtalo!

La lectura en las Ciencias

VOCABULARIO
trabajo pág. 530

CONCEPTOS CIENTÍFICOS
▶ qué entienden los científicos por trabajo

DESTREZA DE LECTURA
Destreza clave
IDEA PRINCIPAL Y DETALLES
Busca detalles sobre trabajo.

```
        Idea principal
       /      |      \
  detalle  detalle  detalle
```

Diferentes tipos de trabajo

La palabra *trabajo* se usa todo el tiempo. Los científicos también la usan, pero te sorprendería saber lo que significa trabajo para ellos.

Imagina que tu maestra te pide que resuelvas mentalmente un problema de matemáticas. Te sientas a pensar, y encuentras la respuesta. Tu maestra te felicita: ¡Buen trabajo! Sin embargo, un científico diría que no hiciste ningún trabajo.

Imagina ahora que quieres abrir un frasco. Haces fuerza sobre la tapa, pero no se mueve. Sientes que haz hecho mucho trabajo. Sin embargo, otra vez, los científicos dirían que lo que has hecho no es trabajo.

¿Es trabajo?

3 + 5 - 2 + 1= ?

◀ Resolver un problema de matemáticas no es lo que los científicos llaman trabajo.

Si la tapa no se mueve, no estás haciendo ningún trabajo. ▶

Ahora, imagina que estás jugando al fútbol. Un jugador te pasa la pelota. A medida que la pelota se acerca, llevas tu pierna hacia atrás y luego pateas la pelota. La pelota vuela hacia arriba y adelante. ¡Haces un gol!

El público aplaude, y tú piensas: "Esto es divertido." No crees haber hecho ningún trabajo. Sin embargo, para un científico, has realizado trabajo.

IDEA PRINCIPAL Y DETALLES ¿Qué ejemplo muestra lo que los científicos llaman trabajo?

Patear una pelota puede parecer un juego, pero los científicos dirían que es trabajo.

Un tipo de trabajo

Los científicos dicen que hay **trabajo** solamente cuando se usa una fuerza para mover un objeto. Si no usas una fuerza, no trabajas. Si nada se mueve, no has realizado trabajo.

¿Recuerdas el problema de matemáticas? Pensaste mucho para resolverlo, pero no moviste nada. Para un científico, entonces, no hiciste trabajo.

Ahora piensa cuando intentaste abrir el frasco. Aplicaste mucha fuerza sobre la tapa, pero la tapa no se movió. Por lo tanto, para un científico, no hiciste ningún trabajo.

¿Y el partido de fútbol? Tus músculos usaron fuerza para levantar tu pierna. Tu pie usó fuerza para patear la pelota. Para un científico, eso fue trabajo.

IDEA PRINCIPAL Y DETALLES ¿Qué debe suceder para que haya trabajo?

¿Cómo puedes explicar que se aplicó trabajo sobre la pelota?

Si la tabla no se mueve, ¿ha realizado el niño algún trabajo?

¿Qué trabajo puede observarse en esta ilustración?

531

Medir el trabajo

Imagina que quieres mover un canasto lleno de juguetes de un lado a otro de la habitación. Para mover un canasto tan pesado, necesitarás usar mucha fuerza.

Si no puedes mover el canasto por ti mismo, deberás pedirle ayuda a un amigo. Así la fuerza sería lo suficientemente grande como para moverlo. También podrías sacar la mitad de los juguetes y entonces mover el canasto.

¿Cómo podrías medir la cantidad de trabajo que has hecho? Necesitarías medir la fuerza que usaste y la distancia que se movió el objeto.

Minilab

Muévelo
Coloca un libro sobre el escritorio. Empuja suavemente sobre un lado del libro. Aumenta de a poco la fuerza que aplicas. Luego, apila dos libros y haz lo mismo. Compara la fuerza que usaste para mover los dos libros con la fuerza que usaste para mover uno solo.

IDEA PRINCIPAL Y DETALLES ¿Qué dos medidas indican la cantidad de trabajo que se ha hecho?

¿Qué ilustración muestra a la niña haciendo trabajo? ▶

lleno, no se mueve

medio lleno, se mueve

532

Repaso de la lectura

1. **IDEA PRINCIPAL Y DETALLES** Copia y completa el siguiente organizador gráfico.

   Haces trabajo cuando usas **A** _____ para **B** _____.

   Detalles:

   Ejemplos de trabajo: **C** _____

   Ejemplos que no son trabajo: **D** _____

2. **RESUMIR** Usa el organizador gráfico para escribir un resumen de la lección.

3. **SACAR CONCLUSIONES** Heather quiere llevar su cesto de ropa sucia hasta la lavadora. El cesto es muy pesado y no puede levantarlo. ¿Qué puede hacer para llevarlo?

4. **VOCABULARIO** Escribe un ejemplo de trabajo.

Preparación para la prueba

5. ¿Cuál de las siguientes actividades **no** es un ejemplo de trabajo?
   A. sentarse y leer
   B. jugar a "buscar y traer" con el perro
   C. jalar una silla a través de la habitación
   D. empujar una caja de libros por el piso

Enlaces

Redacción

Redacción informativa
Piensa en los trabajadores de la comunidad. Menciona dos o tres tipos de empleos donde se hagan cosas que los científicos llamarían trabajo. Escribe una **descripción** de cómo las actividades de los trabajadores incluyen trabajo.

Arte

Arte del trabajo
Haz una ilustración de alguien realizando trabajo. Luego, en la parte de atrás del papel, haz una lista de las formas en que tú has realizado trabajo mientras hacías la ilustración.

Para hallar otros enlaces y actividades, visita
www.hspscience.com

533

Lección 2

¿Cuáles son algunas máquinas simples?

Datos breves

La importancia de las palancas Usamos palancas para hacer muchas cosas. ¿Sabías que el cascanueces es una palanca? En la sección "Investigación" aprenderás más acerca de la importancia de las palancas.

Investigación

La ayuda de las máquinas simples

Materiales
- cuchara de medir
- 2 platos de cartón
- tapa de frasco
- arroz blanco y arroz integral, sin cocinar
- pinza

Procedimiento

1. Mide una cucharada grande de arroz blanco. Colócala en la tapa de frasco. Haz lo mismo con el arroz integral.

2. Mezcla los dos tipos de arroz dentro de la tapa.

3. Usa tus dedos para separar los tipos de arroz. **Registra** tus observaciones.

4. Vuelve a colocar el arroz que separaste en la tapa. Mézclalo nuevamente.

5. Ahora, usa la pinza para separar los tipos de arroz. **Registra** tus observaciones.

Paso 3

Paso 5

Sacar conclusiones

1. ¿Qué forma de separar el arroz fue más fácil? ¿Por qué?

2. ¿Qué es más seguro para manipular alimentos, usar tus dedos o una pinza?

3. **Destreza de examinación**
   Si el tiempo fuera importante para completar esta tarea, ¿habría alguna diferencia si usaras los dedos o la pinza? Repite la investigación y **mide** el tiempo.

Investiga más

Has medido cuánto se tarda en separar el arroz. Haz una gráfica de barras para **comparar** tu tiempo con el de 4 compañeros. ¿Hubo diferencias? ¿Por qué?

535

La lectura en las Ciencias

VOCABULARIO
máquina simple pág. 537
palanca pág. 538
fulcro pág. 538
rueda y eje pág. 540
polea pág. 542

CONCEPTOS CIENTÍFICOS
▶ qué son las máquinas simples
▶ de qué manera las palancas, las ruedas y ejes y las poleas facilitan el trabajo

DESTREZA DE LECTURA
IDEA PRINCIPAL Y DETALLES
Busca detalles.

Idea principal — detalle, detalle, detalle

Máquinas simples

Imagina que el césped está cubierto de hojas secas. Tu trabajo consiste en juntarlas. Tomas un puñado de hojas y las pones en una bolsa de basura. Luego levantas otro puñado de hojas, luego otro y después otro más. ¡Esto llevará mucho tiempo!

El trabajo se haría más rápido si usaras una máquina. Una máquina es cualquier cosa que cambia la forma de realizar un trabajo. Por ejemplo, una sopladora de hojas es una máquina que permite juntar las hojas de manera fácil y rápida.

Otros ejemplos de máquinas son los automóviles, los lavaplatos y las bicicletas. Estas máquinas tienen muchas partes. Todas las partes juntas hacen que la máquina funcione.

La sopladora de hojas tiene un motor. El motor suministra la fuerza para hacer el trabajo.

Pero no todas las máquinas tienen muchas partes. Si no tienes una sopladora de hojas, podrías usar un rastrillo para juntarlas. Aunque no tenga motor, un rastrillo también es una máquina. Un rastrillo es un ejemplo de máquina simple.

Una **máquina simple** tiene pocas partes móviles, o no tiene ninguna. El rastrillo no tiene partes móviles. Para usar una máquina simple solo aplicas una fuerza. Para usar el rastrillo, lo jalas con una mano.

IDEA PRINCIPAL Y DETALLES ¿Qué es una máquina simple?

◀ Con el rastrillo, el niño es quien ejerce la fuerza para que se realice el trabajo.

Las Matemáticas en las Ciencias
Interpretar datos

Gavin rastrilló todas las hojas del jardín. Luego las desparramó otra vez y usó una sopladora de hojas. ¿Cuánto tiempo podría haber ahorrado usando la sopladora de hojas la primera vez?

Juntar hojas	
Sopladora de hojas	🍃
Rastrillo	🍃 🍃 🍃

Clave: Cada 🍃 = 1 hora

537

La palanca

Un rastrillo es una palanca. Una **palanca** es una barra que pivota, o gira, sobre un punto fijo. Un punto fijo es un punto que no se mueve. El punto fijo de una palanca se llama **fulcro**.

Piensa en la forma en que sostienes el rastrillo cuando lo usas. Una mano sostiene el extremo del mango. Esa mano permanece quieta: es el fulcro. La otra mano jala la parte central del mango. El extremo del rastrillo junta las hojas.

Tu mano mueve la parte central del mango del rastrillo una cierta distancia. El extremo del rastrillo se mueve una distancia mayor, y así junta más hojas. Eso hace que el trabajo sea más fácil.

¿Todas las palancas trabajan de esta manera? No, pero una escoba y una caña de pescar son palancas que trabajan de esta manera. También tu brazo es una palanca. Y la articulación del codo es el fulcro.

Una escoba es una palanca que te ayuda a limpiar. ¿Dónde está el fulcro? ▼

fulcro

Minilab

Yo me pregunto

¿Dónde conviene colocar las manos cuando usas la escoba? Trata de colocar ambas manos en la parte superior del mango y luego en la parte inferior. ¿Qué ocurrirá si separas tus manos? ¿De qué forma podrías barrer más hojas?

Una pala es una palanca que cambia la dirección y la intensidad de una fuerza. Empujas sobre el mango con una cierta fuerza. Una fuerza mayor mueve la hoja de la pala hacia arriba, levantando la roca.

fulcro

Las palancas trabajan de diferentes maneras, dependiendo de dónde esté el fulcro y dónde apliques la fuerza. En la sección "Investigación" usaste una pinza. El fulcro de la pinza está en la bisagra.

Imagina que quieres mover una roca grande. Empujas la hoja de la pala por debajo de la roca. El suelo es el fulcro. Empujas sobre el mango hacia abajo y la hoja de la pala sube, levantado la roca. Una barreta funciona de la misma manera. Un cascanueces es también una palanca. Su fulcro está donde sus brazos se conectan. Cuando empujas al mismo tiempo los extremos de los brazos, uno contra otro, la fuerza rompe la nuez que está ubicada entre ellos.

IDEA PRINCIPAL Y DETALLES ¿Por qué el rastrillo, la pala y el cascanueces se consideran palancas?

fulcro

▲ Un cascanueces no cambia la dirección de la fuerza que aplicas. Aumenta la intensidad de esa fuerza.

539

La rueda y eje

Otro tipo de máquina simple es la rueda y eje. La **rueda y eje** consiste en una rueda y un eje que están conectados de tal forma que giran juntos.

Sabes que una bicicleta tiene ruedas y tal vez sepas que tiene ejes. Sin embargo, debido a que las ruedas y los ejes no están conectados y no giran juntos, no es lo que los científicos llamarían una máquina simple.

El picaporte de la puerta que se muestra en esta página es un ejemplo de rueda y eje. La rueda es el picaporte, y la varilla que está conectada al picaporte es el eje. El picaporte y la varilla forman una máquina simple, ya que están conectados y giran juntos.

Míralo en detalle

Rueda y eje: El picaporte de la puerta

El picaporte es una rueda. La varilla conectada a ella es un eje. Al girar el picaporte, el eje también gira. Cuando esto ocurre, retraes el pistillo y la puerta se abre.

Para hallar otros enlaces y actividades, visita www.hspscience.com

▲ Sin un destornillador sería muy difícil ajustar tornillos.

El mango del destornillador es la rueda que hace girar la varilla de metal, o eje. ▼

rueda

eje

El destornillador es otro ejemplo de rueda y eje. La varilla de metal es el eje. El mango es la rueda. A la varilla de metal le resultaría muy difícil girar por sí misma. Deberías ejercer mucha fuerza. El mango te permite girar la varilla de metal con menos fuerza, haciendo más fácil el trabajo.

IDEA PRINCIPAL Y DETALLES ¿De qué manera la rueda y eje facilita el trabajo?

541

Los bordes de la rueda mantienen la cuerda en su lugar.

polea

cuerda

◀ Jalas la cuerda hacia abajo y la bandera sube.

La polea

Algunos pozos antiguos tienen otro tipo de máquina simple. Un balde está atado a una cuerda. La cuerda es parte de una máquina simple llamada polea. Una **polea** es una rueda con una cuerda a su alrededor. Jalas un extremo de la cuerda en una dirección y el otro extremo se mueve en la dirección opuesta.

En el pozo, el balde está atado a uno de los extremos de la cuerda. Sería difícil levantar el balde jalando la cuerda. Con la polea, puedes jalar hacia abajo, lo cual es más fácil, y entonces el balde sube.

Algunas cortinas y persianas tienen poleas. También los mástiles de las banderas. No sería cómodo trepar hasta el tope del mástil para izar la bandera. Si usas una polea, no tienes que hacerlo.

IDEA PRINCIPAL Y DETALLES ¿Cómo trabaja una polea?

Repaso de la lectura

1. **IDEA PRINCIPAL Y DETALLES** Copia y completa el siguiente organizador gráfico.

Idea principal: Una máquina simple es una herramienta que trabaja solo cuando una fuerza actúa sobre ella.

- Palanca
  - Qué es:
    A _____
- Rueda y eje
  - Qué es:
    B _____
- Polea
  - Qué es:
    C _____

2. **RESUMEN** Escribe una oración que explique la información más importante de esta lección.

3. **SACAR CONCLUSIONES** ¿Qué máquina simple puedes usar para mover una canasta de frutas desde el piso a una casita en un árbol?

4. **VOCABULARIO** Escribe un ejemplo de cada clase de máquina simple que aprendiste en esta lección.

Preparación para la prueba

5. ¿Qué máquina simple usarías para abrir una lata de pintura?
   - **A.** palanca
   - **B.** palanca y polea
   - **C.** polea
   - **D.** rueda y eje

Enlaces

Redacción

Redacción informativa
Escribe a un niño de primer grado con **instrucciones** para izar una bandera usando una polea. Haz ilustraciones para acompañar tus instrucciones.

Salud

Las palancas del cuerpo
Encuentra un diagrama de un brazo humano, cópialo y rotúlalo para mostrar de qué manera el brazo trabaja como una palanca. ¿Qué otras partes del cuerpo trabajan de esa manera?

Para hallar otros enlaces y actividades, visita
www.hspscience.com

Lección 3

¿Cuáles son algunas otras máquinas simples?

Datos breves

¡Cuidado! Alguien que pesca en el hielo debe tener mucho cuidado cuando camina sobre el hielo para hacer una perforación con un taladro. Para soportar el peso de un adulto, el hielo debe tener un espesor de al menos 5 centímetros (2 pulg). En la sección "Investigación" medirás una fuerza usando una báscula de resorte.

Investigación

Ayuda si está inclinado

Materiales
- gafas protectoras
- carro de juguete
- cinta métrica
- báscula de resorte
- hilo
- tabla
- silla

Procedimiento

Datos del trabajo

	Distancia (cm)	Tiempo	Fuerza (newtons)	Iguales	Trabajo (newton-cm)
Sin rampa		x		=	
Con rampa		x		=	

1. **CUIDADO:** Colócate gafas protectoras. Usa la tabla para hacer una rampa desde el piso al asiento de la silla. Mide la distancia desde el piso a la silla. **Mide** en línea recta y a lo largo de la rampa. **Registra** ambas distancias.

2. Ata el hilo al carro de juguete. Une la báscula al hilo.

3. Sujeta el carro a la báscula y levántalo desde el piso en línea recta al asiento de la silla. **Registra** la fuerza que indica la báscula.

4. Sujeta el carro a la báscula y lentamente jálalo hacia arriba por la rampa, desde el piso hasta el asiento de la silla. **Registra** la fuerza que indica la báscula.

Paso 4

Sacar conclusiones

1. ¿De qué manera la rampa influyó en la fuerza que se necesita para levantar el carro?

2. ¿De qué manera la rampa afectó la distancia?

3. **Destreza de examinación** Los científicos **interpretan datos** para sacar conclusiones. ¿Qué conclusiones puedes sacar de tus datos?

Investiga más

¿Qué puede influir en la fuerza que se necesita para levantar el carro? **Planea y haz una investigación simple** para comprobar algunas variables.

La lectura en las Ciencias

VOCABULARIO
plano inclinado
  pág. 546
cuña pág. 548
tornillo pág. 550

CONCEPTOS CIENTÍFICOS
▶ cómo se usan los planos inclinados, las cuñas y los tornillos

DESTREZA DE LECTURA
COMPARAR Y CONTRASTAR
Busca semejanzas y diferencias entre los planos inclinados, las cuñas y los tornillos.

semejanzas — diferencias

El plano inclinado

Imagina que quieres alcanzar la cima de esta colina. Podrías tomar un sendero directo para subir la colina. Eso resultaría más fácil que escalar un precipicio, pero aun así llegarías muy cansado a la cima.

En cambio, podrías subir por un sendero que rodee la colina. El sendero es más largo que la ruta directa, pero es más fácil subir por una pendiente suave.

Ambas rutas son planos inclinados. Un **plano inclinado** es una máquina simple que permite mover y levantar cosas con mayor facilidad.

Subir por el sendero directo no requiere mucho tiempo pero sí mucho trabajo. Tomar el sendero sinuoso requiere menos trabajo pero más tiempo.

rampa

Imagina que necesitas poner una caja de libros sobre un estante. Intentas levantar la caja, pero es demasiado pesada. Entonces, apoyas una tabla contra el estante y arrastras la caja hasta el extremo de la tabla. Un fuerte empujón mueve la caja hacia arriba por la rampa. Poco después, y con mucho menos esfuerzo, la caja está sobre el estante.

En este caso, usaste la tabla como una rampa. Una rampa es un ejemplo de plano inclinado. Las rampas se usan para retirar más fácilmente cosas de sótanos o para subir cosas a camiones.

▲ Es más fácil empujar este sillón por la rampa, hacia arriba, que levantarlo directamente hasta el camión.

COMPARAR Y CONTRASTAR
¿En qué se parece una rampa a un sendero que sube una colina?

Una rampa puede facilitar la entrada a edificios de personas con discapacidades físicas. ▶

La cuña

Imagina que quieres poner una rodaja de tomate en tu emparedado. ¿Cómo puedes hacer para cortar una fina rodaja de un tomate entero? Es fácil: usas un cuchillo afilado. Para cortar el tomate, presionas el cuchillo hacia abajo. El cuchillo parte el tomate en dos trozos. En un instante, tienes una rodaja.

El cuchillo es una máquina simple a la que se llama cuña. Una **cuña** está compuesta por dos planos inclinados que, puestos uno contra otro, forman un ángulo agudo. Las cuñas se usan para hacer que dos cosas se separen o para partir una cosa en dos.

La cuña

Una cuña está compuesta por dos planos inclinados colocados uno contra otro.

548

Es fácil de observar la forma de cuña de esta hacha.

Un hacha también es una cuña. Puede partir un tronco en dos trozos.

La hoja del hacha es similar a dos rampas. Para mover algo sobre la rampa, empujas un objeto hacia arriba. Para mover una cuña hacia abajo a través de un objeto, empujas la cuña hacia abajo. En ambos casos, algo se desliza a lo largo de una rampa.

COMPARAR Y CONTRASTAR ¿En qué se asemejan una cuña y un plano inclinado? ¿En qué se diferencian?

Un cincel también es una cuña. Este hombre usa un cincel para separar pequeños trozos de piedra caliza de la piedra principal.

El tornillo

Imagina que quieres sujetar dos trozos de madera. Podrías usar un clavo pero, al ser liso, el clavo podría salirse de la madera. Sería mejor usar un tornillo.

Un **tornillo** es una máquina simple que haces girar para levantar un objeto o sostener dos o más objetos juntos. Es como un clavo con rosca alrededor. La rosca hace que sea más difícil quitar el tornillo de la madera.

Un clavo entra directamente en la madera. Un tornillo da vueltas sobre su eje mientras penetra. Al entrar en la madera, un tornillo recorre más distancia que un clavo pero requiere mucho menos fuerza.

COMPARAR Y CONTRASTAR ¿En qué se asemejan un tornillo y un plano inclinado? ¿En qué se diferencian?

Minilab

Haz un modelo de un tornillo
Recorta un triángulo de papel. ¿En qué se asemeja el papel a un plano inclinado? Ahora, envuelve el papel alrededor de un lápiz. ¿En qué se asemeja ahora el lápiz al tornillo?

Algunos tornillos tienen roscas muy separadas. Otros tienen roscas que están más juntas y que se enrollan más veces alrededor del tornillo. Es más fácil hacer girar estos tornillos, pero requiere más tiempo. ▼

La rosca del tornillo mantiene unidas las piezas de madera.

Repaso de la lectura

1. **COMPARAR Y CONTRASTAR** Copia y completa el siguiente organizador gráfico.

Máquina simple	Qué es	Qué hace	Ejemplo
Plano inclinado	una superficie inclinada	facilita el movimiento de cosas	A
Tornillo	B	C	D
Cuña	E	F	G

2. **RESUMEN** Usa el organizador gráfico para escribir un resumen de la lección.

3. **SACAR CONCLUSIONES** Matthew está armando un banco. Explica por qué sería mejor usar tornillos en lugar de clavos.

4. **VOCABULARIO** Escribe un párrafo en el que uses correctamente los términos *plano inclinado*, *cuña* y *tornillo*.

Preparación para la prueba

5. Tu amigo vive en la cima de una colina. ¿Qué máquina simple usarías para llegar a su casa?
   - **A.** plano inclinado
   - **B.** polea
   - **C.** cuña
   - **D.** palanca

Enlaces

Redacción

Redacción narrativa
Escribe un **cuento** acerca de un lugar imaginario en donde no existieran las máquinas simples. Tu cuento puede ser gracioso o serio. Recuerda elegir un nombre para tu lugar.

Estudios Sociales

Pirámides egipcias
Lee acerca de cómo los antiguos egipcios construían las pirámides. Investiga qué máquinas creen los científicos que usaban los egipcios y cómo las usaban.

Para hallar otros enlaces y actividades, visita
www.hspscience.com

SCIENCE Spin from WEEKLY READER

Tecnología

Saluda a ASIMO

¿Te gustaría tener en tu casa un robot que te ayude, por ejemplo, a limpiar tu cuarto? Esa realidad puede estar mucho más cerca de lo que crees. Te presentamos a ASIMO, el robot humanoide más avanzado del mundo.

Este robot de 4 pies y 115 libras es casi como un humano. Balanceándose sobre sus dos piernas, ASIMO puede caminar, subir escaleras y hasta bailar. Este robot tiene dos brazos y dos manos, de manera que puede dar apretones de mano, sostener objetos, encender la luz y abrir puertas. Puede también reconocer rostros y voces.

Los ingenieros de una compañía japonesa tardaron más de 16 años en desarrollar a ASIMO. Su objetivo era construir un robot que mejorara la vida de las personas. "ASIMO fue creado con el propósito de ayudar, algún día, a las personas que lo necesiten", afirmó Koichi Amemiya, presidente de la compañía.

Los científicos esperan que ASIMO sea capaz de ayudar en las tareas del hogar como, por ejemplo, sacar la basura.

ASIMO es la sigla que corresponde a la frase en inglés *Advanced Step in Innovative MObility*.

ASIMO ha recorrido Estados Unidos. Para que niños y adultos pudieran conocer a este robot de alta tecnología, la gira educativa "Saluda a ASIMO" hizo escala en la mayoría de las grandes ciudades de Estados Unidos. El objetivo de la gira fue alentar a los jóvenes para que estudien ciencia y robótica.

PIENSA

1. En el futuro, ¿cómo podría ayudar a las personas un robot de estas características?
2. El primer robot era solamente un par de piernas. ¿Por qué crees que esto fue así?

¡Investiga más! Visita www.hspscience.com

Bicicletas y bates de béisbol

Ya sabes lo difícil que es conducir tu bicicleta cuando llevas muchas cosas. Quizás alguna vez hayas intentado ir en bicicleta a tu práctica de béisbol o softbol llevando tu guante y tu bate. Si no tienes una canasta, ¿qué puedes hacer?

Hay algo que puede ayudarte. Gracias a Austin Meggitt, un niño de nueve años, puedes conducir sin peligro y llevar tu equipo de béisbol. Austin inventó un portaequipaje que puede colocarse en el manubrio de cualquier bicicleta. El portaequipaje tiene un lugar para colocar un bate de béisbol, un guante y una pelota. El portaequipaje se sujeta al manubrio con tornillos y abrazaderas. Este invento permite al conductor tener las dos manos en el manubrio y conducir con total seguridad.

¡Investiga más! Visita www.hspscience.com

Proyectos de Ciencias
para la casa o la escuela

¡Sí puedes!

Proyecto fácil y rápido

Hacer un elevador

Materiales
- 2 vasos de cartón
- monedas de 1¢
- cinta adhesiva
- hilo
- polea
- caja

Procedimiento

1. Pega con cinta adhesiva la rueda de la polea a la parte de abajo de una caja.
2. Pasa el hilo por la rueda.
3. Con cinta adhesiva, pega un vaso de cartón a cada extremo del hilo.
4. Coloca monedas de 1¢ en un vaso y luego en el otro. Observa cómo se mueve tu elevador.

Sacar conclusiones

¿Cómo influye el equilibrio del peso en el movimiento de tu elevador?

Planea tu propia investigación

¿Cómo funciona una cuña? ¿Cómo funciona una palanca? ¿Diferentes palancas funcionan de diferentes maneras? ¿Cómo construirías un modelo de cada una de estas máquinas simples? Haz bocetos con ideas de cómo construir cuñas y palancas con bloques de madera. Luego, usa tus bocetos como guías para construir máquinas simples.

Capítulo 16 Repaso y preparación para la prueba

Repaso del vocabulario

Usa los términos de abajo para completar las oraciones. Los números de página te indican qué parte del capítulo debes mirar si necesitas ayuda.

trabajo pág. 530
máquina simple pág. 537
palanca pág. 538
fulcro pág. 538
polea pág. 542
plano inclinado pág. 546
cuña pág. 548
tornillo pág. 550

1. La _____ es una rueda con una cuerda a su alrededor.

2. La _____ es una barra que pivota, o gira, sobre un punto fijo.

3. Una _____ está compuesta por dos planos inclinados que, puestos uno contra otro, forman un ángulo agudo.

4. Cualquier cosa que facilite el trabajo y tenga pocas partes o ninguna parte que se mueva es una _____.

5. _____ es usar la fuerza para mover un objeto.

6. Una superficie inclinada que facilita el movimiento de un objeto es un _____.

7. Cuando usas una pala para desenterrar un objeto, el suelo actúa como _____.

8. Las roscas que se enrollan alrededor de un eje forman un _____.

Comprueba lo que aprendiste

Escribe la letra de la respuesta correcta.

9. **IDEA PRINCIPAL Y DETALLES** ¿Cuál de los siguientes es un ejemplo de trabajo?
   A. sostener una pelota de béisbol
   B. colocar tu vianda en la lonchera
   C. empujar contra una pared
   D. pensar en la tarea

10. **COMPARAR Y CONTRASTAR** Compara las máquinas simples. ¿Cuál de los siguientes objetos **no** es una palanca?
    F. escoba   H. rastrillo
    G. barreta   J. rampa

11. ¿Cómo se usa el destornillador en este dibujo?
    A. como una palanca
    B. como un plano inclinado
    C. como una cuña
    D. como una rueda y eje

556

12. ¿Qué tipo de máquina simple es un cascanueces?

   F. eje
   G. plano inclinado
   H. palanca
   J. tornillo

13. ¿Qué tipo de máquina simple puedes usar para subir una lata de pintura a un segundo piso mientras te encuentras en la planta baja?

   A. polea
   B. plano inclinado
   C. cuña
   D. rueda y eje

14. ¿Qué máquina simple está formada por un plano inclinado que se enrolla alrededor de un eje?

   F. fulcro
   G. tornillo
   H. cuña
   J. rueda y eje

15. Leo usa un cincel para tallar un trozo de madera. ¿Qué máquina simple está usando?

   A. palanca
   B. polea
   C. rampa
   D. cuña

16. ¿Cuál de estos objetos del patio de recreo es un ejemplo de palanca?

   F. escalera
   G. subibaja
   H. tobogán
   J. columpio

Destrezas de examinación

17. Tu maestro te pide que uses objetos del salón de clases para armar una máquina simple. Ves una regla y una goma de borrar. ¿Qué dos máquinas simples podrías construir usando estos elementos? Haz un dibujo que muestre esas dos máquinas simples. **Compara** tus máquinas simples.

18. Pateaste una pelota de fútbol lo más lejos que pudiste. Explica cómo podrías usar una cuerda para saltar para **medir** la distancia hasta el lugar donde enviaste la pelota.

Razonamiento crítico

19. Angie y su familia llegaron tarde al aeropuerto. Deben apresurarse para tomar el avión. ¿Está haciendo Angie algún trabajo cuando jala su maleta hacia arriba por la rampa? Explica tu respuesta.

20. En esta ilustración, Kyle está empujando una pila grande de periódicos hacia arriba por una rampa. ¿Qué podría hacer para reducir la cantidad de fuerza que tiene que aplicar?

Referencias

Contenido

Manual de la salud
- Tu piel. R1
- Tu aparato digestivo R2
- Tu aparato circulatorio R4
- Tu sistema óseo. R6
- Tu sistema muscular R8
- Tus sentidos R10
- Tu sistema inmunitario R12
- Cómo mantenerse sano R14

Manual de Lectura para las Ciencias
- Identificar la idea principal y los detalles R16
- Comparar y contrastar R18
- Causa y efecto R20
- Ordenar en secuencia R22
- Sacar conclusiones R24
- Resumir R26

Manual de Matemáticas para las Ciencias — R28

La seguridad en las Ciencias R36

Glosario R37

Índice R46

Manual de la salud

Tu piel

La piel es el órgano más grande de tu cuerpo. Le proporciona a tu cuerpo una cubierta protectora resistente. Te protege de las enfermedades. La piel también te da el sentido del tacto que te permite sentir la presión, las texturas, la temperatura y el dolor. Además, produce sudor para ayudar a tu cuerpo a controlar su temperatura. Cuando juegas mucho o haces ejercicios físicos, tu cuerpo produce sudor, que te enfría cuando se evapora. El sudor de la piel también ayuda a tu cuerpo a eliminar el exceso de sal y otros desechos.

▼ La piel es el órgano más grande del cuerpo.

Epidermis
La parte superior de la epidermis está formada por muchas capas de células de piel muertas. Las células de la parte inferior de la epidermis están constantemente generando células nuevas.

Glándula sebácea
Las glándulas sebáceas producen una grasa que mantiene tu piel tersa y suave.

Folículo capilar
Cada folículo capilar tiene un músculo que puede contraerse y hacer que el pelo se "pare de punta".

Poro
Estos diminutos orificios de la superficie de la piel llegan hasta la dermis.

Glándula sudorípara
Las glándulas sudoríparas producen el sudor, que contiene agua, sal y diversos desechos.

Dermis
La dermis es mucho más gruesa que la epidermis. Está compuesta de fibras fuertes y flexibles.

Tejido adiposo
Esta capa de tejido que está debajo de la dermis almacena alimento, proporciona calor y une la piel a los huesos y los músculos que están debajo.

El cuidado de tu piel

- Para proteger tu piel y mantenerla sana, debes lavar todos los días tu cuerpo, incluyendo el pelo y las uñas. Eso ayuda a eliminar los gérmenes, el exceso de grasas y de sudor, y las células muertas de la epidermis, o capa exterior de la piel. Como durante el día tocas muchas cosas, debes lavarte las manos con agua y jabón en forma frecuente.

- Si te cortas o te raspas, debes lavarte la herida de inmediato y cubrirla con una venda estéril para evitar una infección.

- Protégete la piel de cortes y raspaduras usando un equipo de seguridad adecuado.

- Cuando estás al sol, protege tu piel contra quemaduras usando ropa protectora y pantalla solar.

Tu aparato digestivo

Tu aparato, o sistema, digestivo está formado por órganos conectados que descomponen los alimentos que comes y eliminan los desechos sobrantes que tu cuerpo no necesita.

De la boca al estómago

La digestión comienza cuando masticas la comida. Al masticarla, la deshaces y la mezclas con saliva. Cuando tragas, la comida ablandada baja por tu esófago hasta tu estómago, donde se mezcla con jugos digestivos. Estos son ácidos potentes que continúan el proceso de descomponer la comida en nutrientes que tu cuerpo necesita para mantenerse sano. Tu estómago disuelve la comida y la transforma en un líquido espeso.

El intestino delgado y el hígado

La comida sale de tu estómago y pasa a tu intestino delgado. Este órgano es un tubo largo que está justo debajo de tu estómago. Tu hígado es un órgano que envía bilis a tu intestino delgado para continuar el proceso de digerir las grasas de la comida. Las paredes del intestino delgado están cubiertas por millones de protuberancias pequeñas, con forma de dedo, llamadas vellosidades. Cuando la comida pasa por el intestino delgado, los diminutos vasos sanguíneos de esas vellosidades absorben los nutrientes.

El intestino grueso

Cuando la comida termina de atravesar tu intestino delgado, pasa al intestino grueso. Este órgano de tu sistema digestivo absorbe el agua de la comida. Los desechos restantes se mantienen allí hasta que vas al baño.

vellosidades

Manual de la salud

- boca
- esófago
- hígado
- estómago
- intestino grueso
- intestino delgado

R3

Tu aparato circulatorio

Tu aparato, o sistema, circulatorio lleva a cada célula de tu cuerpo los nutrientes que tu sistema digestivo obtiene de la comida y el oxígeno que tus pulmones obtienen del aire que respiras. Al circular por tu cuerpo, la sangre ayuda también a combatir infecciones, a controlar tu temperatura y a eliminar desechos de tus células.

El corazón y los vasos sanguíneos

El corazón es el órgano que bombea la sangre por tu sistema circulatorio. Es un músculo fuerte que late continuamente. Cuando haces ejercicio, tu corazón se ajusta para latir más rápido y suministrar así la energía y el oxígeno que tus músculos necesitan para trabajar de manera más intensa.

La sangre de tu corazón es bombeada a través de venas hasta tus pulmones, donde libera dióxido de carbono y recoge oxígeno. La sangre vuelve entonces hasta tu corazón para ser bombeada a través de las arterias a todas las partes de tu cuerpo.

La sangre

La sangre de tu sistema circulatorio es una mezcla de fluidos y células especializadas. La parte líquida y acuosa de tu sangre se llama plasma. El plasma permite a esas células de tu cuerpo llegar por tus vasos sanguíneos a todas las partes de tu cuerpo. También cumple un papel importante al ayudar a tu cuerpo a controlar tu temperatura.

Manual de la salud

Células de la sangre

Hay tres tipos principales de células en tu sangre. Cada tipo de célula de tu sistema circulatorio cumple un papel especial para que tu cuerpo se mantenga sano y en forma.

Los **glóbulos rojos** son las células más numerosas de tu sangre. Transportan el oxígeno desde tus pulmones a todo tu cuerpo. También llevan el dióxido de carbono desde las células hasta tus pulmones, para que puedas exhalarlo.

glóbulos rojos

Los **glóbulos blancos** ayudan a tu cuerpo a combatir las infecciones cuando te enfermas.

Las **plaquetas** ayudan a tu cuerpo a dejar de sangrar cuando te haces un corte u otra herida. Las plaquetas se amontonan tan pronto como comienzas a sangrar. Ese grupo pegajoso de plaquetas atrapa glóbulos rojos y forma un coágulo de sangre. El coágulo de sangre se endurece para producir una costra que sella el corte y permite que tu cuerpo comience a sanar la herida.

El cuidado de tu sistema circulatorio

- Come alimentos con bajo contenido de grasas y alto contenido de fibras. La fibra ayuda a eliminar sustancias que pueden llevar a que se acumule grasa en los vasos sanguíneos.
- Come alimentos con alto contenido de hierro para ayudar a tus glóbulos rojos a transportar el oxígeno.
- Bebe mucha agua para ayudar a tu cuerpo a reponer la sangre.
- Evita el contacto con la sangre de otra persona.
- Haz ejercicio regularmente para mantener fuerte tu corazón.
- Nunca fumes o consumas tabaco.

Tu sistema óseo

Tu sistema óseo está formado por todos los huesos de tu cuerpo. Esas partes fuertes y duras de tu cuerpo protegen tus órganos internos, te ayudan a moverte y te permiten sentarte y pararte.

Tu sistema óseo trabaja junto a tu sistema muscular para sostener y dar forma a tu cuerpo.

Tu sistema óseo incluye más de 200 huesos. Estos huesos tienen muchas formas y tamaños diferentes.

El cráneo

Los huesos planos y anchos de tu cráneo se encajan firmemente entre sí para proteger tu cerebro. Los huesos de la parte frontal de tu cráneo le dan forma a tu cara y permiten a los músculos de tu rostro expresar tus pensamientos y emociones.

La columna vertebral

Tu columna vertebral, o espina dorsal, está formada por casi dos docenas de huesos pequeños y redondos. Esos huesos encajan entre sí y conectan tu cabeza con tu pelvis. Cada uno de esos huesos, o vértebras, tiene un pequeño agujero redondo en el centro, lo que le da la forma de una rosquilla. Tu médula espinal es un cordón de nervios que lleva información hasta tu cerebro y desde él al resto de tu cuerpo. Tu médula espinal se extiende a través de los agujeros de tus vértebras desde el cerebro, bajando por tu espalda, hasta la cadera. Entre todas las vértebras hay un disco blando y flexible de cartílago. Esto te permite doblar y torcer tu columna vertebral. Tu columna vertebral, tu pelvis y los huesos de tus piernas trabajan juntos para que puedas pararte, sentarte o moverte.

Manual de la salud

cráneo

columna vertebral

pelvis

El cuidado de tu sistema óseo

- Usa casco y equipo de seguridad adecuado siempre que practiques algún deporte, que patines, o que andes en bicicleta o en patineta.

- Tus huesos están compuestos principalmente de calcio y otros minerales. Para mantener tu sistema óseo fuerte y ayudar a que se desarrolle, debes comer alimentos que tengan alto contenido de calcio, como la leche, el queso y el yogur. Las verduras verde oscuro con hojas, como el brócoli, la espinaca y la col verde también son buenas fuentes de calcio.

- Haz ejercicios para ayudar a tus huesos a mantenerse fuertes y sanos. Descansa mucho para ayudar a que tus huesos crezcan.

- Párate y siéntate en una buena postura. Al sentarte encorvado, tensionas tus músculos y tus huesos.

R7

Tu sistema muscular

Los músculos son partes del cuerpo que producen movimiento al contraerse y relajarse. Todos los músculos de tu cuerpo forman el sistema muscular.

Músculos voluntarios e involuntarios

Los **músculos voluntarios** son los músculos que usas para mover tus brazos y piernas, tu cara, tu cabeza y tus dedos. Puedes hacer que esos músculos se contraigan o se relajen y de esa manera controlar el movimiento de tu cuerpo.

Los **músculos involuntarios** son responsables de movimientos que normalmente no puedes ver ni controlar. Esos músculos incluyen tu corazón y los músculos que controlan tu estómago y tu sistema digestivo, tu diafragma y tus párpados. Tu corazón late y tu diafragma regula tu respiración sin que pienses en ellos. No puedes detener la acción de estos músculos.

Cómo te ayudan los músculos a moverte

Todos los músculos jalan cuando se contraen. Mover tu cuerpo en más de una dirección requiere más de un músculo. Para extender un brazo o para recogerlo, usas un par de músculos. Cuando un músculo se contrae para extender tu brazo, el otro se relaja y se estira. Cuando recoges tu brazo, esos músculos invierten sus funciones.

Tus músculos te permiten hacer muchas cosas. Los músculos largos de tus piernas te permiten caminar y correr. Los músculos diminutos de tu cara te permiten sonreír.

fibra muscular

tejido muscular

Manual de la salud

músculo del brazo

Los músculos y los huesos

Los músculos que te permiten mover tu cuerpo trabajan con tu sistema óseo. Los músculos de tus piernas que te permiten patear una pelota o montar una bicicleta jalan los huesos y las articulaciones de tus piernas y de la parte inferior de tu cuerpo. Tus músculos se conectan con tu sistema óseo mediante tejidos fuertes, parecidos a cuerdas, llamados tendones.

Tu tendón de Aquiles, justo encima de tu talón, conecta los músculos de tu pantorrilla con el hueso de tu talón. Cuando contraes esos músculos, el tendón jala el hueso del talón y te permite pararte en punta de pie, saltar o pedalear con fuerza tu bicicleta.

El cuidado de tu sistema muscular

- Estira y calienta siempre los músculos antes de hacer ejercicio o practicar un deporte. Hazlo trotando lentamente o caminando durante cinco o diez minutos. Eso lleva sangre fresca y oxígeno a tus músculos y ayuda a evitar heridas o dolores.

- Sigue una dieta equilibrada para que tus músculos tengan los nutrientes que necesitan para crecer y mantenerse fuertes.

- Bebe mucha agua cuando haces ejercicio o practicas un deporte. Eso ayuda a tu sangre a eliminar desechos de los músculos y ayuda a desarrollar resistencia.

- Siempre haz un poco de enfriamiento después de hacer ejercicio. Camina o trota lentamente durante cinco o diez minutos para permitir que el ritmo de tus latidos disminuya y que tu respiración vuelva a la normalidad. Eso ayuda a evitar el dolor y la rigidez después de que tus músculos trabajan intensamente.

- Deja de hacer ejercicio si sientes dolor en los músculos.

- Descansa mucho antes y después de trabajar intensamente con los músculos. Necesitan tiempo para recuperarse del trabajo.

Tus sentidos

Los ojos y la visión

Los ojos te permiten ver la luz que reflejan las cosas que te rodean. Este diagrama muestra cómo funciona el ojo. La luz entra a través de la superficie exterior transparente, llamada córnea, y pasa por la pupila. El cristalino desvía la luz que entra para enfocarla sobre la retina. La retina envía señales nerviosas a través del nervio óptico. Tu cerebro usa las señales para formar una imagen. Eso es lo que tú "ves".

- retina
- nervio óptico
- pupila
- córnea
- cristalino

El cuidado de tus ojos

- Debes hacerte controlar la vista por un médico todos los años. Di a tus padres o a tu médico si tu visión se vuelve borrosa o si estás teniendo dolores de cabeza o dolor en los ojos.

- Nunca te toques ni te frotes los ojos.

- Cuando usas herramientas o practicas deportes, usa gafas protectoras.

- Cuando nadas, usa gafas de natación para proteger tus ojos del cloro contaminantes u otras sustancias que haya en el agua.

- Usa gafas de sol para proteger tus ojos de las luces muy potentes. Mirar directamente una luz fuerte o al sol puede dañar tus ojos de manera permanente.

Manual de la salud

Los oídos y la audición

El sonido viaja en ondas a través del aire. Cuando algunas de esas ondas entran en tu oído, escuchas un sonido. Este diagrama muestra el interior de tu oído.

- canales semicirculares
- nervio auditivo
- cóclea
- estribo
- yunque
- tímpano
- martillo
- canal auditivo

El cuidado de tus oídos

- Nunca metas nada en tus oídos.
- Cuando practicas deportes, usa un casco que te cubra las orejas.
- Mantén tus orejas abrigadas en invierno.
- Evita los sonidos fuertes y no escuches música a muy alto volumen.
- Si te duelen, si supuran o si tienes alguna pérdida de audición, haz que un médico revise tus oídos.
- Usa tapones para los oídos cuando nadas. El agua en los oídos puede producir infecciones.

El sistema inmunitario y el endocrino

Agentes patógenos y enfermedades

Tal vez conozcas a alguien que haya tenido un resfrío o una gripe este año. Esas enfermedades son causadas por gérmenes llamados agentes patógenos. Las enfermedades se propagan cuando los agentes patógenos pasan de una persona a otra.

Tipos de agentes patógenos

Hay cuatro tipos de agentes patógenos: virus, bacterias, hongos y protozoos. Los virus son el tipo de agentes patógenos más pequeños. Son tan pequeños que solo pueden observarse con microscopios electrónicos muy potentes. Los virus causan muchos tipos de enfermedades, entre ellas los resfríos, la gripe y la varicela. Los virus necesitan usar células vivas para reproducirse.

Las bacterias son organismos unicelulares diminutos que viven en el agua, en el suelo y en casi todas las superficies. La mayoría de las bacterias solo pueden verse con un microscopio. No todas las bacterias causan enfermedades. Tu cuerpo necesita algunos tipos de bacteria para funcionar bien.

El tipo más común de infección causada por hongos es el pie de atleta. Se trata de una infección de la piel entre los dedos de los pies, que provoca ardor y picazón. La tiña es otra infección de la piel causada por un hongo. Hace que aparezcan en la piel manchas redondas que provocan picazón.

Los protozoos son el cuarto tipo de agentes patógenos. Son organismos unicelulares ligeramente más grandes que las bacterias. Cuando se desarrollan en los alimentos o en el agua potable, pueden causar enfermedades.

Manual de la salud

Combatir la enfermedad

Los agentes patógenos que pueden provocarte una enfermedad están en todas partes. Cuando te enfermas, puede tratarte un médico. Además, puedes practicar hábitos útiles para protegerte a ti y a los demás de la propagación de los agentes patógenos y de las enfermedades que pueden causar.

La mejor manera de evitar la propagación de agentes patógenos es lavarte las manos con agua caliente y jabón. Eso quita los gérmenes de tu piel. Debes lavarte las manos con frecuencia. Hazlo siempre antes y después de comer, después de tocar animales y después de usar el baño. Evita tocarte la boca, los ojos y la nariz. Nunca compartas sombreros, peines, vasos o pajitas para beber. Si te cortas o te raspas, pueden entrar agentes patógenos en tu cuerpo. Es importante lavar cuidadosamente con agua y jabón los cortes y los raspones. Luego, cubre la lastimadura con una venda estéril.

Cuando estás enfermo, debes evitar propagar agentes patógenos a otras personas. Cúbrete la nariz y la boca cuando estornudas o toses. No compartas nada que haya tocado tu boca o tu nariz. No vayas a la escuela hasta que tu médico u otro adulto te diga que estás suficientemente bien como para regresar a clase.

Aunque hay agentes patógenos a nuestro alrededor, la mayoría de las personas solo se enferma de vez en cuando, porque el cuerpo tiene sistemas que lo protegen de los agentes patógenos. Esas defensas evitan que entren agentes patógenos en tu cuerpo.

Algunas defensas del cuerpo

- glándulas salivales
- mucosidad
- cilios
- jugos digestivos

Cómo mantenerse sano

Sigue una dieta equilibrada

Comer los alimentos que tu cuerpo necesita para crecer y combatir las enfermedades es lo más importante que puedes hacer para mantenerte sano. Una dieta equilibrada de alimentos saludables proporciona energía a tu cuerpo. Los sistemas de tu cuerpo necesitan nutrientes para funcionar adecuadamente y trabajar juntos.

Elegir alimentos poco saludables puede llevar a que aumentes de peso en forma excesiva y que te falte energía. La inactividad y la mala comida pueden hacer que te enfermes con mayor frecuencia. Además, los alimentos poco saludables pueden producir enfermedades no transmisibles. A diferencia de las enfermedades transmisibles, que son causadas por gérmenes, las enfermedades no transmisibles se producen porque los sistemas de tu cuerpo no están funcionando correctamente.

Manual de la salud

Haz ejercicios regularmente

El ejercicio mantiene tu cuerpo sano. El ejercicio regular ayuda a tu corazón, tus pulmones y tus músculos a mantenerse fuertes. Ayuda a tu cuerpo a digerir la comida. También lo ayuda a combatir las enfermedades. Hacer ejercicios para mantener tu cuerpo fuerte ayuda además a prevenir las lesiones cuando practicas deportes.

El ejercicio hace que tu cuerpo descanse mejor. Dormir lo suficiente prepara a tu cuerpo para el día siguiente. Permite que tus músculos y huesos se desarrollen y se recuperen del ejercicio. El descanso también te ayuda a mantener la mente alerta para aprender y jugar.

Identificar la idea principal y los detalles

Este Manual de lectura para las Ciencias da sugerencias para usar las Destrezas de lectura que ves a lo largo de este libro. Muchas lecciones de este libro de ciencias están escritas de manera que puedas comprender las ideas principales y los detalles que las respaldan. Puedes usar un organizador gráfico como el siguiente para mostrar una idea principal y los detalles.

Idea principal: La idea más importante de un texto seleccionado

- **Detalle:** Información que dice más cosas sobre la idea principal
- **Detalle:** Información que dice más cosas sobre la idea principal
- **Detalle:** Información que dice más cosas sobre la idea principal

Sugerencias para identificar la idea principal y los detalles

- Para hallar la idea principal, pregunta: *¿De qué se trata principalmente este párrafo?*
- Recuerda que la idea principal no siempre se expresa en la primera oración.
- Busca detalles que respondan las preguntas *¿Quién? ¿Qué? ¿Dónde? ¿Cuándo? ¿Por qué?* y *¿Cómo?* Usa las ilustraciones como pistas para ayudarte a descubrir la idea principal.

Ejemplo:

Idea principal → El suelo es un recurso importante. Las plantas que comes se cultivan en el suelo. Los animales como las vacas y las gallinas también comen plantas que crecen en el suelo. Además, las plantas que usamos para obtener madera crecen en el suelo. ← **Detalle**

Idea principal: El suelo es un recurso importante.

- **Detalle:** Las plantas que comes crecen en el suelo.
- **Detalle:** Los animales comen plantas que crecen en el suelo.
- **Detalle:** Las plantas de las que se obtiene madera crecen en el suelo.

Manual de Lectura para las Ciencias

Más acerca de la idea principal y los detalles

A veces, la idea principal de un párrafo se encuentra al final en lugar de estar al comienzo. Si la idea principal no está expresada en el párrafo, busca detalles para deducirla. Observa el siguiente organizador gráfico. ¿Cuál crees que es la idea principal?

Idea principal:

- **Detalle:** La capa del suelo que está en la superficie se llama capa superior. Está compuesta de humus.
- **Detalle:** El subsuelo es la siguiente capa del suelo. Está compuesto de rocas pequeñas.
- **Detalle:** La capa de más abajo se llama lecho de roca. Es principalmente roca sólida.

A veces, la idea principal de un párrafo contiene detalles de diferentes tipos. En el siguiente párrafo, identifica si los detalles proporcionan motivos, ejemplos, hechos, pasos o descripciones.

> Agricultores y científicos han descubierto un tipo de suelo que resulta mejor para cultivar plantas. Es el suelo que contiene una mezcla equilibrada de arena, arcilla y humus. El suelo con esa mezcla puede retener la cantidad adecuada de agua. Además, contiene suficientes nutrientes.

Practica la destreza

Lee el siguiente párrafo. Usa las "Sugerencias para identificar la idea principal y los detalles" para responder las preguntas.

> El suelo ayuda a todos los seres vivos a satisfacer sus necesidades. Proporciona un hogar para algunos animales y plantas. Además, el suelo se usa para cultivar plantas comestibles. Se usa también para producir recursos tales como árboles que sirven para obtener madera y papel.

1. ¿Cuál es la idea principal del párrafo?
2. ¿Qué detalles de apoyo brindan más información?
3. ¿Qué detalles responden algunas de las preguntas ¿Quién? ¿Qué? ¿Dónde? ¿Cuándo? ¿Por qué? y ¿Cómo?

Comparar y contrastar

Destreza clave

Algunas lecciones están escritas para ayudarte a ver en qué se asemejan y en qué se diferencian las cosas. Puedes usar un organizador gráfico como el siguiente para comparar y contrastar.

Tema: Nombra las dos cosas que comparas y contrastas.

Semejanzas
Haz una lista de aspectos en que las cosas se asemejan.

Diferencias
Haz una lista de aspectos en que las cosas se diferencian.

Sugerencias para comparar y contrastar

- Para comparar, pregunta: *¿En qué se asemejan las cosas?*
- Para contrastar, pregunta: *¿En qué se diferencian las cosas?*
- Cuando comparas, busca palabras y frases guía como *similar, parecido, ambos, lo mismo que, también* y *asimismo*.
- Cuando contrastas, busca palabras y frases guía como *a diferencia de, en cambio, sin embargo* y *pero*.

Ejemplo:

Comparación

Ambos animales, el perro y el gato, han vivido junto a los seres humanos durante miles de años. Esos compañeros cuadrúpedos comparten nuestros hogares y nuestra comida. Son diferentes en muchos aspectos. Los gatos ayudan a mantener animales como los ratones y las ratas lejos de la casa. Los perros nos advierten del peligro. A los gatos les gusta dormir, pero los perros prefieren jugar.

Contraste

Esto es lo que podrías registrar en el organizador gráfico:

Tema: Perros y gatos

Semejanzas
Viven con el hombre, tienen cuatro patas y comparten nuestra comida.

Diferencias
Los gatos cazan ratones, los perros ladran ante el peligro. Los gatos duermen mucho, los perros juegan mucho.

Manual de Lectura para las Ciencias

Más acerca de comparar y contrastar

Puedes comprender mejor la información nueva sobre ciertas cosas cuando sabes en qué se asemejan y en qué se diferencian. Usa el organizador gráfico de la página R18 para ordenar la siguiente información nueva sobre perros y gatos.

Gatos	Les gusta el pescado	Temen a los perros	Trepan a los árboles	Muy independientes
Perros	Les gusta la carne	Ladran a perros desconocidos	Corren muy rápido	Vienen cuando los llamas

A veces, un párrafo compara y contrasta más de un tema. En el siguiente párrafo, se ha subrayado la frase donde se comparan dos cosas. Halla las frases que contrastan dos cosas.

> Ambos, los primeros barcos y los primeros aviones, se propulsaban usando partes de madera. Para mover los primeros barcos por el agua, se usaban remos de madera. Para propulsar por el aire los primeros aviones, se usaban hélices de madera. La madera es un material fuerte y flexible que es fácil transformar en herramientas. Un remo puede mover un bote por el agua con impulsos individuales, pero la hélice de un avión debe girar constantemente para mantener el avión en vuelo.

Practica la destreza

Lee el siguiente párrafo. Usa las "Sugerencias para comparar y contrastar" para responder las preguntas.

> Ambos, los barcos y los aviones, parecen flotar con facilidad. Sin embargo, el agua es mucho más densa que el aire. Los barcos flotan en el agua porque su peso se reparte en el fondo del barco. Los aviones son sostenidos por el aire que pasa por debajo de sus alas. Los barcos pueden flotar cuando no están moviéndose. En cambio, los aviones deben moverse todo el tiempo hacia delante. Eso produce la fuerza de levantamiento debajo de sus alas.

1. ¿Cuál es una de las semejanzas entre los barcos y los aviones?
2. ¿Cuál es una de las diferencias entre los barcos y los aviones?
3. ¿Cuáles son dos palabras guía que te ayudaron a identificar semejanzas y diferencias?

Destreza clave: Causa y efecto

Algunas lecciones de este libro de ciencias están escritas para ayudarte a comprender por qué ocurren los hechos. Puedes usar un organizador gráfico como el siguiente para mostrar la relación entre causa y efecto.

Causa:	Efecto:
Una causa es la razón, o el motivo, de que algo ocurra.	Un efecto es lo que ocurre.

Sugerencias para identificar causa y efecto

- Para hallar un efecto, pregunta: *¿Qué ocurrió?*
- Para hallar una causa, pregunta: *¿Por qué ocurrió?*
- Recuerda que los eventos pueden tener más de una causa o un efecto.
- Busca palabras y frases guía, como *porque, como resultado, por esa razón* y *debido a* para ayudarte a identificar causas y efectos.

Ejemplo:

Efecto

El geco es un lagarto pequeño. Puede trepar paredes y caminar cabeza abajo sin caerse. Los científicos han descubierto cómo hacen los gecos para adherirse tan bien a las cosas. Tienen millones de pelos diminutos en sus patas. Los pelos tienen puntas planas que se pegan a casi todas las superficies. Por esa razón, los gecos pueden caminar por un cielo raso sin caerse.

Causa

Esto es lo que podrías registrar en el organizador gráfico:

Causa:	Efecto:
Los gecos tienen en sus patas diminutos pelos con puntas planas que se pegan a casi todas las superficies.	Los gecos pueden trepar paredes y caminar cabeza abajo.

Manual de Lectura para las Ciencias

Más acerca de causa y efecto

Los eventos pueden tener más de una causa o de un efecto. Por ejemplo, imagina que el párrafo de la página R20 incluyera la siguiente oración: "Eso ayuda al geco a escapar de los predadores". Podrías entonces identificar dos efectos relacionados con los gecos y sus patas adhesivas.

Causa: Los gecos tienen en sus patas pelos diminutos con puntas planas que se pegan a casi todas las superficies.

Efecto: Los gecos pueden trepar paredes y caminar cabeza abajo.

Efecto: El geco puede escapar fácilmente de sus predadores.

Algunos párrafos contienen más de una causa y efecto. En el párrafo que sigue, se ha subrayado una causa y su efecto. Busca la segunda causa y su efecto.

Las aves tienen el cuerpo cubierto de plumas. Las plumas mantienen a las aves abrigadas y secas. Las plumas también brindan al cuerpo de las aves una superficie suave sobre la cual el aire puede fluir fácilmente. Otra cosa que ayuda a las aves a volar son sus huesos. Los huesos de las aves están llenos de bolsas de aire. Como resultado, las aves son muy livianas, y eso las ayuda a volar.

Practica la destreza

Lee el siguiente párrafo. Usa las "Sugerencias para identificar causa y efecto" para ayudarte a responder las preguntas.

La mariposa virrey podría ser una comida sabrosa para un ave. Pero la mariposa virrey se parece mucho a la mariposa monarca. Las aves a menudo confunden la virrey con la monarca, cuyo sabor no les gusta. Debido a esto, las aves no suelen atacar a la mariposa virrey.

1. ¿Qué causa que las aves no coman mariposas virrey?
2. ¿Cuál es el efecto de que la mariposa virrey se parezca a la mariposa monarca?
3. Nombra una palabra guía que te ayudó a identificar una causa o un efecto.

Ordenar en secuencia

Algunas lecciones de este libro de ciencias están escritas para ayudarte a comprender el orden en el que ocurren los eventos. Puedes usar un organizador gráfico como el siguiente para mostrar una secuencia.

| 1. Lo que ocurrió primero | → | 2. Lo que ocurrió después | → | 3. Lo que ocurrió por último |

Sugerencias para comprender la secuencia

- Presta atención al orden en que ocurren los eventos.
- Recuerda fechas y horarios para ayudarte a comprender la secuencia.
- Busca palabras guía como *primero, después, luego, último* y *finalmente*.
- A veces, es útil agregar tus propias palabras "ordenadoras de tiempo" para ayudarte a comprender la secuencia.

Ejemplo:

> Imagina que tienes una mezcla de arroz, clips y canicas. Necesitas separar las partes de la mezcla. **Primero**, separas las canicas con tus manos. **Por último**, usas un imán para separar los clips. **Finalmente**, queda el arroz.

Palabras ordenadoras de tiempo

Esto es lo que podrías registrar en el organizador gráfico:

| 1. Primero, separas las canicas a mano. | → | 2. Luego, usas un imán para separar los clips. | → | 3. Finalmente, queda el arroz. |

Manual de Lectura para las Ciencias

Más acerca de ordenar en secuencia

A veces, la información se ordena en secuencia por fechas. Usa un organizador gráfico como el siguiente para ordenar la secuencia en que se congela y se derrite el agua de un estanque.

1. En verano, el agua del estanque está templada.	→	2. En invierno, el agua se congela.	→	3. En primavera, el hielo comienza a derretirse.

Cuando no haya palabras ordenadoras de tiempo, agrega tus propias palabras. Observa la palabra ordenadora de tiempo subrayada en el párrafo de abajo. ¿Cuántas otras palabras ordenadoras de tiempo puedes agregar para ayudarte a comprender la secuencia?

> Cuando cocinas, haces nuevas clases de materia. <u>Primero,</u> se mezcla harina, huevos, leche y aceite para hacer masa de crepas. La masa se calienta al fuego. La masa se cocina y se convierte en crepas. Las crepas nunca volverán a ser harina, huevos, leche y aceite.

Practica la destreza

Lee el siguiente párrafo. Usa las "Sugerencias para comprender la secuencia" para responder las preguntas.

> Un perno de hierro brillante fue dejado al aire libre. Estuvo expuesto a la lluvia y al aire húmedo. Después de unos días, el perno comenzó a perder el brillo. Después de una semana, se volvió de un color café anaranjado. Un mes más tarde, cuando lo recogieron, el perno café anaranjado estaba escamado y blando. El material café anaranjado era óxido. Cuando un metal se oxida, pierde parte de su fuerza.

1. ¿Qué es lo primero que ocurrió en esta secuencia?
2. ¿Aproximadamente cuánto tiempo llevó el proceso?
3. ¿Qué cuatro palabras guía te ayudaron a identificar la secuencia en este párrafo?

Sacar conclusiones

Al final de cada lección de este libro de ciencias, se te pedirá que saques conclusiones. Para sacar conclusiones, usa la información del texto que estás leyendo y lo que ya sabes. Sacar conclusiones puede ayudarte a comprender lo que lees. Puedes usar un organizador gráfico como el siguiente.

Lo que leo		Lo que sé		Conclusión:
Haz una lista de hechos tomados del texto.	+	Haz una lista de ideas relacionadas que ya sabes.	=	Combina lo que acabas de leer en el texto con lo que ya sabes.

Sugerencias para sacar conclusiones

- Para sacar conclusiones, pregunta: ¿*En qué información del texto necesito pensar?*
- Para sacar conclusiones, pregunta: ¿*Qué cosas realmente sé que podrían ayudarme a sacar una conclusión?*
- Asegúrate de que tu conclusión tenga sentido.

Ejemplo:

> Los astronautas que llegaron a la Luna dejaron huellas. En la Luna no hay agua. Además, hay muy poco aire. Sin aire, no hay viento ni erosión. Por lo tanto, las huellas que los astronautas dejaron en la Luna todavía están allí.

Esto es lo que podrías registrar en el organizador gráfico:

Lo que leo		Lo que sé		Conclusión:
Los astronautas dejaron huellas en la Luna. En la Luna no hay erosión.	+	En la Tierra, las huellas serían borradas por el viento o la lluvia.	=	Las huellas dejadas en la Luna estarán allí por mucho tiempo.

Manual de Lectura para las Ciencias

Más acerca de sacar conclusiones

Información del texto   Tu propia experiencia

Lo que leo		Lo que sé		Conclusión:
Los astronautas dejaron huellas en la Luna. En la Luna no hay erosión.	+	En la Tierra, las huellas serían borradas por el viento o la lluvia.	=	Las huellas dejadas en la Luna estarán allí por mucho tiempo.

A veces, un párrafo puede no contener información suficiente para sacar una conclusión que tenga sentido. Lee el párrafo de abajo. Piensa en una conclusión correcta que podrías sacar. Luego, piensa en una conclusión incorrecta.

> Comenzando a contar desde el Sol, Venus es el segundo planeta. Tiene aproximadamente el mismo tamaño que la Tierra. Venus es seco y está cubierto de nubes espesas. Esas nubes espesas atrapan el calor y hacen que la superficie del planeta sea muy caliente.

Practica la destreza

Lee el siguiente párrafo. Usa las "Sugerencias para sacar conclusiones" para responder las preguntas.

> Los planetas exteriores son Júpiter, Saturno, Urano, Neptuno y Plutón. Cuatro de esos planetas son grandes esferas compuestas principalmente de gases. Se los llama "gigantes de gas". Júpiter es el gigante de gas más grande. Su atmósfera es muy activa.

1. ¿Qué conclusión sacaste sobre los planetas exteriores?

2. ¿Qué información de tu experiencia personal te ayudó a sacar esa conclusión?

3. ¿Qué información del texto usaste para sacar esa conclusión?

Resumir

Vuelve a contar lo que acabas de leer. Usa la idea principal y solo los detalles más importantes.

Sugerencias para resumir

- Para escribir un resumen, pregunta: *¿Cuál es la idea más importante o lo más importante del párrafo?*
- Asegúrate de que los detalles que incluyes sean cosas que el lector necesita saber.
- Haz tu resumen más corto que el texto que leíste.
- Escribe el resumen con tus propias palabras. Asegúrate de poner los eventos en orden.

Ejemplo:

Idea principal

Los peces son un tipo de grupo animal. Viven toda su vida en el agua. Los peces tienen branquias que usan para extraer oxígeno del agua. Tienen el cuerpo cubierto de escamas. Las escamas son láminas pequeñas, delgadas y planas, que ayudan a proteger al pez. Los peces también tienen aletas que usan para moverse en el agua.

Detalle

Idea principal: Los peces son un tipo de grupo animal.

Detalle: Los peces tienen branquias que usan para extraer oxígeno.

Detalle: Están cubiertos de escamas.

Resumen: Los peces son un grupo animal. Tienen branquias, el cuerpo cubierto de escamas y aletas.

Manual de Lectura para las Ciencias

Esto es lo que podrías registrar en el organizador gráfico:

Idea principal:		Detalle:		Resumen:
Los peces son un tipo de grupo animal.	+	Los peces tienen branquias que usan para extraer oxígeno. Están cubiertos de escamas.	=	Los peces son un grupo animal. Tienen branquias, el cuerpo cubierto de escamas y aletas.

Más acerca de resumir

A veces, un párrafo tiene detalles que no son lo suficientemente importantes para incluirlos en un resumen. ¿Qué pasaría si el párrafo de la página R26 incluyera una oración sobre el color y el tamaño de las escamas de los peces? Tendrías que dejar esos detalles fuera del resumen. No serían necesarios para comprender la idea principal.

Practica la destreza

Lee el siguiente párrafo. Usa las "Sugerencias para resumir" para responder las preguntas.

> Los anfibios son animales que comienzan su vida en el agua y pasan a tierra al hacerse adultos. Los anfibios ponen sus huevos en el agua. Los huevos permanecen allí hasta que la cría sale del cascarón. Los anfibios jóvenes, como los renacuajos, viven en el agua. Respiran por medio de branquias. A medida que crecen, desarrollan pulmones. Cuando ya tienen pulmones, sus branquias desaparecen. Los renacuajos también desarrollan otras partes del cuerpo, como las patas. Estas los ayudan a vivir en tierra. La mayoría de los anfibios adultos viven en tierra.

1. Si un amigo te preguntara de qué trata este párrafo, ¿qué información incluirías? ¿Qué dejarías fuera?
2. ¿Cuál es la idea principal del párrafo?
3. ¿Qué dos detalles incluirías en un resumen del párrafo?

Usar tablas, diagramas y gráficas

Cuando haces investigaciones en ciencias, recopilas, organizas, presentas e interpretas datos. Las tablas, los diagramas y las gráficas son buenas maneras de organizar y presentar tus datos para que otros puedan comprenderlos e interpretarlos.

Las tablas, diagramas y gráficas de este manual te ayudarán a leer y comprender datos. También puedes usar la información para elegir la mejor manera de presentar los datos, de modo que puedas usarlos para sacar conclusiones y hacer predicciones.

Leer una tabla

Una clase de tercer grado está estudiando los diferentes animales marinos. Quieren descubrir cómo varían los largos de sus cuerpos. La tabla muestra algunos de los datos que los estudiantes han recopilado.

LARGO DE ANIMALES MARINOS

Animal	Largo (en pies)
Tiburón ballena	60
Tiburón blanco	40
Delfín mular	10
Calamar gigante	55
Ballena gris	50

- Título
- Encabezados
- Datos

Cómo leer una tabla

1. **Lee** el título para descubrir de qué trata la tabla.
2. **Lee** los encabezados para descubrir qué información se proporciona.
3. **Estudia** los datos. Busca patrones.
4. **Saca conclusiones.** Si presentas los datos en una gráfica, puedes ver los patrones con facilidad.

Al estudiar la tabla, puedes ver el largo de diferentes animales marinos. Pero imagina que los estudiantes quieren buscar patrones en los datos. Podrían decidir presentar los datos de una manera diferente, como, por ejemplo, en una gráfica de barras.

Manual de Matemáticas para las Ciencias

Leer una gráfica de barras

Los datos de esta gráfica de barras son los mismos que los de la tabla. La gráfica de barras se usa para comparar los datos sobre diferentes eventos o grupos.

- Título → Largos de animales marinos
- Qué representan las barras → Largo (en pies)
- Escalas e intervalos → 0, 10, 20, 30, 40, 50, 60, 70
- Descripción de los datos → Animal

Largos de animales marinos

- Tiburón ballena: 60
- Tiburón blanco: 40
- Delfín mular: 10
- Calamar gigante: 54
- Ballena gris: 50

Cómo leer una gráfica de barras

1. **Observa** la gráfica para determinar de qué tipo de gráfica se trata.

2. **Lee** la gráfica. Usa los rótulos para guiarte.

3. **Analiza** los datos. Estudia las barras para comparar las medidas. Busca patrones.

4. **Saca conclusiones.** Hazte preguntas como las que aparecen a la derecha.

Practica la destreza

1. ¿Qué largo tiene la ballena gris?

2. ¿Cuánto más largo que el tiburón blanco es el tiburón ballena?

3. ¿Qué dos animales marinos varían en largo aproximadamente 40 pies?

4. **Predice** ¿Cuál de estos animales marinos podrías encontrar en el acuario de un zoológico?

5. ¿La gráfica de barras fue una buena elección para presentar estos datos? Explica tu respuesta.

R29

Usar medidas métricas

Leer una gráfica lineal

La tabla de la derecha presenta datos sobre temperaturas mensuales en Anchorage, Alaska.

TEMPERATURAS EN ANCHORAGE, ALASKA

Mes	Temperatura normal en grados Fahrenheit
Agosto	55
Septiembre	50
Octubre	35
Noviembre	20
Diciembre	15

Estos son los mismos datos presentados en una gráfica lineal. La gráfica lineal se usa para mostrar cambios a lo largo del tiempo.

- Título
- Qué representan las líneas
- Escalas e intervalos
- Descripción de los datos

Temperaturas en Anchorage, Alaska

Cómo leer una gráfica lineal

1. **Observa** la gráfica para determinar de qué tipo de gráfica se trata.

2. **Lee** la gráfica. Usa los rótulos para guiarte.

3. **Analiza** los datos. Estudia los puntos a lo largo de las líneas. Busca patrones.

4. **Saca conclusiones.** Hazte preguntas como las de la sección "Practica la destreza" para ayudarte a sacar conclusiones.

Practica la destreza

1. ¿En qué mes la temperatura normal es de 35 grados?

2. **Predice** ¿Cómo cambiará la temperatura de diciembre a agosto?

3. ¿La gráfica lineal fue una buena elección para presentar estos datos? Explica por qué.

Manual de Matemáticas para las Ciencias

Leer una gráfica circular

Una familia fue a una isla para avistar aves. Contaron 50 aves en la isla. Quieren saber qué aves vieron con mayor frecuencia. Clasificaron las aves por medio de una tabla. Estos son los datos que recopilaron.

Avistamiento de aves	
Ave	Cantidad observada
Pelícano	4
Águila calva	1
Águila pescadora	10
Garceta	15
Lavandera	20

La gráfica circular muestra los mismos datos que la tabla. La gráfica circular puede usarse para presentar los datos como un todo formado por diferentes partes.

Avistamiento de aves — Título

- Pelícanos 8%
- Águilas calvas 2%
- Águilas pescadoras 20% — Rótulo de la sección
- Lavanderas 40%
- Garcetas 30%

Cómo leer una gráfica circular

1. **Observa** el título de la gráfica para saber qué tipo de información se muestra.

2. **Lee** la gráfica. Observa el rótulo de cada sección para ver qué información se muestra.

3. **Analiza** los datos. Compara el tamaño de las secciones para determinar cómo se relacionan.

4. **Saca conclusiones.** Hazte preguntas como las que aparecen a la derecha.

Practica la destreza

1. ¿Qué tipo de ave vieron con mayor frecuencia?

2. **Predice** Si regresaran a la isla dentro de un mes, ¿deberían esperar ver un águila calva?

3. ¿La gráfica circular fue una buena elección para presentar estos datos? Explica por qué.

Usar medidas métricas

Una medida es un número que representa una comparación de algo que se está midiendo con una unidad de medida. Cuando trabajan, los científicos usan muchos instrumentos diferentes para medir objetos y sustancias. Los científicos casi siempre usan el sistema métrico para hacer sus mediciones.

Medir la longitud en unidades métricas

Cuando mides una longitud, hallas la distancia entre dos puntos. La distancia puede ser en línea recta, en línea curva o alrededor de un círculo. La tabla muestra las unidades métricas de longitud y cómo se relacionan.

Medidas equivalentes
1 centímetro (cm) = 10 milímetros (mm)
1 decímetro (dm) = 10 centímetros (cm)
1 metro (m) = 1000 milímetros
1 metro = 10 decímetros
1 kilómetro (km) = 1000 metros

Puedes usar estas comparaciones para ayudarte a comprender el tamaño de cada unidad métrica de longitud.

- Un **milímetro (mm)** es aproximadamente el grosor de una moneda de diez centavos.
- Un **centímetro (cm)** es aproximadamente el ancho de tu dedo índice.
- Un **decímetro (dm)** es aproximadamente el ancho de la mano de un adulto.
- Un **metro (m)** es aproximadamente el ancho de una puerta.

A veces, puedes tener que cambiar las unidades de longitud. El siguiente diagrama muestra cómo multiplicar y dividir para cambiar a unidades más grandes y más pequeñas.

metros ⇄ (× 10 / ÷ 10) decímetros ⇄ (× 10 / ÷ 10) centímetros ⇄ (× 10 / ÷ 10) milímetros

Para cambiar unidades más grandes a unidades más pequeñas, necesitas más de las unidades pequeñas. Por lo tanto, multiplica por 10, 100 o 1000.

Ejemplo: 500 dm = ___ cm

R32

Manual de Matemáticas para las Ciencias

Medir la capacidad en unidades métricas

Cuando mides la capacidad, hallas la cantidad que puede tener un recipiente cuando está lleno. La tabla muestra las unidades métricas de capacidad y cómo se relacionan.

Un **mililitro (mL)** es la cantidad de líquido que puede llenar parte de un gotero.

Un **litro (L)** es la cantidad de líquido que puede llenar una botella de plástico.

Puedes usar la multiplicación para cambiar litros a mililitros.

Puedes usar la división para cambiar mililitros a litros.

2 L = ___ mL

Piensa: Hay 1000 mL en 1 L.

2L = 2 x 1000 = 2000 mL

Por lo tanto, 2 L = 2000 mL.

4000 mL = ___ L

Piensa: Hay 1000 mL en 1 L.

4000 ÷ 1000 = 4

Por lo tanto, 4000 mL = 4 L.

Practica la destreza

Completa. Indica si multiplicas o divides por 10, 100 o 1000.

1. 4 L = ___ mL

2. 5000 mL = ___ L

3. 3000 mL = ___ L

4. 6 L = ___ mL

R33

Manual de Matemáticas para las Ciencias

Medir la masa

La materia es de lo que están hechos todos los objetos. La masa es la cantidad de materia que contiene un objeto. Las unidades métricas de masa son el gramo (g) y el kilogramo (kg).

Puedes usar estas comparaciones para ayudarte a comprender la masa de algunos objetos de todos los días.

Un clip es aproximadamente **1 gramo (g)**.	Una rebanada de pan de trigo son aproximadamente **20 gramos**.	Una caja de 12 crayolas son aproximadamente **100 gramos**.	Un trozo grande de queso es aproximadamente **1 kilogramo (kg)**.

Puedes usar la multiplicación para cambiar kilogramos a gramos.

Puedes usar la división para cambiar gramos a kilogramos.

2 kg = ___ g	4000 g = ___ kg
Piensa: Hay 1000 g en 1 kg.	Piensa: Hay 1000 g en 1 kg.
2 kg = 2 × 1000 = 2000 g	4,000 ÷ 1000 = 4
Por lo tanto, 2 kg = 2000 g.	Por lo tanto, 4000 g = 4 kg.

Practica la destreza

Completa. Indica si multiplicas o divides por 1000.

1. 2000 g = ___ kg

2. 3000 g = ___ kg

3. 4 kg = ___ g

4. 7 kg = ___ g

Manual de Matemáticas para las Ciencias

Sistemas de medidas

Medidas SI (métrico)

Temperatura
El hielo se derrite a 0 grado Celsius (°C).
El agua se congela a 0°C.
El agua hierve a 100°C.

Longitud y distancia
1000 metros (m) = 1 kilómetro (km)
100 centímetros (cm) = 1 metro (m)
10 milímetros (mm) = 1 centímetro (cm)

Fuerza
1 newton (N) = 1 kilogramo x
    1 metro/segundo/segundo (kg-m/s^2)

Volumen
1 metro cúbico (m^3) = 1 m x 1 m x 1 m
1 centímetro cúbico (cm^3) =
    1 cm x 1 cm x 1 cm
1 litro (L) = 1000 mililitros (mL)
1 cm^3 = 1 mL

Superficie
1 kilómetro cuadrado (km^2) =
                1 km x 1 km
1 hectárea = 10,000 m^2

Masa
1000 gramos (g) = 1 kilogramo (kg)
1000 miligramos (mg) = 1 g

Velocidad (métrica y común)
k/h = kilómetros por hora
m/s = metros por segundo
mi/h = millas por hora

Medidas comunes

Volumen de líquidos
2 t = 1 pinta (pt)
2 pt = 1 cuarto (ct)
4 ct = 1 galón (gal)

Temperatura
El hielo se derrite a 32 grados Fahrenheit (°F).
El agua se congela a 32°F.
El agua hierve a 212°F.

Longitud y distancia
12 pulgadas (pulg) = 1 pie
3 pies = 1 yarda (yd)
5280 pies = 1 milla (mi)

Peso
16 onzas (oz) = 1 libra (lb)
2000 libras = 1 tonelada (T)

La seguridad en las Ciencias

Hacer investigaciones en ciencias puede ser muy divertido, pero debes tener en cuenta la seguridad. Estas son algunas reglas que debes seguir.

1. **Sé previsor.** Estudia los pasos de la investigación para saber qué esperar. Si tienes alguna pregunta, dirígete a tu maestro. Asegúrate de que comprendes toda la información sobre protección y las recomendaciones sobre seguridad.

2. **Sé cuidadoso.** Mantén limpia tu área de trabajo. Si tienes cabello largo, recógelo para que no te moleste. Si tienes puesto algo con mangas largas, recógelas también para mantenerlas alejadas del área del experimento.

3. **¡Ay!** Si te cortas, derramas algo o lo rompes, avisa inmediatamente a tu maestro.

4. **Cuida tus ojos.** Usa gafas protectoras cuando te lo indiquen. Si algo entra en tus ojos, avisa inmediatamente a tu maestro.

5. **¡Puaj!** Nunca comas o bebas nada durante las actividades de ciencias.

6. **Ten cuidado con la electricidad.** Sé especialmente cuidadoso si usas algún aparato eléctrico. Asegúrate de que los cables eléctricos estén en un lugar seguro, donde no puedas tropezarte con ellos. Nunca desenchufes un aparato tirando del cable.

7. **Mantén la limpieza.** Cuando hayas terminado, deja limpio el lugar de trabajo. Retira todos los elementos y pasa un trapo. Lávate las manos.

Visita el Glosario de Ciencias en Multimedia para ver ilustraciones de estas palabras y escuchar su pronunciación.
www.hspscience.com

Glosario

El número de página (entre paréntesis) al final de la definición de cada término te indica en que lugar de este libro de tercer grado encontrarás ese término definido.

A

absorbido Que es "tragado" por un objeto **(474)**

accidente geográfico Una de las formas naturales de la superficie terrestre **(232)**

adaptación Cualquier característica que ayuda a una planta o un animal a subsistir **(142)**

agua dulce Agua que contiene muy poca sal **(307)**

agua subterránea Reserva de agua que se encuentra en el subsuelo **(308)**

aislante Objeto que no trasmite bien el calor **(464)**

anemómetro Instrumento meteorológico que mide la velocidad del viento **(325)**

anfibio Tipo de vertebrado que tiene piel húmeda y que, cuando es adulto, desarrolla patas **(101)**

arcilla Suelo formado por granos de roca diminutos **(275)**

arena Suelo formado por partículas de roca que puedes ver a simple vista **(275)**

atmósfera Aire que rodea la Tierra **(322)**

ave Tipo de vertebrado que tiene plumas **(99)**

B

bosque Ecosistema donde crecen muchos árboles **(138)**

C

cadena alimentaria Camino que recorre el alimento al pasar de un ser vivo a otro **(172)**

caducifolia Relativo a las plantas que pierden sus hojas todos los años en la misma época **(67)**

calor Movimiento de energía térmica de un objeto caliente a otro más frío **(462)**

camuflaje Formas, colores y patrones que disfrazan a un animal y lo ayudan a esconderse **(146)**

cañón Valle de paredes empinadas **(234)**

carnívoro Animal que come otros animales **(167)**

célula Unidad diminuta que forma cada una de las partes de un organismo **(34)**

ciclo de vida Serie de cambios que atraviesa un organismo durante su vida **(40)**

R37

Glosario de Ciencias en Multimedia: www.hspscience.com

ciclo del agua Movimiento del agua desde la superficie terrestre hasta al aire y luego nuevamente a la Tierra **(318)**

ciclo lunar Patrón de fases de la Luna **(347)**

circuito Camino que recorre la electricidad **(437)**

clorofila Sustancia verde que se encuentra dentro de las hojas y ayuda a las plantas a usar la energía de la luz **(75)**

combustibles fósiles Recursos provenientes de restos de animales y plantas que vivieron hace mucho tiempo **(423)**

combustión Palabra que significa que algo se quema **(417)**

comunidad Todas las poblaciones de organismos que conviven en un ecosistema **(128)**

condensación Proceso por el cual un gas, como el vapor de agua, se transforma en líquido **(316, 388)**

conducción Movimiento del calor entre objetos que están en contacto **(463)**

conductor Objeto que transmite fácilmente el calor **(463)**

conservación Ahorro de recursos por medio de su uso razonable **(288)**

constelación Grupo de estrellas que parecen formar figuras de animales, personas u objetos **(360)**

consumidor Ser vivo que se alimenta de otros seres vivos para obtener energía **(165)**

contaminación Cualquier material dañino que se encuentre en el medio ambiente **(282)**

cresta Punto más alto de una onda **(516)**

cuña Máquina simple compuesta por dos planos inclinados que, puestos uno contra otro, forman un ángulo agudo **(548)**

D

densidad Masa de la materia en comparación con su volumen **(379)**

depredador Animal que caza a otro para alimentarse **(176)**

depresión Punto más bajo de una onda **(516)**

descomponedor Ser vivo que disuelve organismos muertos para alimentarse **(165)**

desierto Ecosistema muy seco **(134)**

distancia Medida que indica cuán lejos está un lugar de otro **(500)**

E

eclipse lunar Evento que ocurre cuando la Tierra impide que la luz solar alcance la Luna **(348)**

eclipse solar Evento que ocurre cuando la sombra de la Luna cae sobre la Tierra **(350)**

ecosistema Seres vivos y cosas sin vida que interaccionan en un determinado medio ambiente **(128)**

eje Línea imaginaria que atraviesa la Tierra por su centro **(338)**

electricidad corriente Electricidad que se mueve a través de un cable **(437)**

Glosario

electricidad estática Carga eléctrica que se genera en un objeto **(436)**

energía Capacidad de hacer que algo se mueva o se transforme **(408)**

energía cinética Energía del movimiento **(410)**

energía potencial Energía de posición **(410)**

energía térmica Forma de energía que se transmite entre objetos debido a las diferencias de temperatura **(462)**

erosión Movimiento de roca meteorizada **(242)**

estrella Bola caliente de gases brillantes que emite energía **(355)**

evaporación Proceso por el cual el agua líquida se transforma en vapor de agua **(317, 388)**

examinación Pregunta que se hace acerca de algo, o estudio de algo en detalle **(4)**

experimento Prueba que se hace para descubrir si una hipótesis es acertada o no **(21)**

F

fases de la Luna Diferentes formas que adopta la Luna en el cielo cuando se la observa desde la Tierra **(346)**

formular Elaborar un plan para hacer algo **(16)**

fósil Huella o resto de un ser vivo que murió hace mucho tiempo **(216)**

fotosíntesis Proceso por medio del cual las plantas producen azúcar **(74)**

fuerza Cualquier forma en que se empuja o se jala algo **(506)**

fulcro Punto fijo de una palanca **(538)**

G

gas Tipo de materia que no tiene forma ni volumen definidos **(387)**

generador Aparato que usa un imán para producir una corriente de electricidad **(450)**

glaciar Inmenso bloque de hielo en movimiento **(244, 308)**

gravedad Fuerza que atrae dos objetos entre sí **(510)**

H

hábitat Lugar del ecosistema donde vive una determinada población **(129)**

herbívoro Consumidor que solo come plantas **(166)**

heredar Tener una característica transmitida por los padres **(44)**

hibernar Entrar en un estado parecido al sueño durante el invierno **(144)**

hipótesis Respuesta posible a una pregunta, que puede ser puesta a prueba para saber si es acertada **(21)**

hoja Parte de la planta que nace del tallo y donde la planta produce su alimento **(58)**

humus Componente del suelo que está formado por partes de plantas y animales muertos **(272)**

R39

Glosario de Ciencias en Multimedia: www.hspscience.com

I

inferir Usar datos y conocimientos previos para sacar una conclusión sobre algo (13)

instinto Conducta que un animal practica sin que se la hayan enseñado (142)

intensidad sonora Cantidad de energía que tiene un sonido (482)

inundación Gran cantidad de agua que cubre tierras que normalmente están secas (252)

invertebrado Animal que no tiene columna vertebral (106)

investigación Estudio que hace un científico (20)

L

larva Etapa de metamorfosis completa que se produce después de que un organismo ha salido del huevo (43)

limo Suelo compuesto de granos de roca demasiado pequeños para verlos a simple vista (275)

líquido Tipo de materia cuyo volumen permanece igual pero cuya forma puede cambiar (386)

llanura Área ancha y plana de la superficie terrestre (235)

longitud de onda Distancia desde un punto de una onda al mismo punto de la onda siguiente (516)

M

magnético Que atrae objetos que tienen hierro en su composición (442)

mamífero Tipo de vertebrado que tiene pelo o piel y da a luz a sus crías (98)

máquina simple Herramienta con ninguna o pocas partes móviles, que las personas usan para hacer trabajo (537)

marga Suelo compuesto por una mezcla de humus, arcilla, limo y arena (276)

masa Cantidad de materia que hay en un objeto (378)

materia Cualquier cosa que ocupe espacio (374)

medio ambiente Todos los seres vivos y las cosas sin vida que rodean a un ser vivo (127)

meseta Área plana, más elevada que la tierra que la rodea (236)

metamorfosis Conjunto de cambios de apariencia que experimentan algunos organismos (42)

meteorización Proceso por el cual la roca se desintegra en trozos más pequeños (240)

método científico Plan organizado que usan los científicos para hacer un estudio (20)

mezcla Sustancia que está hecha de dos o más tipos de materia (394)

migrar Viajar de un lugar a otro, y luego regresar (145)

mimetismo Imitación de la apariencia de otro animal (146)

Glosario

mineral Objeto sólido producido por la naturaleza y que nunca tuvo vida **(198)**

montaña Lugar de la superficie terrestre que es mucho más alto que la tierra que lo rodea **(233)**

movimiento Cambio de posición **(499)**

N

ninfa Estado de metamorfosis completa en el cual el organismo está envuelto en una crisálida **(43)**

nutrientes Partes del suelo que ayudan a que las plantas crezcan y se mantengan saludables **(58)**

O

omnívoro Consumidor que come tanto plantas como animales **(168)**

onda Perturbación que viaja a través de la materia o el espacio **(514)**

opaco Relativo a objetos que no dejan pasar la luz **(475)**

órbita Trayectoria que sigue un planeta alrededor del Sol **(354)**

organismo Ser vivo **(32)**

oxígeno Gas que las plantas liberan en el aire y que los seres humanos necesitan para vivir **(89, 322)**

P

palanca Máquina simple formada por una barra que pivota, o gira, sobre un punto fijo **(538)**

perennifolia Relativo a las plantas que se mantienen verdes y producen alimento durante todo el año **(67)**

peso Medida de la fuerza de gravedad que actúa sobre un objeto **(510)**

pez Tipo de vertebrado que obtiene oxígeno por medio de branquias y pasa toda su vida en el agua **(102)**

pinza Instrumento que se usa para levantar y sujetar objetos **(5)**

pirámide alimentaria Diagrama que muestra cómo se usa la energía en una cadena alimentaria **(174)**

planeta Gran cuerpo de roca o gases que se encuentra en el espacio **(354)**

plano inclinado Máquina simple que permite mover y levantar cosas con mayor facilidad **(546)**

población Grupo de organismos de la misma especie que viven en el mismo lugar **(128)**

polea Máquina simple formada por una rueda con una cuerda a su alrededor **(542)**

pradera Zona de tierra que es generalmente calurosa en verano y fría en invierno. La planta principal de este tipo de ecosistema es el pasto **(135)**

precipitación Agua que cae a la Tierra en forma de lluvia, nieve, aguanieve o granizo **(318)**

presa Animal que es cazado por un depredador **(176)**

productor Ser vivo que elabora su propio alimento **(165)**

propiedad física Todo lo que puede percibirse de la materia mediante uno o más de los sentidos **(376)**

R41

Glosario de Ciencias en Multimedia: www.hspscience.com

R

raíz Parte de la planta que crece bajo tierra y toma agua y nutrientes del suelo **(58)**

reciclar Modificar un recurso y usar los materiales que lo componen para hacer algo nuevo **(292)**

recurso Material que se encuentra en la naturaleza y es usado por los seres vivos **(151, 264, 423)**

recurso no renovable Recurso que, una vez agotado, no puede reemplazarse en el lapso de una vida humana **(268, 424)**

recurso reciclable Recurso que puede usarse una y otra vez **(267)**

recurso renovable Recurso que puede reemplazarse en el lapso de una vida humana **(266, 424)**

red alimentaria Cadenas alimentarias que se superponen **(180)**

reducir Usar menos cantidad de un recurso **(290)**

reflexión Rebote de la luz contra un objeto **(468)**

refracción Desviación de la luz cuando se mueve de un material a otro **(469)**

reptil Tipo de vertebrado que tiene la piel seca y recubierta de escamas **(100)**

reutilizar Usar un recurso una y otra vez **(291)**

roca ígnea Roca que alguna vez se fundió, para luego enfriarse y endurecerse **(206)**

roca metamórfica Roca que ha sufrido cambios debido al calor y la presión **(207)**

roca sedimentaria Roca formada a partir de materiales que se asentaron en capas, y que se comprimieron y se endurecieron **(207)**

roca Sólido formado naturalmente a partir de uno o más minerales **(202)**

rotación Movimiento giratorio de la Tierra alrededor de su eje **(338)**

rueda y eje Máquina simple formada por una rueda y un eje que están conectados de tal forma que giran juntos **(540)**

S

semilla Primera etapa en el crecimiento de muchas plantas **(65)**

sistema solar El Sol, los planetas y sus lunas, y otros objetos más pequeños que orbitan el Sol **(354)**

sólido Tipo de materia que tiene un volumen y una forma que permanecen iguales **(385)**

solución Mezcla en la que diferentes tipos de materia forman una sustancia homogénea **(395)**

sombra Zona oscura que se forma cuando un objeto impide el paso de la luz **(470)**

T

tallo Parte de la planta que crece en la tierra y ayuda a sostener la planta **(58)**

temperatura Medición que indica cuán caliente o frío es algo **(325, 418, 462)**

Glosario

terremoto Estremecimiento de la superficie de la Tierra que se produce por los movimientos de la corteza terrestre **(248)**

tiempo Lo que ocurre en la atmósfera en un determinado momento y lugar **(324)**

tono Medida que indica cuán alto o bajo es un sonido **(483)**

tornillo Máquina simple que se hace girar para levantar un objeto o para sostener dos o más objetos juntos **(550)**

trabajo Uso de una fuerza para mover un objeto **(530)**

translúcido Relativo a los objetos que dejan pasar solo una parte de la luz **(475)**

transparente Relativo a los objetos que dejan pasar la mayor parte de la luz **(475)**

traslación Movimiento de la Tierra alrededor del Sol **(339)**

V

valle Región baja que se encuentra entre formaciones más altas, como las montañas **(234)**

variable Algo que se modifica durante una examinación o experimento científico **(15)**

velocidad Distancia que recorre un objeto en determinada cantidad de tiempo **(502)**

vertebrado Animal que tiene columna vertebral **(97)**

vibración Serie de movimientos en vaivén **(482)**

volcán Abertura en la superficie terrestre por la cual fluye lava **(250)**

volumen Cantidad de espacio que ocupa la materia **(379)**

R43

Índice

A

Abejas, 112
AbioCor **(corazón artificial),** 426–427
Absorción de la luz, 474
Accidentes geográficos
    características de la superficie, 232
    definición de, 232
    llanuras, 235
    mesetas, 236
    montañas, 233
    valles, 234
Adaptaciones, 142, 143
Agentes patógenos, R12–13
Agua
    cambios de estado en el, 316–317
    ciclo del agua, 318
    como necesidad de los animales, 90
    contaminación del, 284
    diferentes estados del, 314–315
    dulce, 307–309
    importancia del, 306–307
    inundaciones, 252
    para las plantas, 75
    salada, 310
    y la erosión, 242
Agua dulce, 307–309
    ecosistemas de, 137
Agua salada, 310
Agua subterránea, 308
Águilas, 170
Águilas Jóvenes (programa), 520
Aire
    como aislante, 464
    como recurso reciclable, 267
    contaminación del, 283
Aislantes, 438, 464

Alce, 152
Aligátores, 100, 152, 180
Alimento
    energía del, 416
    para animales, 91
    producir y obtener, 164
    productores, consumidores y descomponedores, 165
Almejas coquina, 110
Almizclera, 181
Altavoces (sonido), 488
Amemiya, Koichi, 552
Anemómetro, 325, 418
Anémonas, 183
Anémonas de mar, 111
Anfibios, 101
Animales
    adaptación de los, 142
    agua para los, 90
    alimento para los, 91, 164
    camuflaje de los, 146
    células de los, 35
    ciclos de vida de los, 42–43
    como consumidores y descomponedores, 165
    crecimiento y cambio en los, 42–43
    defensas de los, 182–183
    en la cadena alimentaria, 173, 176
    hibernación, 144
    migración de, 145
    necesidades de los, 88
    oxígeno para los, 89
    refugio para los, 92
    Ver también Invertebrados; Seres vivos; Vertebrados
Año, 339
Arañas, 107, 109
    cuerpo de las, 109
    de la banana, 109
    seda producida por, 114–115

Árboles, 64–65
    plantar, 46–47
Arbustos, 64–65
Arces, 66
Arces de azúcar, 70
Arcilla, suelos de, 275
Arco iris, 472, 477
Ardillas, 138
Arena, 275
Arrastre, 242, 243
Ártico, cadena alimentaria del, 186–187
ASIMO (robot), 552–553
Astrofísicos, 364
Astrónomos, 364
Atmósfera, 322
Atracción (polos), 443
Audición, 484, R11
Aves, 99
    en la cadena alimentaria, 175
    migración de las, 145
Azúcar (producida por plantas), 74

B

Babosas de mar, 110
Balanzas, 8
Ballenas grises, 145
Barómetros, 400
Básculas de resorte, 7
Bose, Amar Gopal, 488
Bosques, 138
Bosques tropicales lluviosos, 138
Botánicos, 80
Branquias, 102
Bromelias, 143
Búhos, 138, 173
Bulbos, 41
Burbujas, 10, 18
Butte, 236

Índice

C

Cabra montés, 130
Cactos, 60, 134
Cadenas alimentarias, 172–173
    contaminación en las, 186–187
    depredadores y presas, 176
    pirámides alimentarias, 174–175
Caduca, bosques de hoja, 138
Caducifolias, plantas, 67
Cajas de aumento, 5
Calamares, 110
Calcita, 207
Calculadoras, 454
Calentamiento global, 283
Calor
    aislantes, 464
    conductores del, 463
    definición de, 462
    producción de, 462
    Ver también Energía térmica
Camaleones, 146
Cambios físicos, 392–393
    mezclas, 394
    soluciones, 395
Cambios químicos, 396
Camuflaje, 146
    de las torres de telefonía celular, 154–155
Cangrejo herradura, 107
Cangrejos azules, 111
Canguros, 98
Cañones, 234
Capa superior del suelo, 273
Caracoles, 110
Características, 44
Características heredadas, 44
Carbón, 268, 423
Cardo, 70
Carnívoros, 167
Carson, Rachel, 156

Casas en los acantilados, 204
Castillos de arena, 390
Castores, 140
Causa y efecto, R20–21
Células, 34
Centavos para proteger a los perros policía, 116
Cerdos, 98
Cerezo, 68
Chícharos, 70
Chimpancés, 168
Ciclo de las rocas, 210–211
Ciclo del agua, 318
Ciclo lunar, 347
Ciclos de vida, 40
    de las plantas, 40–41
    de los animales, 42–43
Científico ambientalista, 156
Cintas métricas, 6
Circuito (eléctrico), 437
Cirros, 323
Citoplasma, 34, 35
Clarke, Edith, 454
Clasificación, 14
Clorofila, 75
Cloroplastos, 34
Cobre, 199
Cocinar, 396
Colibríes, 161, 166, 502
Color(es)
    la luz y los, 476–477
    producir, 478
Combustibles fósiles, 423, 424
Combustión, 417
Comparar, 14
    burbujas de colores, 19
    cómo llega la luz solar a la Tierra, 337
    en el manual de lectura, R18–19
    hogares de los animales, 87
    la contaminación y las plantas, 279
    luz para las plantas, 73

    maracas, 481
    necesidades de las plantas, 55
    tipos de ondas, 513
Computadoras, 454
Comunicar, 22
    basura reciclada, 287
    cómo medir el viento, 321
    imanes, 441
    mezclas, 391
    redes alimentarias, 179
    temperatura y materia, 383
Comunidades, 128–129
Condensación, 316–317, 388
Conducción, 463
Conductores
    del calor, 463
    eléctricos, 438
Coníferas, 69
Coníferas, bosque de, 138
Conservación, 288–289
Constelaciones, 360
Consumidores, 165
    carnívoros, 167
    herbívoros, 166
    omnívoros, 168
Contaminación, 151, 289
    de la tierra, 282
    definición de, 282
    del agua, 284
    del aire, 283
    en cadenas alimentarias, 186–187
Contrastar (lectura), R18–19
Controlar variables, 15
Corales, 106
Corazón artificial, 426–427
Corrientes (oceánicas), 328–329
Corteza terrestre, 202, 232
    los terremotos y la, 248
Cresta (de las ondas), 516
Cuartos de la Luna, 347
Cuarzo, 198–200
Cuchillos, 548
Cúmulos, 323
Cuñas, 548–549

R45

D

Datos, 13
   interpretar, 239, 497, 545
   recopilar, 305, 325
Delfín de nariz de botella, 136
Densidad, 379, 380
Depredadores, 176
Depresión (de las ondas), 516
Descomponedores, 165, 173
Desiertos, 134
   plantas en los, 60
Desprendimientos, 249
Destornilladores, 541
Destrezas con números.
   Ver Usar números
Destrezas de examinación, 12–17.
   Ver también destrezas específicas
Detalles (lectura), R16–17
Día, 342
Diamantes, 198
Dientes, 168
Dieta, R14
Dióxido de carbono, 75
Dirección (movimiento), 500–501, 507
   fuerza y, 508
Distancia, 500
Dragonfly **(máquina voladora),** 519
Dunas, 243

E

Eclipses
   lunares, 348–349
   solares, 350
Ecosistemas
   cambios en los, 150–152
   de agua dulce, 137
   de agua salada, 136
   de bosque, 138
   de desierto, 134
   de pradera, 135
   definición de, 128
   partes de los, 128–129
Eje de la Tierra, 338
Electricidad, 420
   corriente, 437
   electroimanes, 446, 448–449
   estática, 436
   generador de combustible, 453
   generadores, 450
   movimiento de la, 438
Electroimanes, 446, 448–449
Empleados de viveros, 80
Energía
   ahorro de, 423
   cambios en la, 412
   cinética, 410–412
   de las ondas, 516
   de las plantas, 74
   definición de, 408
   del alimento, 164
   formas de, 410–411
   fuentes de, 408–409, 423–424
   generadores de, 453
   geotérmica, 424
   granjas de viento, 294–295
   importancia de la, 422
   medición de la, 418
   potencial, 410–412
   térmica, 462.
   Ver también Energía térmica
   uso de la, 416–417
Energía cinética, 410–412
Energía del viento, 424
   como recurso renovable, 294–295
Energía potencial, 410–412
Energía solar, 416, 424
Energía térmica, 414, 462
   estados del agua y la, 316, 317
   Ver también Calor
Energía, fuentes de, 408–409, 423–424
Enfermedades, R12–13

Envoltorios comestibles, 78–79
Erosión, 242–243
Escamas (peces), 102
Esporas, 69
Estaciones, 340–341
Estados de la materia, 384–388
   cambios en los, 388
   gases, 387
   líquidos, 386
   sólidos, 385
Estratos, 323
Estrellas de mar, 111
Estrellas, 355
   constelaciones, 360
Evaporación, 317, 388
Examinación, 4
   definición de, 4
   destrezas de, 12–16
   instrumentos para la, 4–7
Experimentos, 21
Expertos en materiales, 400

F

Fallas, 248
Fases de la Luna, 346–347
Flamencos, 85
Flipper, 496
Flores, 65
   plantas con, 68
Florida, 310
Flotación, 380
Focas, 30
Formular, 16
Formular una hipótesis
   sobre la electricidad estática, 435
Fósiles, 195, 216–217
   aprender de los, 220
   combustibles, 423, 424
   definición de, 216
   en La Brea, 222–223
   formación de, 218–219
   de plantas, 217
Fotosíntesis, 74–75

ÍNDICE

Frailecillos, 176
Fricción, velocidad del movimiento y, 506–507
Frondas, 66
Fuegos artificiales, 406
Fuerza magnética, 507
Fuerza neta, 509
Fuerza(s)
   cambios en el movimiento y las, 508–509
   definición de, 506
   gravedad como, 510
   para mover objetos, 532
   tipos de, 506–507
Fulcro, 538, 539

G

Gacelas, 183
Gansos canadienses, 145
Garrapata del ciervo, 109
Garrapatas, 109
Garzas, 180
Garzas azules, 188
Gas natural, 423
Gases, 387
   vapor de agua, 314–315
Gavilanes de cola roja, 167
Generador Van de Graaff, 434
Generadores, 450, 453
   de Van de Graaff, 434
   de viento, 262
Geotérmica, energía, 424
Girasoles, 165
Glaciares, 244, 308
Golfo de México, 310
Goteros, 5
Gráficas circulares, R31
Gráficas de barras, R29
Gráficas lineales, R30
Grafito, 198, 199
Gramos (g), 378
Gran Cañón, 234, 236
Grandes Llanuras, 235
Granito, 212
Granjas de viento, 294–295

Gravedad, 510
Guacamayo rojo y azul, 130
Guante para el lenguaje de señas, 428
Guepardos, 176, 183
Gusanos, 111, 112
Gusto, 376

H

Hábitats, 129, 130, 152
Hacer ejercicios, R15
Hacer experimentos, 21
Hacer un modelo, 16
   de cadenas alimentarias, 171
   de cómo mantener el calor, 95
   de fósiles, 215
   de la formación de montañas, 231
   de las fases de la Luna, 345
   de molinos, 421
   de roca, 205
   de volcanes, 247
Hachas, 549
Halcones, 176
Halita, 199
Helechos, 66, 69
Hematita, 199, 201
Herbívoros, 166, 174, 175, 184
Herencia, 44
Hibernación, 144
Hierbas, 64–65
   en la cadena alimentaria, 175
Hierro, 199
Hillman, Stacey, 116
Hipótesis, 21
Hojas, 58–59, 66–67
Humanoides (robots), 552–553
Humus, 272–273
Hundimiento, 380

I

Ideas principales, R16–17
Identificar variables, 15

Iguanas, 100
Imanes, 440, 442–443
   usos de los, 444
Impresiones, 216
Inferir, 13
   calor del sol, 415
   cómo se ocultan los insectos, 141
   condensación en terrarios, 313
   crecimiento de la semilla, 39
   electroimanes, 447
   hogares de los animales, 31
   la trayectoria de la luz, 467
   medio ambientes, 125
   observar la temperatura, 407
   raíces, 133
   rampas de velocidad, 505
Ingenieros eléctricos, 454
Innovadores, 364
Insecto palo, 146
Insectos, 108
   como presas, 183
Instintos, 142
Instrumentos de medición, 6–8
Instrumentos de percusión, 480
Instrumentos, 2, 8
   para la examinación científica, 4–7
Intensidad sonora, 482
Interpretar datos, 13
   sobre el agua en acción, 239
   sobre el movimiento de objetos, 497
   sobre planos inclinados, 545
Inundaciones, 252
Invertebrados, 106–112
   almejas, 110
   arañas, 109
   calamares, 110
   caracoles, 110
   garrapatas, 109
   importancia de los, 112
   insectos, 108
Investigación, 20–22

J

Jirafas, 91
Júpiter, 352, 354 358

K

Kaplan, David, 115
Kenya, plantar árboles en, 46–47
Kilogramos (kg), 378
Koalas, 127

L

La Brea (Los Angeles), 222–223
Laberintos, 62
Lagartijas, 173
Lagarto basilisco, 507
Lago Powell, 309
Larva, 43
Lava, 250, 251
Lecho rocoso, 273
Lentes de aumento, 36
Leopardos, 167
Libélulas, 167
Liebres americanas, 142
Limo, 275
Linces rojos, 174
Líquidos, 386
　　agua, 314–317
Llanuras costeras, 235
Lluvia, 322
Lobos, 167
Lombrices de tierra, 112, 165
Longitud de onda, 516
Luna, 335, 344
　　eclipses de, 348–349
　　fases de la, 346–347
Luna llena, 347, 349
Lupas, 4
Luz
　　absorción de la, 474
　　color y, 476–478
　　movimiento de la, 468–469
　　sombras y, 470
Luz solar, 476

M

Maathai, Wangari, 46–47
Magnetita, 442
Magnolia, árboles de, 67
Maíz, plantas de, 173
Mamíferos, 98
Manto (de la Tierra), 202
　　volcanes y el, 250
Mapas meteorológicos, 326
Máquinas simples, 525, 536–537
　　cuñas, 548–549
　　palancas, 534, 538–539
　　planos inclinados, 546–547
　　poleas, 542
　　rueda y eje, 540–541
　　tornillos, 550
Máquinas, energía para las, 417.
　　Ver también Máquinas simples
Marga, 276
Mariposas monarca, 104, 145
Mariposas, ciclo de vida de las, 43
Mármol, 212
Marte, 356, 357
Masa, 378
　　cambios en el movimiento y en la, 508
　　fuerza de la gravedad y, 510
　　medición de la, R34
Materia, 374–375
　　cambios de estado en la, 388
　　cambios físicos en la, 392–393
　　cambios químicos en la, 396
　　definición de, 374
　　estados de la, 384–387
　　medición de la, 378
　　mezclas de, 394
　　propiedades físicas de la, 376–377
　　soluciones de la, 395

McHugh, Tara, 78–79
Mediciones, 2, 13
　　de burbujas, 3
　　de energía, 418
　　de ondas, 516
　　de trabajo, 527, 532
　　medidas comunes, R35
　　medidas métricas (SI), R32–35
Medio ambiente(s), 126–127
　　protección del, 288–292
　　Ver también Ecosistemas
Medusa, 106
Meggitt, Austin, 554
Membranas celulares, 34, 35
Mercurio, 356
Mesa, 236
Mesetas, 236
Metales, 268
Metamorfosis, 42
Meteorización, 240–241
Meteorólogos, 330
Método científico, 20–22
Métrico (sistema de medidas), R32–35
　　medidas de capacidad, R33
　　medidas de longitud, R32
Mezclas, 394
Miami, Florida, 280
Microscopios, 8
Migración, 145
Mimetismo, 146
Minerales, 198–201
　　definición de, 198
　　dureza de los, 196, 200
　　identificar, 200–201
Minería, 280, 281
Mochila voladora, 518–519
Mochuelo duende, 88
Mohs, escala de, 200
Moldes, 217
Monos, 96
Montañas, 233
Monte Etna, 246
Monte Saint Helens, 150
Mosher, Michael, 518

R48

Índice

Movimiento del Cinturón Verde, 46–47
Movimiento
   definición de, 499
   dirección del, 500–501
   distancia, 500
   fuerza y cambios en el, 508–509
   tiempo del, 501
   tipos de, 498–499
   velocidad del, 502
Murciélagos de la fruta, 94
Murciélagos, 92, 94
Museo de la Basura (Connecticut), 296

N

Naranjos, 70, 278
Nenúfares, 60, 129
Neptuno, 358, 359
Nieve, 322
Noche, 342
Nubes, 322–323
Núcleo (células), 34, 35
Núcleo (de la Tierra), 202
Nutrición, R2–3, R14

Ñ

Ñu, 183

O

Observación, 20
   dientes, 163
   extraer recursos, 263
   formas de las burbujas, 11
   tierra, 271
Océano Atlántico 310
Océano Pacífico, 310
Océanos
   agua salada en los, 310
   corrientes en los, 328–329
Oídos humanos, R11

Ojos, humanos, R10
Olfato, 376
Omnívoros, 168
Ondas
   definición de, 514
   medición, 516
   olas, 512
   tipos de, 514–515
Ondas de luz, 515
Ondas de radio, 515
Ondas sonoras, 515
Opacos (objetos), 475
Órbitas, 354
Ordenar en secuencia, R22–23
Ordenar, 14
   análisis de minerales, 197
Organismos, 32.
   Ver también Seres vivos
Oro, 198, 199
Ortiz, Rosa, 80
Orugas, 166
Osa Mayor (constelación), 360
Oso pardo de Alaska, 86
Osos hormigueros, 178
Oxígeno
   como necesidad de los animales, 89
   definición de, 89
   en la atmósfera, 322
   para la fotosíntesis, 75

P

Palancas, 534, 538–539
Palmito, 67
Pandas, 88
Panteras, 152
Papel, reciclado de, 296
Pared celular, 34
Parque Nacional Arches (Utah), 134
Parque Nacional Everglades, 123
Patos, 152
Patterson, Ryan, 428
Peces, 97, 102

Pelícanos, 91
Perennifolias, plantas, 67, 138
Perez, Tatiana, 296
Perezosos, 29
Perros de la pradera, 127
Perros policía, 116
Perros, ciclo de vida de los, 42
Peso, 510
Petirrojos, 92
Petróleo, 423
   contaminación causada por el, 284
Pez roca, 146
Picaportes, 540
Piedra caliza, 218
Pilas, 411
Pinos, 66
Pinzas, 5
Pirámides alimentarias, 174–175
Pizarra, 212
Planear experimentos, 21
Planetario Hayden, (ciudad de New York), 352
Planetas, 354
   exteriores, 358–359
   interiores, 356–357
   más antiguo, 362
Planos inclinados, 546–547
Plantas
   adaptaciones de las, 143
   alimento producido por las, 164
   árboles, 64–65
   arbustos, 64–65
   ayudas y prejuicios, 76
   células de las, 34
   ciclos de vida de las, 40–41
   como productores, 165
   con flores, 68
   crecimiento y cambio de las, 40–41
   energía almacenada por, 74
   hojas de las, 66–67
   medio ambientes de las, 60
   movimiento de las, 502

R49

necesidades de las, 56–57
partes de las, 58–59
pastos, 64–65
semillas de las, 70
sin flores, 69
Ver también Seres vivos
Plutón, 358, 359
Pluviómetro, 325
Población, 128–129
Poleas, 542
Polemonio, plantas de, 68
Polillas, 146
Polos (imanes), 443
Portaequipaje para bicicleta, 554
Posición (de objetos), 499
Pradera, 135
Precipitación, 318
Predecir, 14
arco iris, 473
cambios en el medio ambiente, 149
el tiempo, 326
formas de burbujas, 11
medición del volumen, 373
Presa, 176, 182, 183
Presas, 254–255
Presa Hoover, 148
Presa Tres Gargantas (China), 254–255
Presentar datos, 13
Primavera silenciosa (Rachel Carson), 156
Prismas, 476
Productores, 165, 172–175
en redes alimentarias, 180
Profesiones
astrónomo, 364
científico ambientalista, 156
empleado de un vivero, 80
experto en materiales, 400
ingeniero eléctrico, 454
meteorólogo, 330
técnico de sonido, 488
vulcanólogo, 256
Pronóstico del tiempo, 326

Propiedades físicas
de la materia, 376–377
de los minerales, 200–201
flotación y hundimiento, 380
masa, 378
volumen, 379
Proyectos de Ciencias
amanecer y atardecer, 365
cadenas alimentarias, 189
cambios de color, 489
cambios en el paisaje, 257
componentes de la tierra, 157
crecimiento de la papa, 49
crecimiento de las ranas, 49
cultivar plantas comestibles, 81
derretir el hielo, 489
ecosistemas, 157
electricidad estática, 455
energía solar, 429
estación meteorológica, 331
fricción, 521
fuerza neta, 521
hacer elevadores, 555
hundir y flotar, 401
impacto de un asteroide, 365
juego de pesca magnético, 455
las branquias de la carpa dorada, 117
medir el volumen, 401
minerales en la arena, 225
modelos de fósiles, 225
nubes en un frasco, 331
planta de tratamiento de agua, 297
reciclar, 297
respirar, 117
sacudir la Tierra, 257
un nuevo comienzo para las plantas, 81
Puente Rainbow (Utah), 229
Pulmones
en mamíferos, 98
en reptiles, 100
Pulpo, 183

R

Raíces de apoyo, 143
Raíces, 58, 59
Rampas, 547.
Ver también Planos inclinados
Ranas arborícolas, 97
Ranas, 101
Ratones, 182
Raya, 201
Rayos, 436
Reciclar, 286, 292, 296
imanes usados para, 444, 446
Recopilar datos, 13
sobre el agua, 305
sobre el tiempo, 325
Recursos no renovables, 268, 424
Recursos renovables, 266, 424
Recursos, 264–265
conservación de, 288–292
de la tierra, 280–281
definición de, 264, 423
energía, 423, 424
no renovable, 268, 424
reciclable, 267, 291
renovable, 266, 424
uso que les dan las personas, 151
Redes alimentarias, 180–181
cambios en las, 184
defensas de los animales, 182–183
Reducir el uso de recursos, 290
Reflexión, 468
Refracción, 469
Refugio (para animales), 92
Registrar datos, 13
Reglas, 6
Relaciones de espacio/tiempo, 15
Renacuajos, 101
Repeler (polos), 443
Reptiles, 100
Resumir, R26–27

Índice

Richter, Charles, 256
Ríos, 137
Robles, 66
Robots, 552–553
Rocas ígneas, 206, 208, 210–211, 218
Rocas metamórficas, 207–212, 218
Rocas sedimentarias, 207–212
    fósiles, 218, 219
Rocas, 202
    ciclo de las rocas, 210–211
    definición de, 202
    erosión de las, 242–243
    formación de las, 208–209
    ígneas, 206, 208, 210–211, 218
    metamórficas, 207–212, 218
    meteorización de las, 240–241
    sedimentarias, 207–212, 218, 219
    usos de las, 212
Rotación (de la Tierra), 338
Rueda y eje, 540–541
Ruido (en las cafeterías escolares), 486–487
Ruido, semáforos de conversación y el, 486–487

S

Sacar conclusiones, 22
    crecimiento de semillas de frijoles, 63
    criadero de lombrices, 105
    electroimanes, 447
    en la lectura, R24–25
Sal, 199
Salamandras, 35, 101
Saltamontes, 175, 181
    ciclo de vida de los, 43
Sangre, R5
Sapos de la caña, 184
Saturno, 358
Savage, Shaymus, 48
Seda, 114–115

Seguridad, R36
Semáforos de conversación, 486–487
Semilla de luna, 80
Semillas, 65, 68, 70
Sentidos, 376
Seres vivos
    cosas sin vida y, 32–33
    hábitats de los, 130
    herencia, 44
    medio ambiente de los, 126–127
    modificación de los ecosistemas causada por, 150–151
    necesidades básicas de los, 56–57
    observar, 36
    partes de los, 34–35
    supervivencia de los, 142–143
Serpientes, 97, 146, 182
Shaw, Chris, 223
Sismólogos, 256
Sistema circulatorio, R4–5
Sistema digestivo, R2
Sistema muscular, R8–9
Sistema óseo, R6–7
Sistema solar, 354
    planetas exteriores, 358–359
    planetas interiores, 356–357
    Sol, 355
Smith, Samantha, 187
Sol, 355
    eclipses solares, 350
    energía del, 409
Sólidos, 385
    hielo, 314–315
***SoloTrek* (mochila voladora),** 518–519
Soluciones, 395
Sombras, 470
Sonido, 482–483
    audición, 484
Subsuelo, 273
Suelo
    capas del, 272–273
    erosión del, 242–243
    importancia del, 276
    inundaciones y el, 252
    tipos de, 274–275
***Switchgrass* (pasto),** 453

T

Tablas (lectura), R28
Tacto, 376
Tallos, 58, 59
Tazas de medir, 7
Técnicos de sonido, 488
Telas sintéticas, 398–399
Telescopio espacial Hubble, 362–363
Temperatura, 418
    cambios de estado y de, 388
    datos meteorológicos sobre la, 325
    definición de, 462
Tensión superficial, 507
Termómetros, 6, 418
Terremotos, 248–249, 256
Tiburones, 48
Tiempo (meteorológico)
    definición de, 324
    patrones del, 324
    predecir el, 326
    recopilar datos sobre el, 325
    y la atmósfera, 322–323
Tiempo
    unidades de, 501
    y movimiento, 501
Tierra (planeta), 356, 357
    capas de la, 202, 232
    el día y la noche, 342
    estaciones, 340–341
    movimiento de la, 338–339
    superficie cubierta por agua, 306–307
Tierra (suelo)
    contaminación de la, 282
    usos de la, 280–281
Tigres, 98

Tono, 483
Tornillos, 550
Torres de telefonía celular, 154–155
Torricelli, Evangelista, 400
Tortugas, 128, 181
Trabajo, 526
  diferentes tipos de, 528–529
  medición del, 532
Transparentes (objetos), 475
Traslación (de la Tierra), 339
Traslúcidos (objetos), 475
Triceratops, 219
Trineos, 504
Tubérculos, 41
Tucanes, 96
Tulipanes, 54
Tundra, 132
Turbinas, 254
  granjas de viento, 295

U

Unidades de tiempo, 501
Urano, 358, 359
Usar números, 13
  para ordenar planetas, 353

V

Vacas, 166
Vaciado, 217
Vacuolas, 34, 35
Valles, 234
Vapor de agua, 314
  en la atmósfera, 322
Variables, 15
Veletas, 320
Velocidad, 502
Venus, 356
Vertebrados, 96–97
  anfibios, 101
  aves, 99
  mamíferos, 98
  peces, 102
  reptiles, 100
Vertederos de residuos, 282
Vibraciones, sonido, 482–484
Vieira, 106
Viento, erosión producida por el, 243
Visión humana, R10
Vista, 376
Volcanes, 208, 246, 250–251
Volumen, 379
Vulcanólogo, 256

W

Wang, Bin, 330
Williams, Deshanique, 188
Williams, Reva Kay, 364
Wright, Wilbur y Orville, 520

Z

Zarigüeyas, 182
Zollars, Michael, 520
Zorrillos, 182

Photo Credits

Page Placement Key: (t) top, (b) bottom, (l) left, (r) right, (c) center, (bg) background, (fg) foreground

Cover: (front) Frans Lanting/Minden Pictures; (back) (bg) Renee Lynn/Stone/Getty Images; (back) (inset) William Ervin/SPL/Photo Researchers;

Front End Sheets: Page 1 Klein/Peter Arnold; Page 2 (t) Tom Brakefield/Corbis; (b) Norbert Wu/Minden Pictures; Page 3 (t) Frans Lanting/Minden Pictures; (b) Tom Ulrich/Stone/Getty Images; (bg for all) Tony Craddock/Photo Researchers;

Title Page: Frans Lanting/Minden Pictures;

Copyright Page: (bg) Renee Lynn/Stone/Getty Images; (inset) Frans Lanting/Minden Pictures;

Back End Sheets: Page 1 (t) Stuart Westmorland/The Image bank/Getty Images; (b) Tom Brakefield/Corbis; Page 2 (t) Michael & Patricia Fogden/Minden Pictures; (b) Renne Lyn/Stone/Getty Images; Page 3 (t) Peter Weimann/Animals Animals/Earth Scenes; (c) & (b) Courtesy of Jerry Jennings at Emerald Forest Bird Gardens-Photography by Paul Bratescu; (bg for all) Tony Craddock/Photo Researchers;

Table of Contents:
v Michael & Patricia Fogden/Minden Pictures; vi Rob C. Williamson/Index Stock Imagery; ix Paul A. Souders/Corbis;

Unit A:
26 Michael T. Sedam/CORBIS; 27 Dennis Cox/D.E. Cox Photo Library, All Rights Reserved; 28 Getty Images; 30 Fred Bruemmer/Peter Arnold, Inc.; 32 Photolibrary.com pty.ltd/Index Stock Imagery; 33 Larry Lefever/Grant Heilman Photography; 34 (t) Carolina Biological/Visuals Unlimited; 34 (b) Kevin R. Morris/Bohemian Nomad Picturemakers/Corbis; 35 (t) Carolina Biological/Visuals Unlimited; 35 (b) Gary Meszaros/Bruce Coleman, Inc.; 36 (b) Ed Reschke/Peter Arnold, Inc.; 36 (cr) Konrad Wothe/Minden Pictures; 36 (tr) Mark Moffett/Minden Pictures; 36 (bl) Michael S. Yamashita/Corbis; 38 Roy Morsch/Corbis; 40 J. Douillet/Peter Arnold, Inc.; 41 (l) Ferrer & Sostoa/Age Fotostock America; 41 (r) Royalty-free/Corbis; 42 (br) E.A. Janes/Age Fotostock America; 42 (tl) Jane Burton/Bruce Coleman, Inc.; 42 (tr) Photodisc Green (Royalty-free)/Getty Images; 42 (bl) Photodisc Red (Royalty-free)/Getty Images; 44 (b) D. Robert & Lorri Franz/Corbis; 44 (tr) Kit Houghton/Corbis; 44 (l) Lindy Craig/Grant Heilman Photography; 46 AFP/Newscom; 47 Courtesy LaMotte Company, chestertown, MD; 48 (t) Tom Beneit/Superstock; 52-53 Zoran Milich/Masterfile; 54 John McAnulty/Corbis; 60 (t) Royalty-Free/Corbis; 60 (b) David Young-Wolff/PhotoEdit/PictureQuest; 62 Estock Photo; 64 (inset) George Harrison/Grant Heilman Photography; 64 (b) Kent Foster/Bruce Coleman, Inc.; 65 Martin Fox/Index Stock Imagery/PictureQuest; 66 (t) Martin B. Withers; Frank Lane Picture Agency/Corbis; 66 (cr) Michael P. Gadomski/Dembinsky Photo Associates; 66 (cl) Phil Degginger/Bruce Coleman, Inc.; 66 (b) Randy M. Ury/Corbis; 67 (t) Ed Kanze/Dembinsky Photo Associates; 68 (l) R-R/S/Grant Heilman Photography; 68 (c) Skip Moody/Dembinsky Photo Associates; 68 (r) C-JG/Grant Heilman Photography; 69 (l) Grant Heilman Photography; 69 (r) Bruce Coleman, Inc.; 70 (t) C-MON/Grant Heilman Photography; 70 (cl) Michael P. Gadomski/Dembinsky Photo Associates; 70 (c) Michelle Garrett/Corbis; 70 (bl) Randall B. Henne/Dembinsky Photo Associates; 72 Royalty-Free/Corbis; 74 Patti McConville/Dembinsky Photo Associates; 76 (b) C-TB/Grant Heilman Photography; 76 (t) Getty Images; 76 (cl) John Robinson/Peter Arnold; 76 (cr) Larry West/Bruce Coleman, Inc.; 78 USDA/ARS; 80 (tr) Courtesy Rosa Ortiz; 80 (inset) Robert Holmgren/Peter Arnold; 80 (bl) Galen Rowell/Corbis; 81 (bg) Lew Robertson/PictureArts/Corbis; 84-85 Mark J. Thomas/Dembinsky Photo Associates; 86 Getty Images; 88 (r) John Cancalosi/Nature Picture Library; 88 (l) John Giustina/Bruce Coleman, Inc.; 89 ZSSD/Minden Pictures; 90 (t) BIOS/Peter Arnold; 90 (b) Royalty-Free/Corbis; 91 Getty Images; 91 (inset) Steve Kaufman/Peter Arnold; 92 (t) Darren Bennett/Animals Animals; 92 (t) Michael & Patricia P. Fogden/Minden Pictures; 94 Theo Allofs/Corbis; 96-97 (bg) Norman O. Tomalin/Bruce Coleman, Inc.; 96 (l) Staffan Widstrand/Corbis; 96 (r) Wolfgang Kaehler/Corbis; 97 (t) Getty Images; 97 (br) Bruce Coleman, Inc.; 97 (bl) Joe McDonald/Bruce Coleman, Inc.; 98 (t) Bruce Coleman, Inc.; 98 (b) David Fritts/Animals Animals; 98 (br) Thomas Mangelsen/Minden Pictures; 99 (tl) Thomas D. Mangelsen/Peter Arnold; 99 (tr) Tim Davis/Corbis; 99 (t) Tom Vezo/Minden Pictures; 99 (b) Diane Miller/Monsoon Images/PictureQuest; 100 (t) Zigmund Leszczynski/Animals Animals; 100 (c) Getty Images; 100 (br) George McCarthy/Corbis; 101 (r) John Burnley/Bruce Coleman, Inc.; 101 (l) T. Young/Tom Stack & Associates; 102 (t) Getty Images; 102 (c) Getty Images; 102 (b) Scott Kerrigan/Corbis; 104 Frans Lanting/Minden Pictures; 106 (t) Jesse Cancelmo/Dembinsky Photo Associates; 106 (bl) Getty Images; 418 (bl) Sue Scott/Peter Arnold; 107 (t) Dwight Kuhn; 107 (bl) Douglas P. Wilson; Frank Lane Picture Agency/Corbis; 107 (br) Larry West/Bruce Coleman, Inc.; 108 (tl) Thomas Boyden/Dembinsky Photo Associates; 108 (tl) CISCA CASTELIJNS/FOTO NATURA/Minden Pictures; 108 (bg) Craig Aurness/Corbis; 108 (tl) Skip Moody/Dembinsky Photo Associates; 109 (t) Donald Specker/Animals Animals; 109 (b) Larry West/Bruce Coleman, Inc.; 110 (tr) Gordon R. Williamson/Bruce Coleman, Inc.; 110 (cr) Getty Images; 110 (bl) Gail M. Shumway/Bruce Coleman, Inc.; 110 (br) Priscilla Connell/Index Stock Imagery; 111 (tr) Getty Images; 111 (cl) Fred Bavendam/Minden Pictures; 111 (bl) E. R. Degginger/Bruce Coleman, Inc.; 112 (tl) ABPL/Roger De La Harpe/Animals Animals; 112 (b) David M. Dennis/Animals Animals; 114 (t) Lightwave Photography/Animal Animals; 115 (t) OSF/Bernard GI/Animals Animals; 116 Naples Daily News/Chris Suppa; 117 (bl) Ralph A. Clevenger/Corbis; 119 (l) Michael & Patricica Fogden/Minden Pictures; 119 (r) Theo Allofs/Corbis;

Unit B:
120-121 © OKLAHOMA TOURISM; 121 Joel Sartore/Grant Heilman Photography; 122-123 Gail M. Shumway/Bruce Coleman, Inc.; 124 Richard T. Nowitz/Corbis; 126-127 Claudia Adams/Dembinsky Photo Associates; 126 (inset) R-GH/Grant Heilman Photography; 127 (t) John Cancalosi/Nature Picture Library; 127 (inset) Tim Fitzharris/Minden Pictures; 130 (b) Mary Clay/Dembinsky Photo Associates; 130 (t) Royalty-Free/Corbis; 132 Stefan Meyers/Animals Animals/Earth Scenes; 134 Photodisc Green (Royalty-free)/Getty Images; 135 Jim Brandenburg/Minden Pictures; 136 Flip Nicklin/Minden Pictures; 137 Getty Images; 138 (b) Nancy Rotenberg/Animals Animals/Earth Scenes; 138 (inset) OSF/M. Hamblin/Animals Animals/Earth Scenes; 138 (t) Roger Wilmshurst; Frank Lane Picture Agency/Corbis; 140 Yva Momatiuk/John Eastcott/Minden Pictures; 142 (b) Barbara Von Hoffmann/Animals Animals/Earth Scenes; 142 (inset) Steve Kaufman/Corbis; 143 (c) Gary Braasch/Corbis; 143 (tl) I-JG/Grant Heilman Photography; 143 (r) Nancy Rotenberg/Animals Animals/Earth Scenes; 144 Breck P. Kent/Animals Animals/Earth Scenes; 145 (l) Alan G. Nelson/Animals Animals/Earth Scenes; 145 (r) Stephen Dalton/Animals Animals/Earth Scenes; 146 (tl) Carl Roessler/Bruce Coleman, Inc.; 146 (tr) Anthony Bannister/Gallo Images/Corbis; 146 (bl) Martin Withers/Dembinsky Photo Associates; 146 (br) Breck P. Kent/Animals Animals/Earth Scenes; 148 Michael E. Lubiarz/Dembinsky Photo Associates; 150 (t) Gary Braasch/Corbis; 150 (b) David Muench/Corbis; 150 (inset) Dennis MacDonald/Index Stock Imagery/PictureQuest; 151 (r) Smith Aerial Photos; 151 (l) Smith Aerial Photos; 152 (t) Getty Images; 152 (c) Raymond Gehman/Corbis; 152 (bl) Royalty-Free/Corbis; 152 (br) Dominique Braud/Animals Animals/Earth Scenes; 154 Index Stock/Picture Quest; 155 Marianna Day Massey/Corbis; 156 (t) AP/Wide World Photos/Bob Schultz; 156 (b) royalty-free/corbis; 157 (bg) Getty Images; 160-161 Michael & Patricia Fogden/Minden Pictures; 162 Getty Images; 164 Ed Reschke/Peter Arnold; 166 (t) Fred Unverhau/Animals Animals; 166 (c) Yva Momatiuk/John Eastcott/Minden Pictures; 166 (b) Stephen Frink/Corbis; 167 (t) Bruce Coleman, Inc.; 167 (b) Bruce Coleman, Inc.; 168 (tl) Bruce Coleman, Inc.; 168 (inset) Getty Images; 168 (tr) Konrad Wothe/Minden Pictures; 170 Getty Images; 172 (c) C. Allan Morgan/Peter Arnold; 172-173 (bg) I-R/S/Grant Heilman Photography, Inc.; 172 (l) R-GH/Grant Heilman Photography, Inc.; 173 (r) Bruce Coleman, Inc.; 173 (l) John Cancalosi/Peter Arnold; 174 Kevin Schafer/Peter Arnold; 176 (t) Frans Lanting/Minden Pictures; 176 (b) Gerard Lacz/Animals Animals; 178 Tom Brakefield/Corbis; 182-183 (t) Kennan Ward/Corbis; 182 (c) Joe McDonald/Corbis; 182 (bl) Pete Oxford/Nature Picture Library; 182 (br) Tom Brakefield/Corbis; 183 (tr) Fred Bavendam/Peter Arnold; 183 (b) Sea Images, Inc./Animals Animals; 184 Getty Images; 186 Hinrich Baesemann/UCEP/Peter Arnold, Inc.; 188 (t) Courtesy Stephanie Larsen; 188 (bl) Shmeul Thaler/Index Stock; 188 (br) Index Stock;

Unit C:
192 Lee Foster/Lonely Planet; 193 Ursillo/Robertstock.com; 194-195 Layne Kennedy/Corbis; 198 (t) Breck P. Kent Photography; 198 (cl) Barry Runk/Stan/Grant Heilman Photography; 198 (cr) Breck P. Kent/Smithsonian Institute; 198 (bl) Th Foto-Werbung/Science Photo Library/Photo Researchers; 198 (bc) Albert Copley/Visuals Unlimited; 198 (br) Edward R. Degginger/Bruce Coleman, Inc.; 199 (t) Breck P. Kent Photography; 199 (tc) John James Wood/Index Stock Imagery; 199 (tr) Mark Schneider/Visuals Unlimited; 199 (tr) Jose Manuel Sanchis Calvete/Corbis; 194 (tl) Paul Silverman/Fundamental Photographs; 194 (tc) Cabisco/Visuals Unlimited; 200 (tr) Getty Images; 202 (t) Bob Daemmrich Photography; 202 (d) Mark A. Schneider/Visuals Unlimited; 202 (c) Breck P. Kent Photography; 202 (cr) Breck P. Kent Photography; 202 (bl) Sinclair Stammers/Science Photo Library/Photo Researchers; 202 (br) Wally Eberhart/Visuals Unlimited; 204 Tom Bean/Corbis; 206 (r) Doug Sokell/Visuals Unlimited; 207 (l) Wally Eberhart/Visuals Unlimited; 207 (c) Barry Runk/Stan/Grant Heilman Photography; 207 (cr) Barry Runk/Stan/Grant Heilman Photography; 208 Jim Sugar/Corbis; 209 (t) Grant Heilman/Grant Heilman Photography; 209 (b) Ben S. Kwiatkowski/Fundamental Photographs; 210 Rob C. Williamson/Index Stock Imagery; 212 (t) Bob Rashid/Brand X Pictures/Alamy Images; 214 Albert Copley/Visuals Unlimited; 216 (t) Layne Kennedy/Corbis; 216 (b) Dick Roberts/Visuals Unlimited; 217 (l) Francesc Muntada/Corbis; 217 (t) Ken Lucas/Visuals Unlimited; 217 (c) Sylvester Allred/Fundamental Photographs; 219 (t) Kevin Schafer/Corbis; 220 (b) Richard T. Nowitz/Corbis; 220 (t) Sternberg Museum of Natural History; 222 Philip James Corwin/Corbis; 223 AP/Wide World Photos; 224 (t) Courtesy the Ravin Family; 224 (b) Maurice Nimmo/Frank Lane Picture Agency/Corbis; 228-229 David Muench/Corbis; 230 Mark Turner/Turner Photographics; 232-233 Kevin R. Morris/Corbis; 233 (inset) Jean Guichard/Corbis; 234 (inset) ArtPhoto/Diomedia/Alamy Images; 235 Photodisc Red (Royalty-free)/Getty Images; 236 Getty Images; 238 Gavriel Jecan/Corbis; 240 (s) Chris Bell/Lonely Planet Images; 240 (inset) E.R. Degginger/Color-Pic; 242 (t) Dick Roberts/Visuals Unlimited; 242 (b) Gordana Uzelac/Domedia/Alamy Images; 243 (t) Annie Griffiths Belt/Corbis; 243 (inset) Science VU/Visuals Unlimited; 244 (b) Bernhard Edmaier/Science Photo Library/Photo Researchers; 244 (inset) George Wilder/Visuals Unlimited; 246 Alfio Scigliano/Sygma/Corbis; 248 Roger Ressmeyer/Corbis; 249 Roger Ressmeyer/Corbis; 250 Amos Nachoum/Corbis; 251 (t) Michael S. Yamashita/Corbis; 251 (b) Roger Ressmeyer/Corbis; 252 (t) Bill Ross/Corbis; 252 (b) Philip Wallick/Corbis; 254 Getty; 256 AP/Wide World Photos; 256 (t) Bettman/Corbis; 256 (b) Getty; 257 (bg) Jim Sugar/Corbis; 260-261 Jan Butchofsky-Houser/Corbis; 262 ML Sinibaldi/Corbis; 264 (inset) Fred Bavendam/Minden Pictures; 264 (b) Larry Lefever/Grant Heilman Photography; 265 (inset) Lou Jacobs, Jr./Grant Heilman Photography; 265 (r) Tom Campbell/Index Stock Imagery; 266 David Whitten/Index Stock Imagery; 267 Jean-Michel Bertrand/Index Stock Imagery; 268 (inset) Getty Images; 268 (b) Mike Dobel/Masterfile; 270 PhotoDisc Blue (Royalty-Free)/Getty; 272 Gary Braasch/Corbis; 274 (b) Getty Images; 275 Royalty-Free/Corbis; 276 Joel W. Rogers/Corbis; 278 Eunice Harris/Index Stock Imagery; 280-281 David R. Frazier Photolibrary, Inc.; 281 (inset) PhotoDisc Green(Royalty-Free)/Getty Images; 282 Getty Images; 283 (t) Chase Swift/Corbis; 283 (r) Douglas Slone/Corbis; 284 (b) Bettmann/Corbis; 284 (inset) J. Watney/Photo Researchers; 288-289 Norbert Wu/Minden Pictures; 290 (c) Getty Images; 294-295 Roy Ooms/Masterfile; 296 Bill Walter/Weekly Reader; 297 (bg) Getty Images;

Unit D:
300 (b) www.niagarafallslive.com; 301 (cr) Chip Cooper/University of Alabama; 302-303 Guy Motil/Corbis; 304 Volvox/Index Stock Imagery; 306 Francisco Erizel/Bruce Coleman, Inc./PictureQuest; 307 Ray Ellis/Photo Researchers; 308-309 Steve Vidler/Superstock; 309 (inset) Getty Images; 310 Corbis; 264 Getty Images; 314 J. David Andrews/Masterfile; 315 Royalty-Free/Corbis; 316 (bg) J.A. Kraulis/Masterfile; 320 Jeff Greenberg/PhotoEdit; 322 Willie Holdman/Imagestate; 325 (l) Peter West/National Science Foundation; 325 (r) Simon Fraser/CGBAPS/Photo Researchers; 326 (c) 2004 www.ACCUWEATHER.com; 330 (t) International Pacific Research Ctr. Univ of Hawaii; 331 (b) Getty; 331 (bg) Larry Lee Photography/Corbis; 334-335 NASA-HQ-GRIN; 336 George H.H. Huey/Corbis; 342 (l) Jeff Greenberg/Index Stock Imagery; 342 (r) Thomas Craig/Index Stock Imagery; 344 David Nunuk/Photo Researchers; 347 (t) Dr. Fred Espenak/Photo Researchers; 347 (cl) Eckhard Slawik/Photo Researchers; 347 (cr) Eckhard Slawik/Photo Researchers; 347 (b) J. Sanford/Photo Researchers; 348 John Sanford/Photo Researchers; 350 Dr. Fred Espenak/Photo Researchers; 352 Geray Sweeney/Corbis; 355 NASA-JPL; 356 (t) NASA-JPL; 356 (b) USGS/Photo Researchers; 357 (b) NASA-JPL; 358 (t) NASA-JPL; 358 (b) NASA-JPL; 359 (t) NASA-HQ-GRIN; 359 (b) NASA-JPL; 359 (tl) STSI/NASA/Photo Researchers; 362-363 NASA; 364 (t) Dr. Floyd James/North Carolina ANT State Univ.; 364 (b) D. Parker/Photo Researchers; 365 (bg) NASA/Science Photo Library;

Unit E:
368 AP/Wide World Photos; 369 Gibson Stock Photo; 370-371 Royalty-Free/Corbis; 374 Nancy Sheehan/Index Stock Imagery; 375 Rick Doyle/Corbis; 376 (br) Getty Images; 376 (b) Getty Images; 377 (r) Min Roman/Masterfile; 382 Getty Images; 384 Getty Images; 385 (tr) Alamy Images; 385 (l) Getty Images; 385 (br) Joseph Sohm/ChromoSohm Inc./Corbis; 386 (b) Dennis Degnan/Corbis; 390 Zoran Milich/Masterfile; 392 (b) Klaus-Peter Wolf/Animals Animals; 392 (t) Tim Wright/Corbis; 394 (b) Getty Images; 396 (b) Owen Franken/Corbis; 398 Corbis; 400 (t) Art resource; 400 (b) Stone/Getty; 401 (bg) Royalty-Free/Corbis; 406 Getty Images; 408 (l) Hubert Stadler/Corbis; 408 (c) Getty Images; 408-409 Getty Images; 409 (t) Brand X Pictures/Creatas Royalty Free Stock Resources; 409 (b) Robert Harding World Imagery/Getty Images; 412 Ed Bock/Corbis; 416-417 Lloyd Sutton/Masterfile; 417 (inset) Colin Garratt; Milepost 92 1/2 /Corbis; 418 (l) David Young-Wolff/PhotoEdit;

R53

420 Getty Images; 422 Getty Images; 424 Bob Krist/Corbis; 426 KRT/Newscom; 428 Intel Corp/ Newscom; 429 (bg) Christopher J. Morris/Corbis; 432 Getty Images; 434 Paul A. Souders/Corbis; 436 William Koplitz/Index Stock Imagery; 442 (t) Sinclair Stammers/Science Photo Library/Photo Researchers; 446 Jeremy Walker/Science Photo Library/Photo Researchers; 452 Corbis (RF); 453 David Muench/Corbis; 454 (t) Walter PO. Reuther Library, Wayne State University; 454 (b) Corbis; 455 (bg) Digital Vision (Royalty-free)/Getty Images; 458 Mary Kate Denny/PhotoEdit; 466 Getty Images; 468 (b) Getty Images; 472 Getty Images; 476 ThinkStock LLC/Index Stock Imagery; 482 Getty Images; 487 (t) KRT/Newscom; 487 (b) courtesy Talk Light; 488 (t) Courtesy Bose © Courtesy Bose.; 488 (b) Think Stock/Index Stock; 489 (bg) Getty Images;

Unit F:
492 Grace Davies/Omni-Photo Communications; 493 City Museum; 494-495 Getty Images; 496 Getty Images; 498 (l) Bob Daemmrich/PhotoEdit; 500 Martin Rugner/Age Fotostock America; 501 (inset) Getty Images; 501 (t) Getty Images; 502 (l) Maryann Frazier/Photo Researchers; 502 (r) Joe McDonald/Corbis; 504 Ariel Skelley/Corbis; 506 (r) NASA; 507 McDonald Wildlife Photography/ Animals Animals/Earth Scenes; 507 (inset) McDonald Wildlife Photography/Animals Animals/ Earth Scenes; 509 Bill Varie/Corbis; 510 (l) David Ball/Corbis; 510 (r) Getty Images; 512 RF/Getty Images; 516 Walter Bibikow/Age Fotostock America; 518 AP/Wide World Photos; 520 (t) © EAA 2003; 524-525 Kevin Smith/Alaska Stock Images/PictureQuest; 528 (l) Comstock Images; 529 (r) Royalty-Free/Corbis; 529 (inset) Royalty-Free/Corbis; 537 (inset) David Young-Wolff/Photo Edit; 541 (r) Getty Images; 542 (l) Jerry Amster/SuperStock; 542 (inset) Stephen Frisch/Stock, Boston Inc./PictureQuest; 544 Alden Pellett/The Image Works; 547 (b) Superstock; 548 (r) Index Stock Imagery, Inc.; 549 (inset) Annie Griffiths Belt/Corbis; 549 (t) Index Stock Imagery, Inc.; 552-553 © Honda Corp.; 554 Courtesy of Ann Meggitt; 555 (bg) Steven James Haggard/Mira.com;

Health Handbook
R5 Dennis Kunkel/Phototake; R12 (t) CNRI/Science Photo Library/Photo Researchers; R12 (tc) A. Pasieka/Photo Researchers; R12 (bc) CNRI/Science Photo Library/Photo Researchers; R12 (b) Custom Medical Stock Photo; R15 (inset) David Young-Wolff/PhotoEdit; R15 (b) Bill O'Connor/ Peter Arnold, Inc.;

All other photos © Harcourt School Publishers. Harcourt Photos provided by the Harcourt Index, Harcourt IPR, and Harcourt photographers; Weronica Ankarorn, Victoria Bowen, Eric Camden, Doug Dukane, Ken Kinzie, April Riehm, and Steve Williams.